アメリカの本当のはじまり

國 生 一 彦 著

八 千 代 出 版

妻真華と亡き妻雅子に捧げる

は し が き

アメリカという国に惹かれてきた。はじまりは、14、5歳の少年、中学2、3年の頃である。第2次大戦が終わって、少年の目前で世界が、一大変転していた。その1946、1947年に、急にクローズアップされたのが、アメリカという国であった。

それは、何よりもまず「駐留軍」という形で、クローズアップされた（その通訳補助として、少年が、青帯の入った列車で駅に着くと、列車から降ろしたジープで戦争中に撃墜された米軍機のパイロットの遺骨収集と墓地探査のため、米兵チームと、東北各地を回ったことが印象に深い）。

次いで、新宿高校3年のクリスマス・イヴに、ドイツ人神父ホイベルス師によりイグナチオ教会で受洗。

大学時代、駒場の大講堂で高木八尺先生の講義を聞いたほか、本郷ではアメリカの連邦憲法と、その憲法史のゼミを取った。講師は、東京裁判の弁護人の1人、オクラホマ州の弁護士、Ben Bruce Blakeney氏で、ほとんど1対1のゼミになっていた。

その後、何ら志向の定まらないままはじめた25年以上のサラリーマン（三菱銀行）生活から転じて、弁護士として開業したのが、1985年である（53歳）。以来、事務所の傍ら、本書きの道に迷い込んできた。スタートは、『アメリカの不動産取引法』（1987年）。以後も十数冊の、主としてコモンローの世界で、素材は契約法。それは仕事の中にあった。そこまでは、仕事絡みといってよい。

ただ、そんな中で1つ、ずっと響き続けてきた通奏低音がある。アメリカ憲法（史）に対する興味である。その長年の願いは、2015年、漸く達成することができた。『アメリカの憲法成立史―法令索引、判例索引、事項索引による小辞典的憲政史―』（八千代出版、1112ページ）である（その10年以上前に、最初の3人の大統領の合同伝記のようなものを著している）。

憲法、人権憲章となると、アメリカほど豊かな素材に溢れる社会、国は、

ほかにない。何しろ、世界の170ヶ国以上の憲法に、その種を供し、200年の奴隷法制史が存在する。更にその後も、（4000人以上が殺されたリンチのことはいわないにしても）いわゆるジムクロウ（Jim Crow）法などにより、黒人を二等（劣等）市民として、分離、差別してきた厳然とした事実がある。

その歴史から来る巨大な圧力をはねのけて、黒人らの人権のために立上ったのが、20世紀半ばからの公民権運動（African American Civil Rights Movement）であった。

そして今、もう1つのアメリカ成立史に取り組んでいる。以上のようなアメリカを作った人々に、人間に、彼らの信仰・宗教に、光を当てたものである。そのためには、憲法成立年（1788年）より少しばかり、日本でいえば江戸から室町へと時代を遡り、辿っていく必要があった。つまり、ヨーロッパ宗教戦争の歴史へとである。

17世紀はじめのロンドンから、更に少し前の16世紀前半のヘンリーⅧ世王の治世にまで。そうなると場所も、イギリスだけではない。イギリス中部、北国街道沿いの寒村スクロービィ（Scrooby）などから、王とフランス王やローマ法王との攻防を含むヨーロッパ大陸の様子にまで、中でも各地のカトリックと新教徒の間の「三十年戦争」など信仰問題にまで、遡る必要があった。近世宗教史、思想史である。

そして、迫害を逃れた人々が向かった新世界、そこで、スポットライトを当てるべき地とは、何といっても、今はマサチューセッツ州の一部であるが、当時は地元インディアンのペコー（Pequot）族やワンパノアグ（Wampanoag）族などが、木陰から覗いていたプリムス（Plymouth）など、彼らにとっての異郷の痩せた土地であり、飢餓の時（Starving Time）を含め、そこでの生活苦からはじめる必要があった。

新天地、原野で生活する困難に加え、コロニーで生活をはじめた人々、コロニストらの上に重くのしかかっていたのが、まずは、母国によるコントロールである。「大西洋を隔てているから」といっても、何もかも無視する訳にはいかない。

コロニストらによる母国法の軽視、違反に対し、母国は、17世紀中頃に

はしがき

取っていた「賢く大目に見る態度」（Wise and Salutary Neglect）を変えていた。その結果が、税金の取り立てであった。これに対し、共和主義の政治原理に育まれたコロニストらは、「代表なくして課税なし」を天の摂理とする考えに傾いていた。

コロニーが、そうしたジョン・ロック（John Locke）的原理に立って何とか1つにまとまり、世界の強国、イギリス王国陸海軍と、足かけ8年にわたり闘った。その結果が、今日の合衆国である。その人達の生き様を、元の姿を、村から出てオランダに逃れる時の状態から、小さな帆船で決死の覚悟で大西洋を渡る姿から、描こうとした。

やっと辿り着いた新天地での彼らにとっての問題は、母国によるコントロールだけではなかった。慣れない未開の地での生存の困難、中でも先住民族インディアンとの攻防があった。

今日のアメリカ社会での生活も、平均してなかなか大変である。この「はじまり史」の中に存在したのと同じような困難が、今も尾を引いている。その困難の中でも、我々は、ふとすると、物質面、現象面（表面的なアメリカ）に多く心を吸い寄せられてしまう。

しかし、この物語によって我々が知り得るのは、アメリカのはじまり、その精神である。その背景が、近世ヨーロッパ思想史に根づいていることである。それが、かなりの部分、己の信仰の真正さ、純粋さを求める心、精神に発していることである。その信仰から向かった先は、自由・平等・共和主義の政治であった。

その結果として生まれてきたのが、世界で最初の民主共和国であった。

その誕生物語、その国の「本当のはじまり」を記そうとした。確かに今日のアメリカは、「信仰がすべて」とはいかないが、ここに再現した原初のアメリカ、それを知らずして、精髄を論ずることはできない。

　2019年早春

　　　　　　　　　　　　　　　　　麻布の事務所にて

目　　次

はしがき　i

第 1 部　千年後の揺らぎ

1. 江戸初期の大西洋を渡る移民ら ………………………………… 2
　（イ）メイフラワー号、ピューリタン分離派の家族ら　2
　（ロ）スクロービィからオランダへ　12
　（ハ）異国の地ライデンから未開の地アメリカへ　16

2. 彼らの生きた時代―宗教改革の大きなうねり― ……………… 22
　（イ）火炙りにされた異教徒と、新教の勃興　22
　（ロ）大航海の時代を終えた血縁社会
　　　　（ヨーロッパの諸王の宗教と、ローマ法王）　32
　（ハ）長く続いた新旧の対立と、「三十年戦争」　40
　（ニ）ヘンリーⅧ世の宗旨変えと、カトリック僧院の没収　46
　（ホ）聖書の英語訳と、女王達の宗旨と治世　53

3. 明けゆくニューイングランドの空―見慣れない国の誕生― ……… 63
　（イ）プリムス・コロニーでの生活　63
　（ロ）「丘の上の都市」を目指して　66
　（ハ）マサチューセッツ・ベイ植民地での教条と規律　78
　（ニ）ミドル・コロニーズ（ニューヨーク、ペンシルバニアなど）　88

4. ニューイングランド対ヴァージニア …………………………… 97
　（イ）南部のピューリタンら　97
　（ロ）いずれが原点か　103
　（ハ）支配する母国、イギリスの植民地政策―航海法の下での自治―　110
　（ニ）アメリカでのキリスト教、そこでの奴隷制度　117

iv

目　　次

第2部　生き残るための殺し合いと、文化

5. 18世紀の北米大陸―独立へのエネルギー― ……………………… 128

（イ）人々の生活　128

（ロ）フランス・インディアン連合と戦うイギリス国王と、
　　　コロニーの人々　133

（ハ）高まりゆくイギリス王国への対立感情　144

（ニ）アルバニでのコロニー会議と、イギリス商品のボイコット　153

6. 革命戦争への道程 ……………………………………………… 167

（イ）ボストン茶会事件のニューイングランドから
　　　ペンシルバニアにかけて　167

（ロ）ロイヤリストとパトリオット、その間で揺れたインディアンら　178

（ハ）革命戦争の勃発と、独立の宣言　193

（ニ）訪れた勝利の朝と、降伏式　203

和 文 索 引　215

欧 文 索 引　221

v

第 1 部

千年後の揺らぎ

1. 江戸初期の大西洋を渡る移民ら

（イ）メイフラワー号、ピューリタン分離派の家族ら

（a）今から250年前（日本でいえば、江戸中期の明和年間）、この地球上にアメリカ合衆国などという国は存在しなかった。その前身、13植民州（Colony）は存在したが、それも今から400年ほど前の17世紀はじめに漸く生まれたに過ぎない。イギリスの植民州、コロニー（Colonies, Provinces）としてであった。

17世紀はじめといえば、関ヶ原の合戦のすぐ後、徳川家康が江戸幕府を開いた年代である。人々はといえば、武士はちょんまげに大小を佩き、農民は年貢の米俵を納めるため汗水を流していた。

50メートルほどの木造帆船一杯に100人余りを詰め込んで、有名なメイフラワー（Mayflower）号が大西洋を渡ってきたのは、その頃の話である。途中、何回か嵐に見舞われ、主梁（Main Beam）がひび割れるなどの、ひやりとするような事故も起きていた（既に大西洋を半分以上来ていたが、引き返すことも真剣に検討された[1]）。

この17世紀はじめ、大西洋を横断したことのあるヨーロッパの帆船も、船長も、まだ十指に満たなかった。そんな時、100人以上のピューリタンが、「大洋を越えて未知の世界に移り住もう」、と決断したのだ。ただ事ではない。決死の覚悟が要る。よほどのことがあったに違いない。

火炙り、八つ裂きなども行われた。それらを見ている。だからこそできたことだ。人の生きる道に係る根本、信仰上のことがあったのだ。それも、相

1　メイフラワー号は、その時に建造から12年を経た貨物船で、それまで主にワイン運搬用に使われていた。信仰上のリーダー格のWilliam Brewsterが、イギリスでの迫害を逃れて、オランダ・ライデン（Leiden）へも持って行っていた印刷機。それを船に積んでいて、そのネジ（Screw）を外して、ひび割れは、何とか締めつけられた（millsgen.com）。

当の期間ずっと悩み、耐えてきたに違いなかった。

詳しくはまた後に記すとして、手短にまとめると、こうである。

前女王エリザベス（Elizabeth）Ⅰ世や、その前のチューダー（Tudor）朝のヘンリー（Henry）Ⅷ世王やその子のメアリー（Mary）女王と違って、宗派の異なる自分達ピューリタンには理解があると思っていたスコットランド出の、スチュアート朝のジェームズⅠ世イギリス王であったが[2]、その王が、やはり王権神授説に沿わない宗派に対し、迫害に乗り出したのを感知して、田舎町スクロービィ（Scrooby）から、まずオランダのライデンへ密航した（第1段階）。

オランダの地に10年ほどいたところで、再びジェームズⅠ世の支配するイギリスへ帰ることを諦めた人々。新世界を目指す決断をすることになる。それは結局、信仰に一番マイナスの少ないものを選ぶ負の選択でしかなかった。更に一旦イギリスへ戻った場合、カトリックにせよプロテスタントにせよ、イギリスからの出国そのものが、禁制になっていた。

この苦渋の決断に至るまでには、グループ内での意見の不一致、反対者の離脱など、大変な激論があった[3]。誰もがいまだ行ったこともない、伝聞でしか知らない土地。第一、言葉も判らないし、どうやって生きて行けるのか、等々、悩みに悩んだ末の決断だった（第2、最終決断）。

（b）こうして彼らのメイフラワー号は、1620年11月に今のマサチューセッツ州、Cape Cod 沖に辿り着いた。アメリカの中の「ニューイングランド」（New England）と呼ばれる地方である（以下の4.でも論じるが、そこが、今日のアメリカの「はじまりだ」との考えが、広く普及している）。

今日のアメリカ人の中には時たま、自分の血筋が、メイフラワー号上での結団式に血判を押した41人のピューリタンにつながっているという人がい

2　スコットランドでは、後述のように、その時点で既に、カルビン派の新教が国教的存在となっていた。

3　リーダー格の William Bradford が、グループ内で出た否定論をまとめている。多くがその危険、冒険性から「絶望的」、「耐え難い」、「死んだ方がましなほど惨め」、などと嘆いた。しかも「そこでは、人は交易と運輸で生きているらしいが、我々の誰もが、この田舎町の生活しか営んだことしかない……」、などである。

第 1 部　千年後の揺らぎ

る[4]（誰もが「平民」のこの国では、これは、主張したい事実であろう）。

　メイフラワー号でやって来たピューリタンらの死亡率は高く、半分くらい
の人が、1〜2 年で亡くなったこともあり、注 4 中の 2 組の夫婦は、いずれ
も同じピューリタンのグループの中から（生存者同士）の再婚組である。注 4
の Mills がいうには、Susannah Fuller（乗船前に既に妊娠中）の夫 William
White は、7 歳の息子 Resolved を連れて新天地に辿り着いたが、William は、
その後のいわゆる飢餓の時（Starving Time）に死亡している[5]。

　この言葉が示しているように、彼らは既に食料切れの状態にあった。そこ
で、陸地を探検した。彼らは、実際インディアンらにも遭遇していたが、イ
ンディアンは、素早く森の奥へと隠れてしまった。その時である、土盛の下
に、大きな水瓶と穀物の山を見つけたのは[6]。

　インディアンらによる冬用の貯蔵食料を見つけた彼らは、後ろめたさを噛
み殺して、それを船に持ち帰った。この借り入れ食料が、彼らをその冬の飢
えから救うことになる（リーダーの Bradford は、これを「神様の特別なお計らい」
〔A Special Providence of God〕と呼んでいる）。

　一方 Susannah は、船がいまだ Cape Cod の尖端の Provincetown Harbor
に錨を下ろしている間に、男の子 Peregrine を生んだ。こうして乳飲み子と
7 歳の男の子を抱えた Susannah は、同じ乗客仲間で妻を亡くした Edward
Winslow（彼の妻エリザベスは、William の 1 ヶ月後に死亡）と、時を置かず再婚す
ることになる。

　2 人は、この新天地、17 世紀はじめのプリムス植民地（Plymouth Colony）で、
最初の結婚式を挙げる人々となり、式は、後にプリムス植民地の統治人
（Governor）となる Bradford の司式によった。

4　その 1 人、女性文筆家 Cairril Mills は、自分の先祖に当たるとして、注 1 のサイトで 5
　人の名前を挙げている（2 組の夫婦と、その子供）。
5　ニューイングランドでの飢餓の時とは、メイフラワー号が Cape Cod に着いてから数ヶ
　月（First Few Months）のことで、その間に、メイフラワー号の乗客の 3 分の 1 が亡
　くなっている（millsgen.com）。
6　後に判ったが、この穀物は、年 2 回収穫ができる種類で、パンやビスケットにも加工
　することができた（myweb.tiscali.co.uk）。

1. 江戸初期の大西洋を渡る移民ら

　メイフラワー号の乗客 102 人の分類としては、先にオランダのライデンに移住していたライデン組のピューリタンと、イギリスの Southampton から乗り込んだ（必ずしもピューリタンとは関係ない）後述の "Strangers" と呼ばれる人達の 2 グループがあった。

　ライデン組は、その信仰からして家族、家庭を大事にする「家庭中心主義者」であったから、上記の乗客リストも、ピューリタンのリストは、家庭ごとに十数グループに分けられていた。メンバーの氏名と、その関係が読み取れる（ほとんどが、夫婦と子供であるが、中には、3 人の Man Servants などを含んでいたほか、牧師が入ったグループもある）。

　これに対し、Southampton から乗り込んだ "Strangers" は、後記のように、投資家らの組合 Merchant Adventurers が、乗客の数をできるだけ増やそうと勧誘して、乗ってきたものである。多くが若者、それも男の独身者であった。

　さて、ライデンから乗ったピューリタンらの中心的な十数組の家族、夫婦らは、イギリス国教の古い制度的なものを否定してかかるプロテスタントであった（その一番判りやすい例が、彼らが採用した聖書〔ギリシャ語から英語への訳本〕では、教会〔Church〕といわず、集会〔Congregation〕と呼んでいたことである）。

　当時ボストン方面に来たイギリスのプロテスタントらは、1630 年組と併せ、ピューリタンなどとも呼ばれた。ピューリタンは更に、集会派（Congregationists）と分離派（Separatists）とに区別できた。

　集会派は、その信仰をイギリス国教のような古くからの因習によってではなく、「聖書を基本として信仰する集会派として、カンタベリー（Canterbury）を総本山とするイギリス国教の本部から、教会ごとにある程度独立した自由な活動をする、長老 Senior（後には Elder）を中心とした仲間内で、互いに信仰を確認し合おう」、としていた。

　仲間内の自治を大切に思う信者らは、そうした信仰活動により、イギリス国教会内では、秩序を乱す異教徒として疎外され、迫害されていた。

　もう一方の分離派とは、伝統を重んずるイギリス国教への失望、反発の度合いが、集会派より更に一段と強い人々のことである。いってみれば、「今

5

第1部 千年後の揺らぎ

の教会の内からの改良では無理だ」、「イギリス国教の外に出るしかない！」
と諦めてかかった組のことである。

　彼らは、信仰の源が、既存の教会制度、教団の権威にあるのではなく、唯
一、聖書（その頃、やっと人々の手に入るようになった英語の「聖書」）の中にある
と考えていた。この分離派は、プロテスタントの中でも多数派以上に国教に
対して批判的で、教会を飛び出していたからこそ、はじめオランダへ、更に
大西洋を渡るところまで、思い切って決断したのである。

　その頃のイギリスのプロテスタントらは、国教という既成の組織には反対
していたものの、その新教運動自体も、ルター派、カルビン派と、百家争鳴
という感じであった。そこで、彼らの渡航には、迫害を逃れることに加え、
そうした「混乱の場」から脱出する意図もあった。

　そこには、困難に対する恐れの一方で、「神に選ばれた自分達」という信
仰が支えになっていた。そうした信仰だけが、唯一、彼らが17世紀に大西
洋を渡るという困難と恐れを乗り越えるのを助けていた。

　そうした生き方、信仰を彼らに説いていた1人が、Nottinghamshire（県）
で、St. Andrew 教会主任司祭をしていたが、ジェームズ I 世王による統制
が厳しくなる中で司祭を辞め、私的な巡回説教者として、村などを回ってい
た John Robinson であった（1576〜1625）。

　ケンブリッジ大学（Cambridge University）の Corpus Christi 校を出た彼の
特徴は、「他の信仰にも寛容であれ！」と説く点にあった。一見、分離派ら
しくなさそうに見えるが、己の信仰にはあくまで忠実でいて、その上での寛
容を求めていた（この Robinson も、後にメイフラワー号で渡米することとなる同志ら
とともに、1609年にライデンに行く[7]）。

　彼らピューリタンの一派は、同じ分離派の中でも、自らの信仰については

7　ライデンで彼は、そうした同志らの牧師となるとともに、1615年にはライデン大学で
　神学も勉強している。後続組に入った彼は、先に35人の同志らを送り出したが、自ら
　はその後、病死して志を遂げられなかった（後に現地で Governor になった Bradford も、
　その時のライデンでの Robinson のお説教に感銘を受けた1人であった。blove.britanica.
　org）。

厳しく考える一方、Robinson の教えを受けて、他人の信仰に対しては、抱擁的な穏和な考え方の人達であった。これが、1620 年のメイフラワー号の一行のほとんどを占めていた。そのため、彼らが新天地プリムスで作ったプリムス共同体は、この時代の新教運動の中では珍しいくらい、オープンな団体であった。

イギリス国教の人々が混じっていても、彼らに信仰を強制することはせず、内部の締めつけの点でも、10 年後に到着する John Winthrop に率いられた（同じくピューリタン精神をベースに建設された）ボストンのマサチューセッツ・ベイ共同体より、はるかに緩やかであった。その意味では、初期アメリカ社会のモットーの 1 つ、宗教的寛容と平等を礎石とする模範となった。

(c) 中継地ライデンにいた組とは、一体どんな人達であったか。彼らは上述のように、宗教上の迫害を逃れて、1607、1608 年にイギリス中部 Nottinghamshire（県）の古い田舎町スクロービィから、オランダに密航した人達のことである (2.（イ）(a)。このスクロービィという田舎町には、かつてのヨーク大司教の屋敷が建てられていたが、今はその大司教屋敷跡を、ピューリタンの人々が密かに集まり祈ったり、話し合ったりするために利用していた）。

いずれにせよ、そのスクロービィ村の人々が十数年後に、ピルグリム・ファーザーズとして、新世界へ船出し、今日のアメリカ、ニューイングランドに第一歩を印し、その基礎を作ることになった。

スクロービィの村落は、北（スコットランド国境）へ向かう街道上にあり、宿場的な存在でもあった。この Nottinghamshire（県）の辺りは、東隣の Lincolnshire（県）や、更にその東の Norfolk（市）とともに、北海に比較的近かったことから、大陸からの文化の風が感じられやすい土地柄でもあった（事実、港町 Norfolk には、大陸の低地地方などから来たピューリタンも多くいた[8]）。勢い、新教の運動も、それらの地では盛んであった[9]。多くのピューリタンが生

8　Norfolk 市の Norwich の町は、商人、職人らが多く住み、文化的にも先進的な気風が溢れていた。

9　Nottinghamshire, 隣の Lincolnshire, Yorkshire の 3 つを、「ピルグリム国」（Pilgrim Country）と呼ぶ人もいる。

第1部　千年後の揺らぎ

まれ、アメリカなどへ移住している。

　この Lincolnshire や Yorkshire などでは更に、約半世紀前の 1536 年には、これとは真逆の反抗があった。ヘンリーⅧ世の僧院（Monastery）閉鎖措置に対してカトリックの僧侶（Monks）が蜂起した激しい事件が起きていた。

　そのスクロービィに、1608 年 9 月の今、分離派の小さなグループが結成された。といっても、当局の厳しい監視の中である。秘密の組織、秘密集会以外にはない[10]。

　こうしたスクロービィでの秘密集会で中心となったのが、地元の大司教財団管理地の管理人（Bailiff of Archbishop of York's Estate and Manor House）の Sir William Brewster の息子であった。

　父が亡くなった後、後を継いで大司教館（Manor House）の管理人となっていた息子 William Jr. が、血筋とは反対の、新しい信仰のため、分離派の人々と密かに交わっていた[11]（しかも皮肉なことに、今は使われていない、かつての大司教館を利用していた）。この息子（William, Jr.）は、ケンブリッジ大学を出ると、すぐにエリザベス女王からオランダへの使節として遣わされていたが、ピューリタニズムが割合盛んだったケンブリッジの同窓会などを通して、前出の Robinson と親しかった。

　ここでいう分離派の人々とは、ピューリタンの中でも、イギリス国教（ヘンリーⅧ世による国教化、つまりローマ法王の支配からは離れたが、多分に旧教カトリックの古い仕来りを残した宗教[12]）には得心できない人々である。そこから自らを分離して（国教会の外に出て行って）、キリストの教えにのみ忠実な、信仰だけ

10　その春にも、何人かが監視の目を逃れてオランダに逃れていた（東海岸の Hull の辺りから、オランダ船に乗せて貰って 14 日間、荒海に苦しんだ末であった）。その時は、後に残った女子供らが一旦警察に捕えられたが、その後釈放されている（web.tiscali. co.uk）。

11　彼は 1598 年にイギリス国教会の礼拝に出ていないとして、公けに譴責されたが、その後も、分離派牧師 Richard Clyfton と交わっていた（後に Clyfton が僧籍を奪われると、大司教館へ匿った上、2 人で Lincolnshire, Gainsborough にあるジョン・スミス〔John Smith〕による分離派教会へ参加していた）。そこには、後にオランダに逃亡することになる Bradford や Robinson も来ていた。

12　ヘンリーⅧ世王は、個人的にはむしろ、カトリックに傾いていたとされる。

8

によって結ばれた独自の宗教上の集まりを作る、そういうのが、分離派の人々の信仰であった。つまり、イギリス国教からのプロテスタント的改革を必要としつつも、並のプロテスタントとは違って、内なる改革は「不可能に近い」と見るか、または「筋違い」と考えるか、する人達であった。

これらの人々は、元々1606年にも、少人数の同志の人々で極秘のうちに集まり、互いの間で密約書 (Covenant) を交していた[13]。

彼らのは、「同じ信者仲間なら、年長者 (Elders) には、それなり (Presbyter) の敬意を払うが、僧侶が信仰について教えたりするのは、何の根拠もない」という一本の太い線、「人は神の下で平等だ」の考えであった。

(d) これに対し、エリザベス女王による妥協案 (Elizabethan Settlement) (1559年) は、新教が基本だが、カトリック（旧教）も認めつつ、祈禱や礼拝の形は、共通書により一体化しようとしていた。

しかし彼らピューリタンは、この「エリザベス女王による妥協案」に納得し切れず、そこで決まった（「すべての宗派が共通に使うべし」という趣旨の）共通祈禱書 (Book of Common Prayer) では、心から祈れない人々であった。

彼らの信仰は、1人ひとりが聖書を通して神と向き合い対話するという形で、積み上がってきている。これは、十数世紀の歴史を持つ信仰の仕来りとは違う。千年かけて積み上げてきた教会人らの礼拝、祈り方、過ごし方とは違う。イギリスのその地方一帯では、日曜日 (Sabbath) ごとの礼拝の後の時をどう過ごすかが、年間を通して決まっていたが（アーチェリー、フェンシング、5月行事、モーリス・ダンスなど）、それに縛られたくない人々であった。

そうした古くからの決まり事を含め、旧教の行事や儀式一切と、縁を切りたい人達であった（日曜日の午後は、各自が個別に、聖書でいう安息日〔Sabbath〕として、静かに黙禱するなど、真面目で厳格な過ごし方をしたい、それも自宅でそうすべきだ、と考えていた）。

13　この密約書は、個人個人の信仰を大事にし、相互の同意により定めたグループの掟には皆が従うが、それ以外には、教会でも世俗でも、一切の権威は認めないというもので、この「神の前の全員の平等」は、彼らが新世界に着いてから第1に交した密約 (Mayflower Compact) でも謳われるが、その元になっていた。

第1部　千年後の揺らぎ

一方、16世紀のイギリス国会は、「正式に僧侶としての地位を（神から）拝領（Ordain）されていない者が、祈ったり信仰について語り合ったりするのは、危険である」、として、こうした行為を禁ずる法律を定めていた。

それと同時に、教会でも、イギリス国教が定めた方式と異なる方法で、祈ったり信仰したりすることは、「異教（Heretics）の行いである」として禁止し、実際に違反者を破門していた。また国王（ジェームズⅠ世）も、「国教の最高権威者としての王の神聖な権利を争う者である……」として、ピューリタンに対し厳しい態度を取っていた[14]。

エリザベスⅠ世が、1558年に即位する少し前から、イギリスでもピューリタン（の宗派）が生まれてきた。彼女が、一方で厳しい専制君主制の維持に心を砕きつつ、それらの宗派に対し、中道的、妥協的道を取ったのには、理由がある。

その前のエドワードⅥ世の下ではプロテスタント、次のメアリー女王の下ではカトリック、という具合に激しく変化した政策により、世の中が大混乱したという時代的教訓があった（カトリックのメアリー女王治世の下では、初期のプロテスタントの多くの人々が、火炙りなど、それ以前にも増して厳しい糾問を受けていた）。

1531年までイギリスの正教であったローマ・カトリック教とプロテスタントとの中間の道を目指していたエリザベスⅠ世女王。その統治下でも、異教を理由に、何人かが既に捕えられて、Clinkにある牢屋に入れられていた（彼女は、新教に対し否定的ではない一方で、必要以上にカトリック教徒の反感を買わないよう心がけていた）。

（e）彼女の死を受けて（1603年）、既にプロテスタント（カルビン派の流れ）が芽生えていたスコットランドで王だったジェームズⅥ世が[15]、イギリスの

14　ジェームズⅠ世の前のエリザベスⅠ世女王は、同じく即位の翌年の1559年に、最高権威法（Act of Supremacy）により、自らが、この国の世俗的、精神的、宗教的最高権威者であると宣言していた（すべての役人と僧職にあるものは、その内容の誓文を出していた）。

15　イギリスのチューダー朝ヘンリーⅦ世は、男の子ヘンリーⅧ世と女の子マーガレットの父であった。そのヘンリーⅧ世の娘がエリザベスⅠ世である。これに対し、チューダー

10

ジェームズⅠ世王を兼任する形で即位することになると、新王がイギリスでの新教など宗教問題に、果たしてどんな方針を持って臨むのか、誰もが、神経過敏になって特に注視していた。しかし、ジェームズⅠ世王の好んだ考えは、「王権の神聖」で、それを支えるイギリス国教を大切に思っていることが、次第に判ってきた。

著しい不安が世の中を、人々を支配している中で、集会を開くなどということは、それも、イギリス国教以外の宗教で人々を集めるなどということは、エリザベス女王時代の法律により逮捕される可能性があったばかりか、メアリー女王の下での事例から、下手をすると反逆罪として八つ裂きにされかねない可能性も残っていた。

そんな時、ジェームズⅠ世によって出版されたのが、彼が作らせた聖書（King James Bible）であった。「これ以外の聖書版を所持しているだけで、重罪にする」、との勅令も発せられていた（2.（イ）(e)）。

そんな中で、誰かが、このスクロービィ部落での秘密集会のことを、イギリス国教当局に密告した（具体的には、リンカーン市の司教とヨーク市の大司教への密告のようであった）。そこで 1607 年には幾人かが逮捕された。残りの者も、日夜続く大司教当局の監視の目を受け、自分もいつ次に引っ張られるか、夜も眠れない状態になった。

人々の脳裏には、約半世紀の宗教（僧院）弾圧の様子が、いまだ鮮明に残っていた。当時は、その対象がカトリックの僧院で、ローマ法王クレメント（Clement）Ⅶ世と仲違いしたヘンリーⅧ世王とその取り巻きトーマス・クロムウェル（Thomas Cromwell）などが行っていた。

その時、イギリスのスコットランド寄りの県では、Pilgrimage of Grace と呼ばれる抵抗運動が起こった。それに怒ったヘンリーⅧ世王は弾圧を厳しくした。その後は、エドワード（1547〜1553）、メアリー（1553〜1558）、エリザベス（1558〜1603）と、君主が変わるごとに宗派が変わり、弾圧の対象が違っ

朝のマーガレットは、スコットランドのスチュアート朝ジェームズⅣ世と結婚し、その孫がジェームズⅥ世ということで、エリザベスⅠ世とは従兄弟同士になる。

第1部　千年後の揺らぎ

た。

　そんな中、ピルグリムの人々（1607 年）の前にも、既に数人の分離派の人々が、オランダ・アムステルダムへ逃れていた。スペイン王国の属領できたオランダでは無論、カトリックの守護をもって任じていたフィリップ王による締めつけが厳しかったはずであるが、1568 年頃から様子が違ってきた。（特に Zeeland や、北海沿岸に近い北 Holland などの地方で）人々が新教の教えに目覚めはじめ、スペイン王国からの独立のために立上っていた（その中で、自由を勝ち得ていた地方もあった）。

　その結果、北海沿岸に近い地方ではカルビン派の新教が、人々の支持を集めるようになり、同じ時代のイギリスと比べると、ずっと自由に生きることができていた。

（ロ）スクロービィからオランダへ

　（a）前出の Robinson も、ケンブリッジ在学中に、次第に新教の方へ傾いていった口である。中でも影響されたのが、彼より 23 歳年長の、同じケンブリッジ出で All Saints 教会の牧師をしている Clyfton であった。スクロービィから 17 キロと、それほど遠くない Babworth の教会に勤めていた。より近い Gainsborough の教会には、分離派の牧師スミスもいて、オランダへの脱出では、スクロービィの人々より 1 年早かった。

　その Robinson に率いられたピューリタンらの第 1 陣がオランダに行ってしまった後も、北国街道沿いのスクロービィでは、その大司教館を秘密の集会所として、分離派の人々の集まりが続けられた（この大司教館は、なかなかのもので、ヘンリー Ⅷ世王も、かつてヨークシャーへの行幸で一泊した）。

　しかし先述の Brewster は、1607 年 9 月 30 日、当局に宗教上の規律違反を理由に出頭を命じられ、命令に応じなかったところ、逮捕状が出されていた。国内にいることは危険である。かといって、「何人も、王の許可なしに国を出ることはできない」。それが法律であった。

　しかし、当時のイギリスでは、賄賂を使えば、当局も見逃すかも知れなかったし、また海岸近くで船乗りを買収することは、さほど困難ではなかった。ただし、多分に裏切られるリスクもあった（その場合は賄賂をただ取りされ

12

る）。

　分離派の人々も、一度ならず、こうした形で騙された経験をしている（しかも、スクロービィから隣県 Lincolnshire の港町ボストンまで何十キロも歩いて行った挙げ句、そこで船長に騙されていたことが判るのは、最後の段階ということが多い[16]）。その時は、更に悪いことに、プリムス・コロニーの当初の 42 人を率いることになる後出（3.（イ））の Bradford のほか、その宗教上のリーダーであった Robinson, Brewster らの中心人物が皆、捕えられていた。

　この後、オランダの船長から港町「Hull で拾って密航させる」という誘いもあり、Bradford は、2 回目の秘密渡航を計画した。今回は、女子供も行くことになって、彼らはスクロービィから河を船で下って行った。一方、男らは Hull の港町への道を歩いた。

　この時も結局、乗船できたのは男らだけであった。というのは、2 回目の艀（はしけ）が女子供を乗せて本船に戻る前に、騎馬の警官らの大軍が迫ってきたからだ。これを見た船長は錨を上げて、沖へ漕ぎ出してしまった[17]。

　苦難の末に港を後にしたものの、北海は大荒れで、何も見えない中、14 日以上かかって、やっとノルウェーに近い大陸側の岸に着いた（一方の残された女子供らの方も、一旦は警察に監禁されたが、その後釈放され、結局、年内には多くの家族が、アムステルダムに揃うことができた）。

　（b） 2 回目の密航の試みで、オランダ行きを何とか実現できた人々であったが、アムステルダムの地勢、景色、人、言葉、風習、すべてがイギリス中部の田舎村スクロービィのそれとは、まるで違っていた。彼らが、第 1 に

16　この時の Bradford の手記がある。約束の時間から数時間も遅れて、密約をした船長がやっと現れた。彼が一行の用意したすべての荷物を船に積み込むと、あらかじめイギリス政府に密告していたため、丁度当局が現れ、一行はすべてのあり金なども調べられた（その間に、船長は荷物を載せたまま行ってしまった。また政府当局者は、審問に時間を取ったが、その間に、女性に手を出していたという。millsgen.com）。

17　Bradford の手記によれば、（オランダの好意的な）船長は、まず Grimsby で女子供を乗せてから Hull に回り、そこで男らを乗せる手筈をしていた。ただし、女子供の多くが吐いていて、「一旦、陸に上がりたい」と希望していたため、そのようにし、男らがボートで乗船したところへ、騎馬の当局が駆けつけてきた（男らのうちの何人かも、置き去りにされた）。

第1部　千年後の揺らぎ

　困ったことは、仕事がないことであった。更に悪いことに、前年辺りにアムステルダムに来ていた同じピューリタンの先着組（Ancient Brethren）との折り合いも、巧くなかった。

　そのオランダは前述のように、宗主国スペイン（その由緒あるハプスブルグ家出の国王フィリップⅡ世）と、独立のため何十年にもわたって戦っていた。1609 年には一旦、そのスペインと「12 年間の休戦協定」が結ばれたものの、12 年後の 1621 年には、再び戦火の巷と化すことが予想されていたから、ピューリタンらは、現地に落ち着く気にもなれなかった。

　かといって、母国イギリスでは 1625 年にチャールズ（Charles）Ⅰ世が王位に就き、イギリス国教の改革問題が、いよいよ大きくクローズアップされる中で、当局はピューリタンに対し、中でも分離派に対し、追及の手を一層強め出していた。

　その間彼らは、2 年前に苦難と闘い、漸くの思いでやって来たアムステルダムから、1609 年に（旧市内の狭いところではあったが、彼らにとってベターなところと思われた）ライデンへと移った。農村生活に馴染んでいた彼らにとって、アムステルダム同様、ここでもふさわしい仕事を多く見つけることはできなかったが、互いに助け合って、何とか生活していけた[18]。

　彼らはここで、Brewster の印刷機（Printing Type）を使って、本国ではジェームズ王によって禁じられていたピューリタンの教理を書いたパンフレットの印刷もはじめた（しかし、このことがライデンにいるイギリス役人の耳に入り、オランダ当局に対し逮捕依頼がなされたため、その後、彼は地下に潜り、秘密裡にされた）。

　こうして 10 年近く経った 1617 年になると、彼らのライデンでの生活も、一応の安定は見せていたものの、オランダ式のギルド（職人組合）に入れて貰えなかったことをはじめ、先行きの明るさが全く見えなかった。一方で、オランダ語に馴染んだ子供らに引きずられ、早くも英語が少しずつ失われて

18　今や、ライデン大学で Bradford とともに教えていた牧師の Robinson が、その大きな家を改造して 21 人向けのアパートにしたし、Bradford は、織物の技を身につけていて、それで金を稼げていた。

いく。彼ら独自の日曜日の過ごし方も、新教の先進地であると同時に、古い大学町の慣例に縛られた地元のライデンの人々には、そんなに理解・共感されるものではなかった。

(c)「あと3、4年で（スペイン王とオランダ独立派との）12年間の休戦協定が切れ、再び戦乱に巻込まれる、ライデンから出なければ」、との思いの中で、彼らが直面した根本的問題があった。「何を求めて、どこへ行ったらよいのか」、である。

その中で、北米大陸を目指すことがRobinsonらを中心に決まってきた。

「北米大陸を目指す！」といっても、17世紀はじめの人々のことである。未知のインディアンが住む未開の原野でしかないが、原野の中での無政府状態を考えた訳ではなかった。「まさかの時」には、イギリス王国の後ろ楯が求められる。そのために、北米への植民許可を貰っておくことが必要であった。

ただ1つ、彼らの「信仰にだけは、何人も干渉しないし、させない……」、これが大前提であった。「未知の新天地でキリスト教の伝道に身を捧げる……」。Bradfordなどのリーダーが一様に抱いていた思いであった。更に、「その新天地にこそ、キリスト者が目指すべき天国、聖地がある」。

30歳で結婚し、まだ小さな息子がいるBradfordは、その息子に十分構ってやるどころか、グループのリーダーとしての仕事が大変であった。未知の天地へ移住する計画の立案から、政府との許可交渉から、帳簿つけまで、何から何までが、その肩にかかってきていた。

オランダの港Delfshaven（彼らはライデンから20キロ余りの道を歩いた）を出港する時を振り返って、Bradfordは述懐している。「この楽しみ多くよき地を12年弱の間、一時の休息所としてきたが……その間も、一時も忘れることはなかった……眼を天に向かって高く挙げ、そこにある天国を思い、魂を癒してきた……」。

未開の地、北米大陸での植民の困難さは、多くの人が聞き知っていた。苦難により挫折せざるを得なかった事例のことなども、朧げながら、何人かの人の心の中に宿っていた（北米大陸では、人食い人種が存在するとの噂、それとロア

ノーク〔Roanoke〕島での白人らの全滅とを結びつけたような話も、大きな恐怖を与えるものであった[19]。

　しかし今（1617年）では、人々がある程度固まって定住しはじめ、そこで村のようなものができていることも聞いていた。ヴァージニアで唯一、イギリス人が北米で定住できているとのニュースが、彼らをして決断させるのに役立ったことは間違いない。同じくその頃、ローリー卿が、彼らに奨めていた南米・ギニアの黄金郷エルドラド探検の誘いにも耳は傾けたものの、彼らは、それ以上の反応は示さなかった[20]。

（ハ）異国の地ライデンから未開の地アメリカへ

　(a) ライデンでのピューリタンらは、色々な話を総合した末に、とにかく、「リスクを取るしかない」、と決めたようであった。彼らの頭の中で、はっきりしていた1つのこと、それは、政府の監督が及んでいるヴァージニアを目指すのではない、北の「ニューイングランドを目指す」、ということであった。

　彼らが目指していたものの第1が、信仰の自由であったから、目的地は、当然ヴァージニアのジェームズタウン以外のところになる。イギリス政府の免許した公的な投資会社、Virginia Company of London の息がかかり、監督の目が光っているようなところでは、肝心の信仰の自由が守られないのではないか、との彼らの恐れは大きかった。ピューリタンとしての信仰の自由こそが目的で、他のすべてを捨てた彼らの指針は、それしかなかった。

　北米絡みの企画である以上、渡航と入植自体を行うには、Virginia Company of London の了承を通して、王の認可を取る必要があったが、その先は自分達の自治、自由で行く。「王の許可は取るものの、イギリス政府の目

19　彼らは、ほんの数年前の出来事、ヴァージニアのジェームズタウンでの開拓者らの悲惨な生活と、その最後のことなどとともに、その更に十数年前のウォルター・ローリー卿（Sir Walter Raleigh）による企画で、ノースカロライナの沿岸の島ロアノークで、開拓者らが全滅したことも知っていた。

20　ローリー卿は、1595年にオリンコ河（Orinco River）口から西へ入っていくコースを探検していたが、この時は、今のコロンビア辺りでのイギリス人による入植、開拓を考えていたとされる（learnnc.org）。

が十分に行き届かないところに行って、ピューリタンらだけが、自らの意思で、全く自律的な統治団体を作る」というプランは、思い切ったものであった。野心的（Ambitious）であるとともに、当時の常識を超えていた。

　一方で、彼らが越えねばならないハードルも高かった。高い理想とは別に、多くの現実問題、一番にお金の問題に直面していた（ほとんど全員が、住いなど、持ち物のほぼすべてを売却して、工面していた）。

　彼らは、現地での漁労などにも使用できるようにと、小ぶりの60トンの船Speedwellを購入した。更に190トンのメイフラワー号を借りるため、契約した[21]（Speedwellには40人程度、メイフラワー号には80人を乗せるつもりでいた）。

　ピューリタンだけでは負担が大変、というより負担し切れないので、資金の捻出のためロンドンの商人や、その他の冒険的投資者にも声をかけた。Joint Stock Companyを通じて出資の勧誘をして貰うことも行った（ピューリタンらが、そのための資金を調達するために使っていたロンドンの投資家グループの作る出資会社Joint Stock Companyは、"Merchant Adventurers"という名であった）。

　渡航の許可が出たら、今度は渡航を、アメリカでの入植を、経済的に引き合うものにして、投資家らに返済できるようにしなければならない。しかし、ピューリタンらは、その交渉の中心となった投資家Thomas Westonの強欲ぶりに大いに悩まされた[22]。

　投資会社のウェストン（Weston）らが最後に出してきた条件は、「渡航者の数を、更にもっと増やすこと」[23]、つまり彼らが独自に町で募集してきた男ら（30人余り）を、更にグループに加えることであった（これら30人余りが、メイフラワー号の"Strangers"と呼ばれる面々である）。これは、同信の者だけで、生死を越える旅出をしようとするピューリタンらにとって、厳しい要求で

21　この段階で、ヴァージニアへの渡航と開拓で、船長その他としての実績のあるスミス（Captain）が、「自分が、すべてやってあげよう」と名乗り出たが、ピューリタンらは断っている。

22　このWestonという男は、いわゆる不正に私利を肥やすタイプで、いうことが毎回違い、その度に、ライデンからの参加者は、自らの拠出金を増やさざるを得ない破目に陥った。

23　Strangersには、商人、細工師（Craftsmen）、熟練工、年季奉公人などとその子供らのほか、市井の若者が含まれていた。

第1部　千年後の揺らぎ

あった（結局、ピューリタンと Strangers、従者〔Servants〕ら、すべてを加えた乗客
102 人のうち、ピューリタンは 42 人となった）。

　嫌々ながらも、この同行者を加えることに、最終的に賛同したピューリタ
ンらは、更に投資家らへの貸金の返済計画の交渉で、最後のギリギリのやり
繰りをせねばならなかった[24]。

　彼らは、それまでのリーダーの中から Robinson を残留組の長として、ま
た最長老でただ 1 人の大学卒の Brewster を、第 1 次の隊長として決めた
（ただし Robinson は、その後ライデンで病死してしまう）。

　（b）こうして、イギリス中部の村スクロービィからの移住から 12 年後の
1620 年 7 月 22 日、彼らはオランダ、ライデンの地を後にした。涙ながらの
別れの会食を終えた 66 人が賛美歌を歌いつつ、Delfshaven の港から Speed-
well に乗った。4 日後にイギリス・Southampton の港に入り、そこで待っ
ていたメイフラワー号（ロンドンから来たピューリタン以外の渡航者ら）と合流した。

　さて、いよいよ一行が、Southampton 港を第 1 回目に後にしたのは、
1620 年 9 月 6 日であった。大西洋に出て間もなく、Speedwell に故障が相
次いだ。致し方なく、一旦両船ともが Southampton 港へ引き返すことに
なった。

　そこで、かなりの修繕をし、再び大西洋に出て間もなく、またもや
Speedwell の水漏れが酷くなり、2 隻でプリムス港にもう一回戻らざるを得
ないこととなった。

　最後は結局、両船の乗客、乗員、全 120 人が、メイフラワー号 1 隻に乗り
移り、ギュウギュウに詰め込まれて渡米する破目となった。大西洋の外洋に
出ると、風も波も、それまでとは違ってきた。メイフラワー号といえども、
決して「大船に乗った気分」でいられる代物ではなかった。

　スクロービィの大司教館の主人で、ピルグリムの中でも唯一、外交官を含
む政府の高官の経歴があった Brewster。彼の壊れた印刷機が、その大きな

24　「バターもほんの少し、油はなし、踵くぐり用の革もなし。武器も、1 人 1 刀ずつは
　　行き渡らず、先込め銃や、その弾薬もかなり不足した……」、などと記録している（learnnc.
　　org）。

ネジが、今メイフラワー号の主梁の裂け目をつなぎ合わせるのに、何とか役立ったというトラブルも起きていた。

Brewster はライデンでも、その印刷機を利用して、ピューリタンらのため、信仰用のパンフレットを印刷して配っていたのであった。そのことを、イギリス当局が聞き及ぶところとなり、イギリスと組んで、旧宗主国スペインに対抗する必要がある独立途上のオランダは、彼の逮捕状を取って、その後を追っていた（彼自身は隠れていて、今や何とかメイフラワー号に乗っていた）。

途中の大西洋上で出会ったしけなどのことは省略すると、1620 年 11 月 9 日、彼らがライデンを後にした日から数えると 4 ヶ月、ピューリタンらは、陸の影を認めた。後から考えると、それが Cape Cod であった（船長は、イギリス当局から投資会社宛の土地取得免状に記されていたハドソン河口を目指していたが、大分北に流されていた）。

彼らは、船中から用心深く陸地を観察していたが、11 月 11 日に、何とか安全そうな位置、今の Provincetown Harbor に錨を下ろすことができた。11 月 13 日に初上陸を試し、次いで 15 日には、15 人の探検隊で周辺を探索した。その翌週、Susannah が男の子 Peregrine を産んでいる。一同は、甲板に跪いて神に祈り、感謝を捧げた。

(c) ヴァージニアのジェームズタウンとは違って、このプリムス植民地は、渡航、入植の免許のみで、ジェームズ王から植民地としての自治の免許を得ていた訳ではなかった。

そのため、ロンドンの Joint Stock Company から誘われて、後からメイフラワー号の一行に加わった、前出の "Strangers" の面々は、陸を目前にすると、（イギリス王の権力も及ばないここでは）「自分達は、何者にも縛られないぞ……」と宣言していた。ピューリタンらが、例の共同宣言（協約）"Mayflower Compact" を作成したのは、この時である。

この文書は、先述のように、17 世紀の人間世界で初めて作られた、平等な人間の自主権、決定権を初めて唱えた画期的な宣言となった。つまり、41人の共同体で、多数決による決定には縛られるが、そのほかでは、個人が絶対的な自由権を保有しているとの、その頃の先進的な政治哲学が基礎にある。

第1部　千年後の揺らぎ

それが、この 1620 年の暮近くの北米大陸の片隅で、世界で初めてはっきり
と宣言され、文字にされていた[25]（ジョン・ロック〔John Locke〕が生まれる前であ
る）。

注記のような経緯を経て、彼らは、今のボストンの南東 64 キロにあるプ
リムスに上陸して、プリムス植民地を打ち立てた。その共同体を統制するた
め、選出された者からなる合議体が作られた（合議体の面々、代表〔Governor〕
とその補助者は、全員の選挙によった）。

その選挙で、任期が 1 年ごとのグループ全体の知事（Governor）に長く選
ばれていたのは、やはり Bradford であった（最初に選ばれたのは Carver で、そ
の後は彼が、1621 年から 1657 年の第 2、第 5、第 7、第 12 期を務めた）。Brewster は、
Bradford の顧問（Advisor）となっていた。

プリムス植民地では、男達がいくつかの班を編成し、陸地の測量、住居区
の選定などに取りかかった（女子供は、更に 2 ヶ月間ずっと船上で過ごした）。

男達は、この 4 ヶ月の間に、何回かインディアンらと遭遇している（その
1 つは、Patuxet 族であった）。ピューリタンと、これらインディアンらとの最初
の出会いは、12 月 18 日に起こった（その時は、インディアンは逃げることなく攻
撃してきたが、最後は先込め銃で追い払えた）。

その後ピューリタンらは、この攻撃の理由が何となく判った気がした（6
年前の 1614 年にこの Cape Cod で、2 人のイギリス人探検家らが、インディアンらをおび
き寄せて捕え、奴隷としてヨーロッパに売った事実があり、このインディアン Wampano-
ag 族の一族は、ピューリタンらを、その時の探検隊らの一味と考えたらしかった[26]）。

確かに、この 1 年目は越冬そのものが大変で、ピューリタンらは、下手を
すると、インディアンに征服されかねない状況下にいた。しかし、前記の誤

25　この Mayflower Compact を用意したのは、ライデンから乗船していた John Carver（ラ
イデンの教会の Deacon〔職位者〕である。ロンドン当局との関係で、Brewster が表に
出られなかったため、事実上、信者のリーダー）であり、41 人の中で最初にサインし
たのも、彼だったという。

26　この第 1 の遭遇場所をピューリタンらは、"First Encounter" の渓と呼ぶことにした（現
在の Eastern Massachusetts の地）。その場所は、一般に言い慣わされている "Plymouth
Rock" ではない（millsgen.com）。

1. 江戸初期の大西洋を渡る移民ら

解が解けたのであろうか、翌1621年春には、友好的な交渉がスタートできていた。

ピューリタンらは、住居区を決めたところで、プリムス植民地としての全員の上陸日を、12月21日と決めた。次にはじまったのが、共同体のための共用建物の建設であった。しかし間もなく、彼らが"General Sickness"と呼んだ病気に、ほぼ全員が取りつかれていた（現在では、肺炎だったと考えられている）。

この General Sickness では、大半の人が倒れていた。船員らも加えた140数人のうち、僅か7人だけが、薪をくべたり、炊事をしたり、病人を助けたりすることができていた[27]（ほかにも、普通と変わらない人はいたが、感染を恐れて病人を助けること自体を拒んでいた）。

Cape Cod に着くなり、すぐ「イギリスへ引き返す」と言い張っていた船長も、何とかこれまで残っていた（1つは春になって、大西洋が少し穏やかになるのを待っていたこともある）。

結局、102人の一行のうち、航海中に亡くなった4人のほかに、46人が次の年（1621年）の夏前に亡くなっていた。この期間（1620〜1621年の冬期の数ヶ月）、インディアンらは、向こうからの接触を避けつつ、ずっとピューリタンらを監視していた。

そんなある日（1621年3月16日）、大きな驚きがあった。1人のインディアンの男（後に Algonquin 族の Samoset と判る）が、共用建物を建設していた一行の近くまでやってきたのだ。そればかりか、口を利いて語りかけてきた。今の Maine 州の海辺の村から歩いて来ていたという（ずっと昔、1490年代にイギリス人 John Cabot が同州を訪れたという話があり、その絡みであったろう）。

さて、ピューリタンらが脱出してきたイギリスでは、そしてヨーロッパ大陸では、何が起きていたか。

27　船長以上にピューリタンらを嫌い、彼らに悪態をついていたのは甲板長であったが、この肺炎らしき病で倒れ、一行に世話になって、大いに恐縮してしまったことがある（millsgen.com）。

21

2. 彼らの生きた時代—宗教改革の大きなうねり—

（イ）火炙りにされた異教徒と、新教の勃興

（a）古代ローマ帝国で、はじめの 200 年ほどの間、禁じられていたキリスト教（キリスト教徒は、大円形のコロセウムで、群衆の目の前に牽き出され、ライオンと闘わされた例もあった）。そのキリスト教を合法化したのは、コンスタンティヌス帝で、紀元 313 年であった（その前の 3 世紀中にも、迫害のない時期があった）。

それから 1000 年以上になる 15 世紀、永世不変のように思われていた（ローマ・カトリックの）キリスト教。1000 年以上にわたり信じられ、行われてきたこの教え。それに対し、疑問が投げかけられたのだ。

ローマ・カトリックの信仰は、ナザレ（Nazareth）のイエスが示した道を往く。その教会は、パンと赤葡萄酒の秘蹟を司り、「その儀式を通してのみ、救いの恩寵が与えられる」、と教える。

それは、単なる宗教、信仰の域に留まらない。人の思考を支配する、生き方、その道標であった。「絶対」に見えたこの秩序に対して、ヨーロッパのあちこちで不協和音が、それも沸々と沸き上がってきた。次に覗見するように、それは、やがて大きなうねり、新教、プロテスタント（Protestant）の流れとなって、ヨーロッパ中に、いや地球全体に広まる。

同じく新教といっても、よく知られたルター派（Lutheranism）、カルビン（Calvin）派のほかにも、イギリスでの新教のピューリタンや、フランスのユグノー（Huguenot）教徒などのように、元の 2 派から派生したと思われる複数の派がある。

こうした新教が、世に出る時期を画するのは、たとえばルター派を例に取ると、マルティン・ルター（Martin Luther）が、ウィッテンベルク教会の門に「95 ヶ条」（Ninety-five Thesis）を掲げた 1517 年をもって、1 つの目印とされている。

2. 彼らの生きた時代—宗教改革の大きなうねり—

　新教、旧教と一口にいうが、宗教、信仰の違いほど恐ろしいものがあろうか。1つの新教の興隆が、やがて血なまぐさい宗教戦争をあちこちで引き起こす。中でも最大のものが、世にいう「三十年戦争」(1618〜1648)であった(以下の2.(ハ))。

　その前にも、何もなかった訳ではない。宗教戦争にはいかないまでも、血なまぐさい、大変な弾圧があった。ルターやカルビン以前のことである。そうした弾圧にもかかわらず、旧教の在り方に対する批判心を抱いた人々が、この2人のほかにもいたことは、ボヘミア、ドイツ、フランス、イギリスなどで、現に何百人か、何千人かが、迫害を受け、刑に処せられ、火炙り、八つ裂きなどにされた先例に見ることができる。

　16世紀に入ってからの新教の出現と比べると、大きな違いがあることに気づく。ルターやカルビンが弾圧を受けながらも、次第に同調者を増やしていったのに対し、それより前(15世紀中)の類似の現象では、人々を、(異端者)異教徒(Heretic)だと切り捨て、それらに対し八つ裂きなど酷い弾圧を加え、抹殺していた点が異なる。いずれも血なまぐさい陰惨な迫害の物語として、ヨーロッパ史の中で葬られ、否定されていた(これに対し、ルターは議会に呼ばれて糾弾されたが、彼の保護に回る領主も出てきた)。

　15世紀には、そうした改革を求める者らが、世の中で、いまだ異教徒として弾圧される一方で、各地のカトリック教会と、その上に君臨して、数百年にわたり絶対的権威を保ってきたローマ法王庁に対する人々の不信は、いよいよ高まっていった。特に16世紀の頭にかけては、不信の念が止めどなく加速した。

　中でも、「おかしな行い」として、「理解されなかった」のが、ローマ法王庁による免罪符の販売であった。免罪の観念、信仰は、古くからカトリックにあったが、11、2世紀に「免罪符」が大流行した。やがて、この免罪符の販売に対する一般の疑問や不信の声が、新教徒によってばかりか、一般の信者の側からも高まった。その中でローマ法王庁は、これを改めないどころか、改革の声を黙らせようとして、逆に弾圧するという強硬策に出た。

　枚挙に暇がないが、たとえばイタリアの修道僧(Friar) Girolamo Savonar-

第1部　千年後の揺らぎ

ola は、首を吊らされた上、火刑に処された（1498 年）。

イギリスでも、オックスフォードの神学者ジョン・ウィクリフ（John Wycliffe, 1320~1384）は、1415 年に、ローマの司教団などから異教徒として抑圧されていたばかりか、死後にまで「弾劾」を受けていた。

ボヘミアでは後にモラビア派の始祖となったヤン・フス（Jan Hus）が、同年に火炙りの刑で殺されている。それが、ルターより 50 年前と最も早い新教（プロテスタント）ともいわれる。その結果が、初期プロテスタント運動とされるボヘミアでの紛争、Hussites War につながった。それらの高圧的な態度の背景としてあったのが、何よりも、カトリック教会が政治（権力）と結びついていた事実である。イギリス、フランス、スペイン、どちらを向いても、最高の権力者の国王が、同時に教会の最高権威者でもあった（その前に、全教会の体系、秩序の中では、使徒ペテロの後継人とされるローマの司教が、教皇〔法王〕として、霊的世界の最高位にあり、しかも、その教皇自身も、そうした王家出身ないし縁者であった）。だからこそ、異教徒はいとも簡単に捕えられ、火刑に処されていた訳である。

（b）しかし、1000 年の歴史を持つこのローマ教皇以下の教会は、異教徒を根絶することも、更なる改革の声を黙らせることすらも、できなかった。それどころか、ルター派にしてもカルビン派にしても、賛同者、同調者があまりにも多くなってきた。最高の世俗権力者の国王の中にも、影響を受ける者が出てきた。

この流れの最大の源となったのが、ルター（後出）である。自身、カトリックの僧侶、教授でもあったルターは、中世を通して放置されていた古い聖書を甦らせた。それまで、4 世紀のラテン語訳のもの以外は、原典となるギリシャ語の新約聖書とヘブライ語の旧約聖書しかなかったのを、ドイツ語化する仕事をはじめ、その本が世に広まった。

ルターの考えが広まったことの 1 つには、その間の時の流れもあったが、カトリック教会の病態が進行し、儀式がマンネリ化していたことがある。ルターやカルビンでなくても、誰もが、それを感じていた。同じ考えを抱かされていたということである。

24

2. 彼らの生きた時代―宗教改革の大きなうねり―

　この流れは、ルターの出たドイツ語圏では、殊に強く、彼と同じような考えを抱く人が多くいた。スイスのチューリヒで司祭として活動していたHuldrych Zwingli（1484〜1531）もその1人で、聖体拝領でのパンと赤葡萄酒の秘蹟の神秘性についてのルターの考え（人間的解釈）を更に徹底し、信仰の基本的な考え方を変えようとしていた[1]。

　このような改革派（Reformation〔ist〕）は、聖書のみを唯一の権威の源とする。カトリックと、カトリック教団の周囲に、永年積み上げられてきた諸々の身分、行事、制度、習俗、仕来りなどを、すべて否定する。いわば改革の左派（Leftwing）である。

　これら積み上げられてきた諸々の制度の1つとして、教団、司教が作ったカノン法（Canon Law）に対しても、厳しい目を向けていたのが、ルターであった（彼は、1517年に自らが著した「信仰の95ヶ条」を、文字通りウィッテンベルク〔Wittenberg〕教会の入り口〔扉〕に貼りつけた。Zwingliが免罪符を問題にする1年前のことである）。

　ルターなどの新教による信仰は、一般的に聖書の言葉の理解の上に立ち、そこから出発する。そこからカトリック教団で行われてきたいわゆる「幼児洗礼」には意味がなく、「成人洗礼のみが、有効だ」、とする宗派も誕生した（Anabaptistと呼ばれる）。聖書の言葉を源とするこの派も、国家が信仰に口出しすることを拒み、国家と信仰・宗教とを判然と区別し出した。

　このように、旧教の世界で密着していた国家や社会的儀式と、信仰とを引き離すAnabaptistは、スイスで勢いがあった。彼らは、聖書の中のキリストの生き方を手本として生きることこそ、信仰のあるべき真の姿だとする。また教会のあるべき姿としては、今までとは別の、見える教会、成人らが、この世的理解の上に立って見た場合に、「見える教会」、を主張した。

　このようなAnabaptistらは、「武器を携えること」、「誓うこと」にも反対

1　ミサの中心となる聖体拝領（パンと赤葡萄酒の拝領）を、キリストの身体と血と考えるに際しての、論理構成の違いを指している。カトリックでは、その化体こそ秘蹟としているのに対し、Zwingliになると、パンと赤葡萄酒の秘蹟は、「キリストの死の記憶に由来し、それを戴くものの信仰の中にある」とする（history-world.org）。

25

第1部　千年後の揺らぎ

する。イギリス人の義務の1つであった、民兵隊（Militia）についても、自らの立場を出した。キリスト者としてのあるべき姿に反する、としてその義務を拒んだのである。

ルター派は、やがて北欧国家（デンマーク、エストニア、ラトヴィア、フィンランド、アイスランド、スウェーデン、ノルウェー）を中心に広まり、中世後の近代国家の誕生により、多くの国家での国教となったほか、ドイツ、フランス国内にも、かなりの信者が存在するようになった。

（c）もう一方のカルビン派を主唱した John Calvin は、元はフランスの弁護士であった。異教を唱えたとして、国内では「身の安全が保てない」、としてスイス、バーゼルに逃避した。そこで彼は、初めて教理本を世に出した[2]。ルターの95ヶ条（1517年）より20年近く後である。

ルターと同じく、ローマ法の下での法学教育を受けたカルビンであったが、2人の間には、急激に変わりゆく時代の中で、年の差があった。ルターの生きたドイツ社会は第一に、まだ多分に中世的なものを残していて、教会にも、公国を支配する王侯の息が直接かかっていた。

そうした、「教会も公国も1つ」といった雰囲気の中で、カルビンよりも20歳も年長のルターは、その公国から独立した新教の教義を、一から（つまり、法学の部分も）築き上げねばならなかった。その分、既存の法制度、法（国家）秩序に対し、より厳しい批判の目を向け、強力に闘う必要があった。

これに対し、カルビンは、ルターのように、国家と聖書の世界とを、判然と区別、分離する態度は取らなかった。既にルターの新教の教えが、そこに存在したカルビンにとっては、必ずしもルターほど、国家と教会との分離を強調する理由はなく、いずれも神の栄光を示す存在と目することができた。

こうして、15世紀中は、異端、異教として葬られ、迫害されて消えていったものが、16世紀前半には、世の人々にも認められはじめて、人々を動かすまでのものになっていった。時代の流れ、力である。

こうした新教の大きなうねりが、16世紀中を通してヨーロッパ中に（海を

2　Institute of the Christian Religion, 1536.

2. 彼らの生きた時代―宗教改革の大きなうねり―

越えて、イギリスやスコットランドにも）広まっていく。その新教の中でも、ド
イツ、北欧をはじめとするヨーロッパの北部は、ルター派の影響力が強かっ
た一方、フランスでは、カルビン派が強かった（その1つが、ユグノーになった）。

(d) スクロービィから街道を北に行ったスコットランドでも、そこの牧
師ジョン・ノックス（John Knox）を通して、カルビン派の影響を受けていた。
彼が、身の危険を感じて、早くに自国を去り、ジュネーヴに逃避していたこ
とが大きい。こうして、ピューリタン信仰が広がる中で、オランダにも、更
にイギリスを中継してアメリカのニューイングランドにも、カルビン派が浸
透して行った。

新教が広がりはじめた16世紀には、各地に散在する小さな王国ないし藩
公（候）国にも新教が広がり、その君主や、その家来の貴族の中からも、こ
れに帰依する者が少なくなかった。君主らの力の強さゆえに、そのことがま
た、16世紀中の新教の広がりを更に強め、助長する役を担った。

16、7世紀にはイギリス王国全体が、宗教的に大変な状況を迎えていた。
スコットランドへ抜ける街道沿いの一寒村に過ぎなかったスクロービィも、
変化なしでは済まされなかった。そのスクロービィのピューリタンらが、迫
害を逃れてオランダへ行ったのを見てきた。

まず、16世紀はじめまですべての人々の宗教であったローマン・カトリッ
ク。法王と喧嘩した国王（ヘンリー〔Henry〕Ⅷ世〔1491〜1547〕）。自ら新しい宗
教を開いた訳ではない。しかし、国王が教会の最高の地位に就いたことで、
ローマ法王の力が弱まり、イギリスでも宗教が、王政、国政の下に入り、不
可分の関係になった。その後は、イギリス国教（Church of England）が国教と
してある中で、大陸では異教とされていたカルビン派やルター派に帰依する
人々が増え出した。

その間も、国王が代わり、国王の宗教が変わるごとに、国教がカトリック
から反カトリック（プロテスタント）へと傾きが代わり、それにつれて国王が
迫害する側と、その対象が変化した。

複雑だったのは、ジェームズⅠ世王である。王自らは、スコットランド王
時代のままのプロテスタントであっても[3]、その妻、デンマークから来たア

27

第 1 部　千年後の揺らぎ

ン（Anne）王女は、カトリックだった。

　このような、「宗教＝権力」の図式が何を意味し、何をもたらすか。それは、異なる各宗教が、国家権力を巡って争う複雑な「この世的な争い」にほかならない。その最たるものが、宗教を理由とする武力闘争、すなわち内戦、内乱ないし反逆である。17 世紀に入っての話になるが、ピューリタン分離派のクロムウェルは、カトリックのチャールズ I 世王を処刑するところまでいっている。

　この宗教と世俗権力とが絡んだ葛藤は、1 つの国の中だけで収まらない。たとえば、スペインとイギリスの間の出来事がある。それまでカトリック世界の権力の象徴と見られていた（その点で、16 世紀半ば過ぎのプロテスタント王の時のイギリスと正面から対立する）スペイン王フィリップ（Philip）II 世と、彼の有する無敵艦隊アルマーダ（Armada）が、1588 年に、次にイギリス攻撃に転ずることを予定して、まずアイルランドに向け突き進んでいた。

　そのアルマーダが、元海賊で今は艦隊長官補のフランシス・ドレーク（Francis Drake）が率いるイギリス艦隊と激突し、撃破されている。

　(e)　ヘンリー VII 世にはじまるチューダー朝。その最後に当たるエリザベス I 世女王は、45 年間という長い治世期間、君臨していたが、1603 年に死期を迎えた。

　そうなると、色々なことが起こり得るが、最大の問題は「世継ぎ」である。あちこちを丸く収めるには、やはり国会が定めた継承法に従い、血統によって決めるしかない。はじめはスコットランド女王だったが、後に逃れた先のイギリスでエリザベス I 世女王によって処刑されたスコットランド女王だったメアリー・スチュアートの息子、つまり従兄弟に当たるスコットランドのジェームズ VI 世を迎えるしかないということで、彼がジェームズ I 世王として迎えられた[4]（これは、単に「同君連盟」と呼ばれた。イングランドとスコットラン

3　プロテスタントの中にも、前述のようにイギリス国教の徹底的な改革を訴えるピューリタンがいる。これには、教会を改革しようとする改革派もあれば、改革は無理だとして、脱出を目指す分離派（Separatists）もあった（これらの反イギリス国教派、反体制派を非妥協派〔Nonconformists〕と括ることもできた）。

28

2. 彼らの生きた時代—宗教改革の大きなうねり—

ドの合体は、約1世紀後の1701年のAct of Settlementまで実現していない[5])。

　半世紀前まで君主（メアリー〔Mary〕I世女王）の宗教であったことから、まだ多かったイギリスのカトリック教徒らは、その時、皆興奮を抑えるのに大変だった。ヘンリーⅧ世によるイギリス国教宣言への仕返しとして、ローマ法王が、1570年にエリザベスI世女王を破門し、イギリス国民すべてに、「女王への忠誠義務から解放する」と、謀反を促すような宣言を出していた。

　そのため、イギリス人のカトリック教徒らは皆、チューダー王朝の君主により、中でもエドワード（Edward）Ⅵ世、エリザベスI世などの下では、「反逆者」とされ、政治的に厳しい扱いを受けていた（「ローマ・カトリックのミサに与ってはならない」と禁じられ、代わりに、イギリス国教の式への参加を義務づけられていた）。

　そのエリザベスI世女王は、自らは新教徒とはいえ、カトリック教徒にもまだ妥協的であった（カトリックと同じく、十字架などのシンボルや儀式を重んじる一方、新教が重視する「お説教」の役割は、割引いて見ていた）。新王となるジェームズI世王はどうなのか。カトリックの貴族などは、少し前から家来を密かにスコットランドに送り込んで、ジェームズ王の人となりを、特に彼の宗教上の立場を、探らせていた。

　噂によれば、「ジェームズは、それほど酷いことはしないだろう」、という観測が流されていた。つまり、国教（カトリックの儀式を保ったまま、カルビン派の流れを汲んだ宗教）とは異なる、そのほかの信教に対しての態度のことである。

　実は彼自身は、母のメアリー女王がカトリックだったのとは違い、カルビン派のスコットランド人、ノックス師による洗礼を受け、長老派プロテスタントとして育ってきた。

___

4　ジェームズI世は、頭の回転の早い人で、かねてから内心では、この日が来るのを「今か今か」と待っていた。山地だらけのスコットランドの王から、17世紀はじめの、経済でも勢いに乗っているイギリス（England）と、その属国アイルランドの王も兼ねられる日のことである。財政規模1つ取っても、一挙にこれまでとは桁違いの大きさになる。

5　このAct of Settlement, 1701は、イギリス国会が立法した世継ぎを決める法律で、世継ぎをプロテスタントのみに絞っていた（en.wikipedia.org）。

29

第1部　千年後の揺らぎ

　こうした背景にもかかわらず、彼はイギリス王ジェームズⅠ世の地位に就くと間もなく、プロテスタントにとり敵対的な行動を取った。その１つが、エリザベスⅠ世女王時代の法律、Act Against Puritans（1593）を、しっかり執行することであった[6]。

　更に、自らの好みに合わない言葉遣いのウィリアム・ティンディル（William Tyndale, 1494～1536）の翻訳した聖書に代わる、いわば「王の改訂版聖書」を出す計画を立てた。聖書の新翻訳版作成への取り組みである。イギリス国教会、カンタベリー大司教座の本部内に設けた部署で、40人近い学者を使って訳出された（世に King James Version と呼ばれた）。

　ここで問題になるのが、プロテスタントらが、どんな聖書を使っていたかである。人々が使っていたのは、少し前（1575、1576年）にイギリスでも出された、安くて小さいが、プロテスタントの宗旨に沿った多くの説話の付された、いわゆるジュネーヴ版聖書（Geneva Bible）であった（このジュネーヴ版は、80％以上が後出のティンディルの翻訳をベースにしている）。

　これらの説明（Notes）の多くは、政治や宗派問題などに触れるものではなかったが、ただ１本、太い線によって貫かれていた。その頃のヨーロッパ世界を支配し、ヘンリーⅧ世も唱えはじめていた「王権神授説」に立っていなかった点である。「王は、天が定めた者、天子」、との説ではなかったことである。

　ジュネーヴ版聖書の論理では、教会もまた、（司教座などの）上から治めるものではなく、その信者団から選ばれた長老（Elder, Presbyter）によりリードされるべきことになる。聖書を新翻訳版にする政策で、ジェームズⅠ世が狙っていたのも、まさにこのジュネーヴ版を禁書にし、それに代わる自らの聖書を強制することであった[7]。

　（**f**）イギリスの君主ともなると、世継ぎのほかにも色々考えねばならない。

6　たとえば、ピューリタンらが集まって、国教とは違う、独自のミサの礼拝などを行うことが、捕囚の理由とされていた。

7　King James Version は、1611年に発行されたが、それと同時に、ジュネーヴ版は、それを所持していただけで重罪（Felony）とされた。

2. 彼らの生きた時代─宗教改革の大きなうねり─

第1が宗教や司祭である。それが今は、この世俗の権力を盛り上げるのに絡んでいた。その絡み方に、各国ごとの異なる図式が見られた。

中でも、イギリスは複雑である。新教のスコットランド、儀式と信仰とが分離したかのようなイギリス国教のイングランド、カトリックのアイルランド（しかも、同じアイルランドに対する支配でも、彼が今までいたスコットランドから見るアイルランドが、ロンドンから見るのとでは、違っていた）。

更に国外に目をやると、スペインのようにカトリックの牙城のような国から、カトリックではあるが、ユグノーのような強い新教運動も抱えたフランスのような国もある。

彼自身はどうか。イギリス王の中でも、彼ほど宗教上で複雑な立場に立たされてきた人もいないであろう。まず、スコットランドで変革を経験し、次いでイングランドでは、ひやりとする事件（例の Gunpower Plot of 1605）に遭っている[8]。

すなわち、スコットランドでのジェームズ VI 世としては、既にノックスのカルビン派が全面的に浸透して、改革教会（Kirk）を構築するのを見てきた。彼らは、以前の旧教の遺産、司教座、司教管区、教区などの制度をすべてゼロにし、スコットランド的な、いわゆる長老派教会（Presbyterian Church System）を作っていた。

これに対し、君主制こそ、旧教の遺産、司教座などの基礎の上に立ったキリスト教に即した姿と信じるジェームズ VI 世（イングランドでのジェームズ I 世）は、教義的なことよりも、制度としてのカトリック司教座などに親和を感じていた（彼の台詞、"No Bishop, No King" が残されている）。ただ、スコットランドでは、穏和な発言をしていた（旧教の遺産の温存に力を貸したこともあったが、そのために、改革教会と多少の衝突も起こしていた）。スクローヴィのピューリタンらが、村からの脱出を考え決行したのは、こうしたジェームズ I 世への不信、彼の王政に対する懸念が決め手となっていた。

---

8 Gunpower 事件とは、Gunpower Treason Plot ともいわれるように、カトリック教徒のうちの過激派が計画した、王の暗殺計画を含むクーデター絡みの反逆事件で、未遂に終わっている。

31

第1部　千年後の揺らぎ

　一方、イングランドに来てみてジェームズⅠ世王が判ったことは、その宗教が複雑に分かれていることであった。

　カトリックであるということだけで罰則を課す法律（Penal Law）が施行されていたにもかかわらず[9]、町には多くのカトリック教徒が暮らしていた[10]。

　更に、君主の地位が、国教の中に取り込まれることで、既にルター派やカルビン派の流れを汲む新教も普及している一方で、旧教（カトリック）の遺産も十分に保存されていた（つまり、宗教が国政と絡み合っていたが、これは無論、ジェームズⅠ世にとって、嫌なことではなかった）。こうした背景の中で登場したジェームズⅠ世は、カトリックに向かって、「表向き、きちんと法を守り、大人しくしていれば、カトリックだからといって刑罰を加えることはしないよ」、といっていたが、その後に、これと異なる行動も取っていた。カトリックに対する刑法改正（刑の加重）を行うことにより、国教派の点を稼いでいた（これが、カトリック教徒らに、「裏切られた」との不信の念を抱かせた）。

　そのジェームズⅠ世が、息子チャールズ（Prince of Wales）の嫁として、またしても、カトリック（ブルボン王家）の Henrietta Maria を迎えると決めたことから、今度は、イギリス社会の国教派からも非難の声を浴びることになる。こうした彼の行為が、スクロービィのピューリタンらに国外脱出を更に促した。

（ロ）大航海の時代を終えた血縁社会
（ヨーロッパの諸王の宗教と、ローマ法王）

　（a）ピューリタンなど、新教が広がる16世紀から17世紀初頭までのヨーロッパを、イギリスを含め見てきた。

　中世以降のヨーロッパでは、世襲の各王朝間でのいわゆる「政略結婚」（Strategic Royal Intermarriage）の例も少なくなかった。スチュアートの息子

9　上で見たように、イギリスの Penal Law（1673）は、その発生の源が宗教にあり、国教以外のプロテスタントやカトリックの宗教を行うことに対し、不利益を課していた（Test Acts とも呼ばれた）。

10　1715〜1720年という、大分遅い時代の統計でも、カトリック人口の比率は、10〜20%のところがイングランドの約半分を占めていて、3%未満というところは少ない（en.wikipedia.org）。

2. 彼らの生きた時代―宗教改革の大きなうねり―

チャールズの嫁としてブルボン王家の Maria を迎えたり、1451 年にフランスのルイ XI 世も、スコットランドのジェームズ I 世王の娘マーガレットを娶っている（後出のスペインのフィリップ II 世王と、イギリスのメアリー女王との結婚も、その例といえる）。

　一方、新教に対する抑圧の問題に戻ると、フランスから見て、ピレネー (Pyrénées) 山脈の先のスペインでは猛烈な宗教裁判 (Inquisition) が行われていた。またアルプス (Alps) の南側のイタリアでも、社会の中にカトリックが深く根を下ろしていた。ただ、いずれの国でも、上に見たような、16 世紀ヨーロッパ諸国でのような宗教による内戦の広がりは見られなかった。ということは、これら 2 国では、少なくとも宗教的には、社会の単一性、単純さが保たれている、といえた。

　ローマ正教、カトリック教の下では、各国とも、現世の権力（国家）と教会との結びつきが強く、それだけに団体制がしっかりと根を張っていたことを見てきた。イギリスのメアリー I 世女王の下で、280 人を超える新教徒が火刑台に吊るされたのは、そのことを示す例である。

　しかも、宗教改革の運動が起きた 16 世紀ヨーロッパのある時期には、いくつかの国で、この現世の権力（国家）と教会の結びつきが、一時的に一段と強くなっていたといってよい。

　そのことを明確に示すのが、ヘンリー VIII 世である。王がローマ法王との間で不仲になり、イギリスの全教会を自らの権力の下に置いた時に見られた。

　これは、個々人の信仰を云々している訳ではない。王の治めるイギリスでの教会という組織、制度の問題である。イギリス国教と呼ばれるようになったからといって、イギリス人の信仰が変わる訳ではない。王個人の宗旨とも必ずしも一致しない。ローマ法王とトラブルを起こしていたヘンリー VIII 世王も、個人的な宗旨としては、むしろ旧教であった。

　それより先の 1521 年、ルターの主唱する神学に対し、教皇の優位性を唱えた冊子を出していたくらいであった。それで、教皇レオ (Leo) X 世から「信仰の守護者」というお褒めの言葉と肩書きとを貰っていたくらいであった[11]。

33

第1部　千年後の揺らぎ

　したがって、この後に生じたヘンリーⅧ世と教皇との衝突、結果としてヘンリーⅧ世が、教会をイギリス国教としてしまった国教化は、宗旨とは関係のない成り行きといってよい。これにより、次の17世紀初頭、1603年のジェームズⅠ世王によるイギリス王政とスコットランド王政との統合に対する宗教面での障害が、多少、少なくなったといえる。

　前述のように、ジェームズⅠ世王個人は、プロテスタントとなっていたことで、スコットランド王朝の下での彼がいた教会（旧教からカルビン派へ）の変化と一致することとなった。このように、王家（王制）と教会との一体化は、ヨーロッパの各国と同じように、スコットランドでも生じていた。

　(b) 11、2世紀のヨーロッパ全域を覆った宗教（キリスト教）熱、その間ローマ法王の力は、まさにこの世的にも増大し、各地の王族を凌駕していた。それはボニファティス（Bonifatius, Boniface）Ⅷ世の在位中（1294〜1303）にまさにピークに達していた。この後、時代が下がるとともに、そうはいかなくなる。

　諸国の王の中でも最有力なフランス王フィリップⅣ世（1268〜1314）は、新たにフランス国内の教会・教団などに課税をはじめるなどで、法王領に対し食指を伸ばした。そのほかでも、法王を蔑ろにして、法王の権威に対し抗ったため、教皇ボニファティスⅧ世は、1296年に、後の1302年勅令の「唯一聖なる」(Unam Sanctam) 勅令と同じ内容の勅令（Bull）を発し、フィリップⅣ世に対し特に諭していた。

　その上で、そのような王による宗教に対する課税行為は、「教会から破門されるべき罪に当たる」とまで述べていた。ボニファティスⅧ世による「唯一聖なる」という勅令は、十字軍（Crusade）を興すことにもなったし、法王が宗教の世界だけでなく、世俗世界でも諸王の上に立ち、最高の権威を有することを宣明していた。

　これに対し、前記のように、負けていなかったフランスのフィリップⅣ世

11　Defender of the Faith という肩書き。冊子の名は、ラテン語で "Assertio Septem Sacramentorum" という。

王は、勅令に対する対抗措置として、フランスからイタリア・ローマへの金銀、宝石、食器などの持ち出しを、すべて禁止した。またフランスで、次の十字軍のための資金集めをしているすべての法王の代理人を、国外追放処分にしていた。

　上記は、法王の権威の絶頂期が過ぎたことを示すエピソードとなるが、そのボニファティス VIII 世はこの後、屈辱に耐えかねて憤死したとされる。後の1309 年になると、法王庁内でのゴタゴタも加わり、法王宮がローマではなく、フランスのアビニョン（Avignon）地方に移設するという事態が起きた。

　法王選びは常に大変な問題であったが、その時も、最終的にクレメント（Clement）V 世（フランス人）を選出したが、法王選挙人団（Conclave）は揉めに揉めた。その中でクレメントは、自らの意思を主張してローマ行きを拒み、法王の別荘「アビニョンでよい」といったことで、アビニョン地方への移設が決まったとされる。以後、1377 年までの 67 年間、7 人の法王（すべてフランス人）が、そこで過ごすことになる。

　(c) 紀元 4 世紀以来、それまでのヨーロッパ社会を通して存在した単一の宗教的秩序、唯一のローマ正教。それに代わり、またはそれと並立する形で、プロテスタントの各派が生じてきた（このプロテスタントを生じさせた宗教改革は、どの宗派にせよ、ローマ正教そのものの「根っこ」の中から、その上に、芽生えてきた）。

　そうなると、それまでの国家の下の宗教、ローマ正教ではなく、各国に多くの教会系列が割拠する事態が出現したことになる。これが国王、政治家ばかりか、一般の人々にとっての生活上の大きな変化でなくて、何であろうか。やがて、これらプロテスタントの中からは、古い社会での宗教的重圧や面倒から脱出するため、新世界を目指す人々が出るようになる。

　この時代の各国で、宗教（カトリック）と国王との関係に働きかけ、人々を、社会を、動かしていたもう 1 つの大きな因子がある。ローマ法王である。いや、法王が宗教の分野で、国王より上の、より高い位置にいたのは当然としても、世俗（権力の）世界においても、少し前の時代まで、しばしば繰り返し国王の上に立っていた。

　そのことを示した最たるものが、例の十字軍の動員であろう。そこでは、

35

第1部　千年後の揺らぎ

法王の呼びかけに応えて、諸王が甲冑に身を固め、馬に跨って従軍している姿が映っている。その間の時代の変化を、王権とは反対の方向から遡ってみると、法王の権力が最大だった事実を、その期間を、検証することができる。

　1095 年のクレルモン宗教会議（Council of Clermont）で、法王ウルバヌス（Urbanus）Ⅱ世が呼びかけてはじまった十字軍。理由は、「キリスト教徒にとっての聖地エルサレム（Jerusalem）が、イスラム教徒ら（Muslim, Saracen）により占拠された……これを、回復しよう……」、であった。更に、同じキリスト教国の東ローマ帝国（Byzantine Empire）が、異教徒のトルコ人らにより侵略されるのを防ぎ、援けるものでもあった。

　11 世紀末から 15 世紀後半に至るまでに、何十万人もの兵士が動員されて、現地に赴いた。その多くが、農民や貧しい戦士達であったが、この聖戦に従軍してエルサレムに行けば、そこで全面的な免罪を手にすることができると諭されていた。

　15 世紀にもなると、さすがに十字軍の勢いも衰えるが、その 100 年ほど前でも、既に変化の兆しが出ていた。たとえば、教皇ボニファティスⅧ世は、紀元 1300 年を迎えるに当たって、上記のように、教会の歴史で初めて「聖年」を定めた上、1302 年には勅令を出していた。

　「教皇（法王）こそが、宗教上も世俗上も、最高の権威者である」との宣言である。ということは、先のフィリップⅣ世のように、教皇の権威に抗う国王も、出現していたことを示している。そこで、この勅令により、如何なる王侯貴族といえども、教皇の権威に従うべきもの、と定め、宣言したのである。

　教皇の権威を示す更なる例もある。長らく不仲で争っていたイタリアの都市王国、ベニス（Venice）とジェノア（Genoa）に対し、法王が休戦を命じ、「その力を十字軍に振り向けよ」、と諭しているのである。

　以上のような教皇の権威に対し、国王が世俗世界的権力を示すことができるか、その初のシンボルとなったもの、それが、ヨーロッパ中に広がっていた教皇領、すなわちローマ正教教会所有の土地・建物などに対する国王による徴税権の扱いである。

2. 彼らの生きた時代—宗教改革の大きなうねり—

　それまでは、教会付属の田畑その他の学校などの施設に対する国王による徴税権は、これを「認めない」というのが、上記のように教会の立場であった。それが、この14世紀に入って争われ出した。

　その代表ともいえるのが、前記のフランス王フィリップⅣ世王による、1302年の試みである。そこではじまった両者の攻防である。教皇が前述の勅令、「唯一聖なる」を発した。

　フィリップⅣ世王の方も、勅令に恐れ入って引き退ってはいない。1302年に、オランダの歴史でも見る、いわゆる「代議会」（Estate General）を召集している（フランスの場合、僧侶、貴族、市民の各代表からなる、「三部会」という呼び名が、一般的である）。

　このような教皇と国王との対立、激突の場合、それら各国内の、たとえばフランス国内の、ローマ正教の教会、組織、その僧侶らは、どちらの側についたか（肩を持ったか）。フィリップⅣ世王の場合、上記の三部会の下で、フランスの僧侶は、大半が国王の側についた。

　これらは、まだ新教と旧教との間の戦争ではない。同じカトリック世界の中での勢力争いである（同じ頃イギリスでも、ノルマン王朝のエドワードⅠ世王が、ボニファティス教皇による国政への介入に反対していて、そこでも、イギリスの僧侶達は、エドワードⅠ世王の側についていた）。

　以上に垣間見たような中世から近世への移行期の中では、宗教的権威と世俗的な権力とが、あちこちで激突する。その一方で、世俗的世界の中での争い、つまり各国（国王家）間の争いも、絶えることがなかった。しかも、各王家が互いの間で入り乱れて血族関係を結んでいた上、各王家の下でも、貴族らの多くも、私兵を抱えていた。

　それにしても、ヨーロッパは昔からある意味で狭く、各国がひしめき合い、その利害は、王家の血縁関係そのままに、錯綜していた[12]。

　以上のような14世紀までのことを振り返ると、16世紀に入ってしばらく

12　イギリスのエドワードⅠ世王が、フランスのフィリップⅣ世王の前で跪いて挨拶する絵があるように、エドワードⅠ世王は同時に、フィリップⅣ世王の支配下にあるアキテーヌの公爵（Duke of Aquitaine）でもあった。

37

第1部　千年後の揺らぎ

して起こってきた宗教改革は、実に大きな変化をもたらした。人々の想像を
はるかに超える変化を、中世的秩序とはまるで違う世の中をもたらした、と
いうことがいえよう。

（d）「ルネッサンス」とも呼ばれる 14、5 世紀のヨーロッパ。それは平和
な世の中とは、正反対の存在であった。1 つひとつ記さないが、王位の継承
のほとんどが、血で血を洗うような骨肉の争いであったことに加えて、宗派
の違いによる軋轢と来ている。

　その中で人々は、大航海の時代に入る。それまで全く何の関わりもなかっ
た未知の新世界へと移住し、新生活をスタートさせるようになる。そんな時
代だったからこそ、大航海が新しく行われたのではないか。大発見の時代
（Age of Discovery）が開かれたのではないか。

　それらが、ヨーロッパ社会内で高まっていた（激突への）大変な圧力を多
少でも和らげ、外へ向けさせる面があったことは間違いない。

　イスラム世界から入手した科学知識の応用で早かったのは、イベリア半島
の王家、まずポルトガル、次いでスペインであった。これら 2 国が、相次い
で初期の大海洋国家になった。しかし、こうした大航海の時代、大発見の時
代は、到来したかと思う間もなく、次の時代へと移っていった。

　次の海の覇者を巡る競争は、イギリス、オランダ、フランス 3 国間の激し
い（領土の）奪い合いの時代へと突入する。

　それは領土の発見競争、まさに「大発見の時代」であった。そこで、かつ
てなかったような世界分割の話も生じてきた。スペイン東部バレンシア（Va-
lencia）地方のボルジア（Borgia）家出身としては 2 人目の法王アレクサンダー
（Alexander）Ⅵ世の勅令のことである。

　彼が、「スペインとポルトガルとで、この世界を東西 2 つに分けて治め
よ！」といったのであった。コロンブスの第 1 航海（1492 年）の翌年、1493
年のことであった（つまり法王は、時代の先端情報により動いていた）。

　実際、15 世紀半ばから世紀末にかけて、レコンキスタ（Reconquista）をな
し遂げ、世界の海運を手中に収め牛耳ったのが、ポルトガルの、次いでスペ
インの、いずれもイベリア半島の王家であった。

38

2. 彼らの生きた時代—宗教改革の大きなうねり—

　ポルトガルの首都、リスボン。その Tejo 河口近い港に行くと、水面に向かってせり出した舳(へさき)の形をした彫刻を見ることができる。建築物のような高さ、大きさのものである。その大勢が乗った舳の尖端に大洋の彼方を睨んで立つのが、1394 年にポルトガル、ポルト (Porto) で生まれた「航海王子」、ヘンリー (エンリケ、Henry the Navigator) の姿である (1460 年没)。

　今日とは違って当時のポルトガルは、世界一の海洋国 (エンリケ王子はそのシンボル的存在) であった。第一、漁船に改良工夫を重ねて、軽量で 2、3 本マストの「カラベル型」(Caravel) 帆船を開発したのも、当時のポルトガルであった。これで、風上に向かっても進めるようになった。

　その頃、アフリカ大陸について、ヨーロッパ中の船乗りが捕われていた迷信がある。当時、ヨーロッパの人々が知っていたのは、陸地ではサハラ砂漠まで、海路ではカナリア諸島 (Islas Canarias) 辺りまでで、その先は「煮えたぎる地獄の海」、と信じられていた (その海は、大西洋中にあり、その名は文字通り "Volta de Mar"「海の行き止まり」であった)。

　その中で、エンリケ王子が派遣した探検隊は、この海の行き止まりを突破する (1434 年)。彼の派遣した探検隊は、更に大陸の西岸に沿って未知の世界アフリカの南半分に入って行き、王子の没年である 1460 年には、今日のシエラレオネ (Sierra Leone) に達していた。

　ポルトガルの海軍も、エンリケ王子以前から既に実力を示していた。1383〜1385 年の王位継承の空白期間 (Interregnum) にも、スペインのカスティーユ (Castile) 王国軍により、リスボンの町が包囲されたことがあったが、その時に、ポルトガルの艦隊 34 隻がスペインの艦隊と戦って、勝っている。

　一方のスペインでは 1469 年、カスティーユ (Castile) 家のイザベラ (Isabella) Ⅰ世女王が、アラゴン家のフェルデナンド (Ferdinand) Ⅱ世と結婚していた。1471 年には、アラゴン (Aragon) とカスティーユという 2 つの王国の統合体ができていた。これが、スペインをまさに一番の強大国とした (両家の血縁者、親類が、ヨーロッパ中に広がっていた上、イザベラⅠ世女王の庇護を受けた孫シャルル〔Charles〕Ⅴ世は、神聖ローマ皇帝の位に就いていた)。

　このように隆盛なスペインとポルトガルの時代があったからこそ、親密な

39

第1部　千年後の揺らぎ

両国関係だったからこそ、法王アレクサンダーⅥ世の上記のような采配（両国による、この世界の二分割案）も出されたといえる。その後、この最強の統合国スペインが黄金時代を迎える。時あたかも、ヨーロッパの「大発見の時代」に当たっていた。

　その後の近世世界では、最大の海軍国とされるようになるイギリスにしても、まだこの隆盛時のスペインとポルトガルの足元にも及ばなかった。その王立海軍（Royal Navy）も、17世紀後半まで設けられることがなかった（必要に応じ、その都度、「王の船団」と称される形で対応してきた）。

（八）長く続いた新旧の対立と、「三十年戦争」

　（a）ヨーロッパ大陸の中部全体とイタリアの北半分を治めていた神聖ローマ帝国、それとヨーロッパの精神世界に君臨していたローマ法王庁。数々の絆で結び合ってきた、この2つを中心とする社会構造。それらが14、5世紀に入って、何世紀にもわたる頂点から、ともにずれ落ちてきた。

　この時代のヨーロッパ世界はとにかく、「大動乱の時」といってよい。法王庁や神聖ローマ帝国の崩壊以外に、大発見、大航海の時代でもあった。

　宗教改革の立役者ルターは、1483年生まれであるから、8、9歳の時、あのコロンブスがアメリカの土を踏んでいたし、神聖ローマ帝国皇帝チャールズⅤ世が、宗教改革対策のためウォルムズ議会（Diet of Worms）を召集し、そこにルターが呼びつけられた年（1521年）、マゼランが人類最初の地球一周航路に乗り出し荒海と闘っていた。

　そんなルターが神学校から大学へと進み、司祭職に就く前に、奨学制度でローマ巡礼に向かった（途中、修道院に寝泊まりしつつの徒歩である）。その時、それら修道院での僧侶の贅沢な生活を見るにつけ、またローマに滞在する日が長くなるにつれ、彼は1日ごとに、それらの根底に潜む病根のようなものを、ますます強く嗅ぎ取っていった。聖なる都を覆っている腐敗と堕落を嗅ぎ取っていった。

　故郷のウィッテンベルクに戻った彼は、やがて、そこの大学の神学教授となるが、そんな彼にとって、今や一番の宝物は聖書であった。そんな彼は、語学力（ギリシャ語とヘブライ語）の不足に悩みつつも、6ヶ月ごとに全部を読

40

2. 彼らの生きた時代—宗教改革の大きなうねり—

み返していって、やがてドイツ語訳を著した。

　ルターの神学講義は、それまで普通に教えられていたことと大きく異なっていたが、そうこうするうちに、彼の講義の噂が広まった。大学外から社会人らも、少なからずクラスに来るようになっていた。

　前の（イ）(a) でも記したように、「宗教、信仰の違いほど、恐ろしいものはない」。古代ローマのクリスチャンをライオンの餌食として与えたなどのことはいざ知らず、中世から近世にかけて、ヨーロッパのあちこちで、恐らく無数に繰り返されてきた異教徒への迫害。

　それだけではない。宗教、信仰の違いを理由とする、これまた無数に近い戦争、闘いがある。それが、政体の権力争いと結びつくと、「三十年戦争」のような、ヨーロッパ中に広がった、800 万人もの人が死んで、第 1 次大戦と第 2 次大戦に比肩する大災厄に至る。

　もう 1 つ、ここでいうべきことは、そうしたヨーロッパ中に広がる戦争と、イギリスも無関係ではなかった点である。いや無関係どころか、その巻き込まれ方で、十分にヨーロッパ世界で存在感を示していた。次に見るヘンリーⅧ世王による積極的な対外政策、フランスをもその「所領にしてしまいたい」との野望に見るような、大陸との深い相互関係である。

　こうした複雑な外交の中で、大きな宗教戦争の先駆けともいえるのが、1546、1547 年にも戦われていたドイツのシュマルカルディックでの戦争 (Schmalkaldic War) である。それを一旦収めたのが、南ドイツ、アウグスブルグ和平 (Peace of Augsburg) での画期的な和平合意である。

　というのは、この和平により、新教が歴史上初めて公認されたからである。具体的には、ヨーロッパに君臨してきたローマ・カトリック教会が、その現世的権力の保持者、神聖ローマ帝国のチャールズⅤ世皇帝を通して、ルター派に対し、それまで異教として迫害、弾圧に徹してきた新教に対し、公認を与えたからである。

　(b) といっても、そこで公認された新教は、プロテスタントの中でも、ルターのはじめたルター主義 (Lutheranism) のみで、もう 1 つの広がりつつあった新教、カルビン派による Calvinism と、洗礼主義派による Anabap-

41

第1部　千年後の揺らぎ

tism は、引き続き異教とされたままであった。

　それが、1555 年に最終的にまとまった、上記のアウグスブルグ和平である。これによるチャールズ V 世皇帝の信教の公認は、しかし上記のようにミニマムのものであった。しかも、それまでにルター主義に帰依、信仰していた人のみが、「引き続き新教を信仰していてもよい」、といわれただけで、「新たにルター主義に改宗してもよい」、そう許されたものではなかった。

　そうであっても、これまでの幾多の迫害やら、挙げ句の果ての殺し合いの戦争と比べれば、やっと認められた和平であった。実際、アウグスブルグ和平に先立つ 1548 年にも、暫定的合意（Augsburg Interim of 1548）が結ばれていたが、プロテスタントの不平が強く、サクソニの選帝侯モーリスなどが、1552 年に反旗を翻し、世の乱れが続いたことがあった。そうした「壊れた和平」の教訓に学んでいたはずであったが、しかし、このアウグスブルグ和平をもってしても、宗教、信仰の違いを理由とする争い、武力闘争が、「もうお終い！」ということは決してなかった。案の定、次の宗教紛争が起こってきた。

　1618 年頃から、いくつもの戦争が、今の南ドイツ、オーストリア、スイス、オランダなどで次々に勃発し、継続していった。それも、当時のカトリック世界の政治的総本山ともいうべき、ハプスブルグ家の神聖ローマ皇帝フェルデナンド II 世に対し、お膝元のボヘミア（今のチェコなど）からプロテスタント教徒らが蜂起したのが発端である（1618〜1623 年）。

　中心となったのが、新旧キリスト教の間の宗教戦争、「三十年戦争」である（両者の間の今 1 つの違いは、カトリック世界では、聖書というものが手近になかったのに対し、ルター派の人々の多くが、その頃一般化し出した、ルターの訳したドイツ語の印刷された聖書を読んでいた点である。なお、当時はラテン語が、ヨーロッパ中で、特に法学、医学などでの共通言語であった）。

　大きく 2 段階に区別できる。カトリックの神聖ローマ帝国が、今のドイツ、チェコなど中部や北部ヨーロッパのプロテスタントの小国などに広がる新教運動を抑え込もうとする動きが 1 つ。もう 1 つが、フランスを加えた動きである。

42

2. 彼らの生きた時代—宗教改革の大きなうねり—

フランスは、中央ヨーロッパの神聖ローマ帝国に加えて、すぐ南のスペインがカトリック連合に加わり、ハプスブルグ家の2大強国に包囲されるように感じていたところへ、更に1630年、スウェーデンまで参戦したことで、自国以外のヨーロッパ中が動乱に陥ったと考えた。そこで本来は、カトリック王国のはずなのに、周囲のプロテスタントの国などの側に立って戦線に参加した。

こうしてはじまった、世にいう「三十年戦争」。この全ヨーロッパ規模の動乱の中では、多くの地方で飢餓と疫病による大量死が生じてきた。その中で、独りオランダの国運だけが上昇し、黄金時代を満喫できていた。

上に見たように、アウグスブルグ和平は、1000年続いてきた旧教の権威が、遂に妥協してプロテスタントに歩み寄ったものであった。「譲った」とはいうものの、それまでのルター派教徒に対してのみで、それも新たな改宗は許さないというものであった。

はじめの紛争は、皇帝側が勝利していたが、他のプロテスタント国などの介入により、紛争は一部地域からヨーロッパ中へと一挙に拡大した。デンマーク王や、スウェーデン王などによる介入である。これを見て、更にカトリックのフランス王が参戦する展開になった。

(c) イギリス東部の Norwich は、後出のように大陸の文化、思想の影響を受けやすい場所に位置していた。またケンブリッジの町からも遠くなく、イギリス宗教改革の「揺り籠」と称されていたケンブリッジ大学とも深い歴史的関係を有する。

イギリスでは元来、近在の僧院（Monasteries, Religious Houses）に貯えられていた財力と僧侶の智力とが、12世紀の大学の自然な発生につながったということがある（ケンブリッジがヘンリーⅢ世王により特許されたのは、1231年である）。1233年には、ローマ法王（グレゴリーⅨ世）からも、「キリスト教国のどこででも」教える資格を与えられていた。

一方、オックスフォードでも、早い時期の改革に貢献した人がいる。そこで神学を教えていたウィクリフである。その頃、リチャードⅡ世王が、ボヘミアのアン王女との雑談の中で、プラハ大学の学生をオックスフォードへ受

第1部　千年後の揺らぎ

け入れる話をしていた。

　その結果、ウィクリフに神学を習っていたボヘミアの学生が1380年に帰国し、プラハ大学学長をしていたフスに、ウィクリフの教えのことを伝えた。それが、ボヘミアでの殉教者として広く知られるフスが宗教改革を唱え、改革運動をすることにつながったという。

　ケンブリッジに戻ると、1520年にルターの書いたものが、大学内に秘密裡に持ち込まれ、ティンディルなどの少人数が、大学内の酒場 White Horse Inn に集まって、密かに勉強会をはじめた。

　更にその後、ヘンリーVI世王からの内諾の下、King's College の付属教会も利用して、勉強会を広げていた。こうしたグループの活動に見るように、イギリスの宗教改革、特にその初期の活動は、ケンブリッジ大学を1つの中心として続けられた。

　イギリスの宗教改革を考える際の独自の事情として、市民戦争の約1世紀前の1534年に、ヘンリーVIII世王がローマ法王との関係を決裂させて、歴史の流れを大きく変えた有名な話に触れない訳にはいかない。

　このヘンリーVIII世王という人は才気煥発で信仰心が厚く、なかなかの人の反面、恣意的なところがあった[13]。6人もの妻を取り換えていたことは有名である（法王との関係を決裂させたのも、最初の妻、スペイン・アラゴンの Catherine との離婚〔Annulment〕問題であった）。

　この王様は、豪奢な生活の一方で、フランスのフランシス I 世や神聖ローマ帝国のチャールズ V 世皇帝との戦いにも手を出していた。そのため王家は、莫大な金銭的負担で、金繰りに超忙しい状況下にあった（彼が、後に議会を召集する破目になる）。

　離婚問題で法王との関係を決裂させたことにより、この王は、国王としての信仰を、カルビニズムに染まった「イギリス国教」（Anglicanism）という独特のものに変えていく。儀式や制度は、そして王個人は実質的に、今までの

13　学があった上、文筆も立ち、リュートなどの演奏にも優れ、作曲もしている。ただ、贅沢好きで金遣いが荒く、その面で議会には弱みを握られていた。

44

2. 彼らの生きた時代―宗教改革の大きなうねり―

カトリックであるが、神学のニュアンスが違って行った。

　その結果として、発布されたのが、1536 年の 10 ヶ条（Ten Articles）からはじまって、1571 年の 39 ヶ条（Thirty-nine Articles）までに及ぶ、イギリス国教の下での信仰の、教条の、新しい位置づけである[14]。

　ヘンリーⅦ世に次ぐチューダー王朝２代目のこの王は、この後、イギリスの王朝で唱え続けられる、「王位は神意に基づく神聖なもの……」との考え、「王権神授説」を主張した人である。

　この主張自体が、反キリスト教的であるとともに、政治的に人民主権に真っ向から反する。事実、彼は強権政治を行って、トーマス・モア（Thomas More）など、かつての寵臣をも、後に冷遇している。

　11、2 世紀ヨーロッパを覆った修道院ブーム（Monastic Enthusiasm）というものがある。イギリスでは、それによって、このヘンリーⅧ世王の頃までに、全国で 625 もの修道院が設立されるという結果になっていた。これらの修道院は、豊かであったから、ヘンリーⅧ世王が目をつけたのも不自然ではない。

　それまで、ローマ法王の配下にあったこうした修道院は、王による先の教会の国教化により、その地位が危ぶまれていたところへ、この地所没収措置が下された。このような地所の没収は、ヨーロッパの他の国では、新教に改宗した民衆の力によって起きていたが、イギリスは違っていた。プロテスタントの民衆の力とは別の、ヘンリーⅧ世王による権力によって実現されて行った。

　次の王エドワードⅥ世王は、国教をプロテスタントに変えたが、更にその異母妹メアリーⅠ世女王になって（1553 年）、再びカトリックに変えるという変遷を繰り返していた（なお、メアリーⅠ世女王によるプロテスタントに対する迫害の酷さは、"Bloody Mary" の名によって推測できるほど酷く、その間に彼らのイギリスからスイス、ジュネーヴなどへの脱出はピークに達した）。その後を受けたエリザベスⅠ世は、前出のような現実的折衷的な態度を取っていた。

14　この 1571 年の 39 ヶ条による位置づけは、基本的にカルビン派の理論を取り入れながら、儀式や外形は、あくまで、ローマのカトリック教のそれを（ただし、ローマ法王からは別れて）、保持したものであった（en.wikipedia.org）。

45

第1部　千年後の揺らぎ

（二）ヘンリーⅧ世の宗旨変えと、カトリック僧院の没収

（a） 先述のヘンリーⅧ世王。才人で気が多く、女出入りも普通ではなかった。最初の妻 Catherine と 1509 年に結婚後、彼女の侍女（Lady-in-Waiting）だった Mary Boleyn に手を出していた。更に 1525 年、この Mary の 2 つ年下の妹 Anne Boleyn をも情事に誘い込もうとしたが、Anne は応じなかった。

薔薇戦争（Wars of Roses）の記憶もまだ新しく、語り継がれていた頃であるから[15]、ヘンリーⅧ世王は、何とか早く世継ぎ（男の子）を確保したかったものの、妻 Catherine は男の子を設けられなかった（娘 Mary、後の女王を設けてはいる）。

そのための選択肢の 1 つとして、私生児の 1 人、Henry Fitzroy のことも考えたが、Catherine と離婚の上、Anne を「正式な第 2 の妻」として、「その間に男の子を設けること」を優先しようと決断した（ただし、彼女は、王と違ってルター派の影響を受けていた）。

結婚は、カトリックの下では司祭の司式によって神聖なものにして貰わねばならない。更に、婚姻の解消は、カトリックが認めていないから、Catherine との婚姻を、法王により「無効宣言」（Annulment）して貰う必要がある。

そこで王は、法王クレメントⅦ世に頼み込んだが、法王の側には、簡単に首を縦に振れない事情があった。神学上の理由に加えて、法王クレメントⅦ世は、何よりも Catherine の甥に当たるチャールズⅤ世（スペイン王から神聖ローマ皇帝となっていた）の機嫌を損ねることを恐れていた[16]。

そこで生じてきたのが、1527 年のヘンリーⅧ世王と法王との衝突である。法王とのこの対立は、ヘンリーⅧ世王個人の威信を揺るがしただけではない。その宮廷全体を、当時のイギリスの国内政治を、根底から揺るがした。以後ヘンリーⅧ世王は、国内の（カトリック）教会組織全体と対峙する形となり、

15　当時の王ヘンリーⅥ世の能力が疑問視されていたこともあり、Plantagenet 家から分かれた Lancaster 家（赤い薔薇）と York 家（白い薔薇）とが、後継者（男の子）を巡って激しく争った。それが、1455〜1487 年という 30 年を超える期間続いた（Plantagenet 家は、その前にも、フランスの Valois 家との間の「百年戦争」〔1337〜1453 年〕に巻き込まれている）。

16　現に、その年チャールズⅤ世はローマに攻め入り、法王を一時捕囚していた。

46

2. 彼らの生きた時代—宗教改革の大きなうねり—

それを攻撃対象とするようになる。

　ところで、その頃の教会組織は、教会と僧院とを主体として形成されていて、信仰的には無論、この世の財力としても、大変な勢力を誇っていた。その教会組織に対し1531年、ヘンリーⅧ世王は、存続できるための条件を出した。

　「教会の特権を今まで通り認められたかったら、第1に、王がそれらの上に位することに承服する文書を出すことと、10万ポンドを支払うことだ……」と述べていた（その後、議会の法律では、僧院の収入の5％以上をローマに支払うことも禁じている）。

　これは、図らずもローマ法王の支配から独立して、イギリスが、いわば本当の独立国になり、ヘンリーⅧ世王が、教会組織を含めて、その最高位に就く、その法制化への第一歩となった。王が、そのための宣言をしたと同じ結果となった。

　Catherine王妃との婚姻無効化に法王が首を縦に振らないまま、ヘンリーⅧ世王は、宮廷の内外、いや国の内外で、色々と努力を重ねる。しかし5年後の1532年になっても、埒が明かなかった。

　そんな中、王は一計を案じた。ローマン・カトリックの枢機卿であったThomas Wolsey を、カンタベリーに次いで大きいヨークの大司教に任じて、間接的に影響力を増大させた上で、カンタベリー大司教のクランマー（Thomas Cranmer）[17] を動かし、その司式の下で、Anne 内輪の結婚式を挙げた（Wolsey が企画を助けたという。王41歳、Anne 32歳）。

　この間 Catherine は、事実上、宮廷から追われるようにして姿を消していた。それから間もなく、Anne は身籠った[18]（エリザベスⅠ世女王は、この Anne

---

17　Thomas Cranmer をカンタベリーの大司教にあらかじめ任じておき、その下で、ローマ法王と決別後のイギリス国教の宗旨を確定する役目を担わせたのには、ヨーク大司教の Thomas Wolsey が関わっていたが、このクランマーもメアリーⅠ世の代になると、邪教と反逆の罪で処刑されてしまう。

18　クランマーは、王と Catherine との婚姻解消を宣言した上、王と Anne との婚姻を司祭するための委員会の長とされたが、Anne の一味による讒言などにより、1529年にすべての地位を奪われて、1556年、処刑されて亡くなる。

47

第 1 部　千年後の揺らぎ

の娘として生まれた）。

　一方、Catherine との婚姻の解消と、Anne との第 2 の結婚を、カンタベリー大司教クランマーにより有効に司式して貰ったヘンリーⅧ世王は、一連の処理を事後的に合法化するよう議会に働きかけて、国会と妥協しつつ立法を実現させていった。議会との接触を図ったのには、資金不足を補うことの含みも大きかった。

　王の治世の 1533 年に成立した世継ぎ法（Act of Succession）では、Catherine の生んだ娘 Mary の王継としての地位を失わせる一方、Anne の子エリザベスを、第 1 順位の王継と決めた。また 1534 年の Act of Supremacy により、それまでイギリスでの教会の長をローマ法王としてきたのを、以後ヘンリーⅧ世王を国教の長として命名した（それより前の 1532 年の Act in Restraint of Appeals により、教会での揉め事について、ローマ法王へ不服申立をする途を閉ざしていた）。

　ヘンリーⅧ世王が、イギリス国教のカトリック的な外形は残したものの、信仰の内容としてはカルビン派のそれに近いものにしたことから、それまで重臣として仕えてきたモアらを含め、多くのカトリックの重臣や高僧らが、その地位を追われていた。中には処刑された者もいた。

　ところで、肝心要の男の子であるが、Anne が最初に生んだのも女児（エリザベスⅠ世）で、第 2 子として彼女は男の子を身籠るが、4 ヶ月弱の時、流産してしまう。しかも、そのきっかけたるや、ヘンリーⅧ世王が落馬して、命に別状あるかとも思われるほどの大怪我を負ったことにあった。

　この流産を契機として、ヘンリーⅧ世王と Anne との関係が急変する。いや、正確には王の取り巻きと、彼女の一族らとの間の関係が悪化したというべきであろう。宮廷は、かつてないほどの策略と陰謀に囲まれた。中でもヘンリーⅧ世王の補佐人となっていたトーマス・クロムウェル（Thomas Cromwell）と、Anne とその一族との関係が悪化していった。

　その結果、Anne は、1536 年 5 月 17 日に姦通等の罪により、彼女の父などとともに処刑されてしまう。歴史家らは、当時クロムウェルが宮廷内でかなりの実権を握っていたから、査問委員会の設置から彼女の処刑に至るまで

48

2. 彼らの生きた時代—宗教改革の大きなうねり—

の展開について、彼の采配が大きかったとする。

　彼女が先に生んでいた王女エリザベス、後の女王も、同日に世継ぎの資格を失わされる一方、クロムウェルは、それまで Anne の父、Wilshire の子爵がついていた玉璽補完人の地位に就いていた[19]。

　(b) ヘンリーⅧ世王による治世に絡んで、クロムウェルが深く関わっていたことで特記すべきこと、それが、僧院からの土地没収、つまりそれまで僧院に入っていた地租を王家の収入としてしまう措置である。これは無論、立法を必要とするが、その辺りのお膳立てをしたのもクロムウェルであった。

　イギリスには主に 11、2 世紀に建てられた僧院が 625 団体が存在したことを記したが、それらの僧院の古株は、中世にも地方の豪族らによって建てられ、その子女などが院長になっていた。それらが、ヘンリーⅧ世王時代のイギリスでは、最も裕福な団体の 1 つになって、当時の世界でのカトリックの力を象徴するような存在となっていた。

　その絡みで、クロムウェルがしたことは、あらかじめ僧院での（表向きは独身のはずの）僧侶らの生活の乱れや豪奢さに係る情報を、国会にそれとなく流すことであった[20]。その上で出されてきた法案が、1535 年の Suppression of Religious Houses Act であり、更にこれに次ぐ、1536 年の Act of Suppression であった。

　それらにより、年収 200 ポンド未満の僧院はすべて閉鎖され、その収入は、すべて王家のものにするというものであった[21]。1535 年の法律などによる僧院の取り壊しに次いで、それと同様の措置により、僧院のほか、注記の Friaries の数も、16 世紀頃までに 1000 以下までに減らされていた。

　ヘンリーⅧ世王はこれらの措置を、いわば法王への「腹いせ」として行っ

19　「賤しい身分のくせに……」などと蔑まれていた彼は、貴族の地位を与えられ、Wimbledon 男爵のクロムウェルとなる。

20　これを受けて、国会は、僧侶らが遺言管理や埋葬料や葬式代などとして徴収していた費用の引き下げを 1529 年にも立法していた。

21　イギリスには 625 の僧院とは別に、主に 13 世紀になってから作られた、もう 1 つの僧侶らのグループ、托鉢して歩く Friars が寝泊りする施設 Friary が作られるようになり、14 世紀には 5000 にまで達していた。

49

第1部　千年後の揺らぎ

たともいえる。第1の妻 Catherine との婚姻無効宣言で便宜を図ってくれなかったことに発して仲違いしたローマ法王の、イギリス国内での力を殺ぐものとして、これらの措置を実施した。

　そのほかでも、教会の力を殺ぐための措置を行っている。1532年5月20日には、それまでカトリックが、聖職者会議により立法してきたカノン法の立法を止め、その権限を自主返納するよう申し入れている[22]。

　以上の動きは、反カトリック運動という面で、その時期、ヨーロッパ大陸で起こっていたプロテスタントによる宗教改革の動きと呼応していた（しかも、ヨーロッパ大陸の他の国々でも、国王が似たような措置、僧院などの没収を行っていたことがある）。

　ただし、ヨーロッパ大陸の国々との違いは、イギリスでは一般人による暴動や、社会の対僧院の悪感情といったものが動機になっていた例は少なかった、とされる点である。

　ヨーロッパ大陸とは対照的に、イギリスでは主としてカトリックの僧院団体、その僧侶らの多くが、全国的な反抗に立上った。一般人も、これに加わっていた。この僧侶らによる反抗が、いわゆる僧院巡り（Pilgrimage of Grace）と呼ばれる抵抗運動である。反抗は1536年からはじまり、中でも北イングランドの Yorkshire やリンカーン県（Lincolnshire）などでは強かった（リンカーン県は、スクロービィのある Nottinghamshire の右隣、北海寄りである）。

　反抗に立上った僧侶らに対し、ヘンリーⅧ世王は、はじめ懐柔策を持って臨んだ。たとえば、Louth の聖ジェームズ教会司祭が処刑されたなど、少数の過激な行動をしていたものを除いて、圧殺することはしなかった。そのため、一旦は不穏な空気は収まるかに見えた。

　しかし、1536年10月4日、ヘンリーⅧ世王が、やや大上段な解散命令を出すと、この王の措置が、かえって今までとは異なる結果をもたらした。リンカーン県では僧侶らのほか、一般の人々までが4万人も集まってきて行進

22　以後は、王の個別の免許（Royal License）がなければ立法できない、とさせた。このルールは、国会も1534年と1536年とに、別に立法で定めている（en.wikipedia.org）。

した挙げ句に、市内のカテドラルを占拠した。

リンカーン県など、これら北部県での反抗は、王によるカトリックの僧院を押し潰す施策に対して生じ、その後のイギリス宗教史につながっている。その結果が、1537年のヘンリーⅧ世王臣下の貴族と、その率いる軍の出動であり、1538年にかけ、多くの僧侶や貴族らが捕えられ、処刑された。

(c) ヘンリーⅧ世のローマ法王との確執と、それに伴う王による僧院没収を記した。小体な僧院、年収が200ポンド未満のもの、これらを国王が、いわば没収したのだ[23]。殊に、これらの僧院が、ローマ法王によるイギリス国王に対する一種の防壁であり、僧侶らは、そこの守備兵であると見られていただけに、ヘンリーⅧ世のこの反撃は、僧院のみならず世間からもそれなりの反響を集めた。

僧院没収のやり口はこうだ。はじめに「あの僧侶の生活を見てよ！　独身(性的禁欲)主義者の決まりなのに！」などと、散々その悪口を触れ回る。そうしておいて議会を招集して、その方向の立法を実現させた（議会内には、気が進まない議員も少なくなかったが）[24]。

こうした工作を、その準備段階から行ったのがクロムウェルであり、彼は、手下（Minions）を全国の僧院に派遣（Visitation）し、人物的評価とともに、その財産的価値を評価させた（こうした動きに反抗の意思を示した僧侶らは、王に対する「謀反者」〔Traitors〕として扱われた）。

このヘンリーⅧ世による僧院剥奪は、イギリスの社会、経済、文化にも大きな後遺症を残している。まず僧院に属していた土地を中心とした巨大な資産が、王の手を通して最終的に一部の資産家の私的財産に移り変わっている。

僧院はまた、社会、文化的にもある役割を担っていた。現代では主に病院、慈善団体に当たるような役割である。また文化財保護の点では、図書館、博物館的役割もあった（印刷術の発達前で、「書籍」というものが希少物であっただけに、

23　イギリス全土で少なくとも8000人の男女の僧侶らが、このヘンリーⅧ世による剥奪に遭ったとされ、奪われた「僧院の物的（財産上の）価値は、1910年の年収ベースに引き直すと200万ポンドを下らないだろう」とされる（newadvent.org）。

24　上院（House of Lords）には、僧正（Bishop）など位の高い僧侶も多い。

第1部　千年後の揺らぎ

殊にそれがいえる）。

　他方で、僧侶らの腐敗などの事実は、厳然として存在していたから、この
ヘンリーⅧ世による荒療治には、それなりに是正作用も認められた。この治
世は、丁度ヨーロッパの宗教改革の時期に当たる。

　荒療治は王の布告によったが、布告を正当化したのは、Act of Suprema-
cy of 1534 という法律であった。これにより王は、自らが、この世の最高権
威者であることを宣言していた。同時に、自らの軍事的野望（フランスのカ
レー〔Calais〕や Le Havre などを巡る作戦）ゆえに大幅赤字になった王家の財政
の建て直しも、同法により図っていた。

　ローマ法王の側に立っていたはずの多くの教会（当時はカトリック）も、反
抗せずに王の布告に従ったため、僧院の不服従だけが際立った。

　権勢を誇ったヘンリーⅧ世であったが、1547 年に 55 歳で亡くなっている
（現代の言葉でいうと、その頃は、酷い「メタボ状態」だった）。いまわの際に彼が叫
んだ言葉。それは、あたかも自らの命じた僧院没収の亡霊に苛まれたかのよ
うな叫び、「僧侶、僧侶、僧侶！」（Monks, Monks, Monks!）であったという。

　(d)　ヘンリーⅧ世王の死去により、彼の 3 番目の妻 Jane Seymour との間
に生まれた、まだ 9 歳のエドワードⅥ世が継いだ（遺言では、エドワードが 18
歳になるまでの間、Executors 16 人が指名されていて、彼らは Seymour の兄の子爵を、
実質的には摂政に近い守護〔Lord Protector of the Realm〕と定めた[25]）。

　何しろ 6 人もの妻と結婚して逝った王のことゆえ、その「跡取り」の問題
も大変で、「お家騒動」が起きてもおかしくなかったが、何とかそこまでい
かずに、子供 3 人（男 1 人、女 2 人）が、その後、王ないし女王の位に就いて
いる。

　ところで、エドワードⅥ世は、確かに病弱だった。即位から 6 年後の
1553 年に 15 歳で肺病により亡くなっている。エドワード　Ⅵ世が王位に就

25　この摂政の期間中の 1543 年、父のヘンリーⅧ世王は、スコットランドのジェームズ
　　Ｖ世王の子として生まれた 6 ヶ月の娘メアリーを、将来のエドワードⅥ世の妃にするべ
　　く Treaty of Greenwich を結ばせたが、同条約は、スコットランドの議会が否決してい
　　る（イングランドとスコットランドとの結合を狙った早い時期の試みである）。

いていた期間の短さにもかかわらず、その間にも宗教改革の波が、イギリス南西部（Cornwall と Devon）で起きていた。「祈禱書事変」（Prayer Book Rebellion, 1549）である（共通祈禱書〔Book of Common Prayer〕とも呼ばれ、1522 年に第 2 版が出され、更に 1599 年に改正されている）。

父のヘンリーⅧ世王によるのと同じで、この事変も、プロテスタントによる旧教（カトリック）への攻撃、殺戮である。ただ、ヘンリーⅧ世が行ったのが、リンカーン県などの北東部に多かった僧院の解散（Dissolution of Monasteries）、僧侶らの抑圧であったのに対し、エドワードⅥ世のは（実質的には守護〔Lord Protector〕によるそれは）、特にカトリック信仰に凝り固まっていたイギリス南西部尖端の Cornwall や Devon の教会に対するものであった。教会内に安置されていた聖母像やその他の像の取り壊し命令であった（この地方でも、ヘンリーⅧ世による僧院解散命令による被害が生じていたが）。

ロンドンの中央政府によるこの措置に対し、この南西部イギリスの人々（農民、漁民、元錫鉱夫など）が立上った。長く突き出た半島の尖端に位置するこの Cornwall という地は、元来からイングランドからの疎外感が強く、独立を望んでいた（言葉も、Cornish と English とは違う）。

中でも、カトリック信者らの心に突き刺さったのは、中央で作られたプロテスタント式の前出の共通祈禱書であった。第一、人々が子供の頃から憶えてきたラテン語のお祈りではない。英語であった。

暴動は、6 月から 8 月まで、いくつかの旧い教会や広場などで起き、数々の衝突（Battle）が記録されている。農民、漁民らに襲いかかったのは、昔のイギリス軍であった。それも、ドイツやイタリアからの傭兵を含んでいた。

以上から判るように、イギリスでは反カトリック信教の動きが、人々の間という下の方から興ってきたというより、むしろヘンリーⅧ世王やその子のエドワードという上の方の動きから生じた。これに対し大陸では、例のドイツ農民戦争に見るように、それまで虐げられてきた農民が、農民兵団を組織して、豊かな領主や僧院などに対し立上った形を取っている。

（ホ）聖書の英語訳と、女王達の宗旨と治世

(a) 1.（イ）(d) で記したように、イギリス王室の改宗が、新旧の間で数年

第1部　千年後の揺らぎ

ごとに目まぐるしく変わる中で、庶民は、一体何を信仰していたのか。ヨーロッパ大陸でプロテスタントが16世紀前半に興ってきたのに比べると、イギリスでは、目立って大きなプロテスタント運動は記録されなかった。

　その一方で、この島国への聖書の紹介という点では、大陸に比べ大きな遅れはなかった。それまで、ラテン語が共通語であるヨーロッパでは、聖書も、4世紀に訳されたラテン語のものしかなく、人々からは遠い、雲の上の存在であった。その聖書を、当時の島国言葉である英語へ翻訳する大業では、2人の人の功績があった。

　島国であったがため、これまで普及が遅れていたルターの影響（ただ、彼の書いた物は、ケンブリッジ大学には密輸されていた）。その中で、イギリスにはほとんど広まっていなかった聖書の英訳をする人が現れた。翻訳には、言葉の好みなど、微妙な個人差も生じる。ジェームズⅠ世王が好かなかった翻訳をするティンディルが、その1人である[26]（ヨハネス・グーテンベルク〔Johannes Gutenberg〕が印刷機を発明したのも1440年頃であった）。

　ティンディルより4年早く、ドイツではルターが新約聖書を、人々に判りやすい口語体ドイツ語に訳していた（それまでの聖書は、4世紀にギリシャ語から古代ラテン語にされ、それを更にエラスムスが近世ラテン語に直していたものだった）。

　「英訳聖書の紹介で、2人の功績のある人がいた」と述べたが、先行した1人が、後にイギリス宗教改革の「暁の星」と称されたウィクリフである。彼は、上記のティンディルより更に2世紀近く先輩であった（ウィクリフの生涯が印刷術の興ってくるより前だったことと、その頃〔14世紀後半〕彼の聖書を所持していただけで死刑にされたこともあり[27]、彼の名は割に知られていない）。事実、ティン

26　たとえば、教会（Church）のギリシャ語の原語 "Ecclesia" は、「人民会議」であったので、ティンディルは「集会」Congregation と訳したが、そのことが王の気に入らなかったという。

27　当時は、このように聖書の翻訳（原典となるのは、旧約ではヘブライ語、新約ではギリシャ語のものがあった）を志す者は、「死（処刑）を覚悟」しなければできなかった（事実、イギリスでの改革を導いたティンディルは磔にされている）。彼ははじめ資金を求めて、ウェストミンスターの教会本部へ話を持ち込んだが一蹴され、ドイツ（Cologne）まで行って、漸く出版できている（そこでも後に、官憲の知るところとなり、その後、同じドイツ内の Worms へ逃亡し、そこで完全なものを出せた）。

54

ディルも自らの聖書の翻訳で、かなりウィクリフの先業に負うところがあった[28]（ティンディルははじめ、かつてウィクリフが教えていたオックスフォードにおり、ケンブリッジに移った後、更にヨーロッパへ逃れたが、ヘンリーⅧ世王の部下によって捕えられた。絞首刑に処せられた後に、更に火刑に処せられている〔1536 年〕）。それまで聖書（ラテン語版）は、イギリス国教会の本部にでも、1 冊置いてある程度で、その辺のイギリス人で「聖書を見たことがある」人は、ゼロに近かった。仮にいたとしても、ラテン語のものであった（原典はヘブライ語ないしギリシャ語）。

　それが、上述の 2 人が出たことによって変わった。ギリシャ語の新約聖書が初めて英語へと翻訳された。幸運にも、これは丁度、印刷術が普及し出した時と一致していた。だからこそ、聖地参詣者、ピルグリムら（Pilgrims）も 3 冊もの聖書を船に乗せていけたし、第一、プリムス・コロニーのリーダー（Governor）、William Bradford も少年の頃、この英訳聖書を読んでいた[29]。

　とにかくイギリスでは、このティンディルによる英訳聖書が、ルターによるドイツ語のそれに匹敵する役割を果たした。すなわち、一般の人でも、いずれは各家庭に 1 冊ずつ聖書を備え置ける世の中が来ることを意味していた。

　(b) プロテスタントにとり、嘉（よみ）すべきこのことは、それまで独自の資料に基づいて教えを説いていたカトリック教にとっては大きな打撃であった。彼が処刑される理由となったのも、世にいうティンディル聖書（Tyndale Bible）、つまり史上初の公刊された英訳聖書ゆえであった。

　その後、プロテスタントの多くが所有した聖書であるジュネーヴ版の元になったこのティンディル聖書は、イギリスで簡単に出版できた訳ではなかった。弾圧を逃れ、ヨーロッパを転々とする中で、スイスのジュネーヴで何とか陽の目を浴びられた（ジュネーヴ版の由来である）。

28　ただしティンディルは、自分より 1 世紀半以上先輩のウィクリフによる版を、あえて参照しなかった。ルネッサンス以前の中世英語の混入を排除した意図があったとされる。しかしウィクリフの影響は、大陸内部のボヘミアにまで及んだ。後に殉教死した改革者フスも、その影響を強く受けていたといわれる。

29　King James Bible が 1611 年に出ていたが、その前に彼らが持参したのは、人々が入手できるようになったジュネーヴ版聖書（1560）で、官憲による追跡から遠いスイスで印刷されていたが、中身は 1526 年にティンディルが英訳したものが中心になっている（oneplace.com）。

第1部　千年後の揺らぎ

　このようにして、ティンディル聖書がこの後、イギリスでのプロテスタント改宗を促しただけではない。プロテスタントに改宗した人々の「魂の書」として重宝された。

　当時のイギリス人（カトリック）教徒らは、4世紀のラテン語の聖書の話以外、聖書のことを知らない人々である。そのような中での英訳聖書であったがゆえに、カトリックからは「異端の書」として、ローマ法王への挑戦として受け取られた面もある。これが、ティンディルが火刑に処せられた理由である（処刑の前年までに、彼は新約聖書のマテオなど、4部すべてを訳し終わってはいたが、旧約は、いまだ途中であった）。

　世紀が変わり、チューダー王朝ともなって、この英訳の聖書が、漸くイギリスに受け入れられた。1611年に7年越しに完成したジェームズ王版（King James Bible）の作成のために、54人の学者が集められたが、彼らが公認した新約の83％、旧約の76％がティンディル版によっていたばかりではない。その後も同版は、イギリスで英語で印刷される聖書の基本版とされた（ジェームズ王版の別の呼び名がAuthorized Versionであることからも、その位置づけを知り得る）。

　これまで、ピューリタンらがイギリス国教から分離する際に、「聖書」が大きく働いたことを、彼らの信仰の基礎、信仰の中心に据えていたことを述べてきた。

　その聖書というものが、今とは違って、誰もが判る英語で書かれていた訳でも、印刷されていて、容易に手の届くところにあった訳でもないことを知った。

　すなわち、15世紀頃のイギリスでは、ギリシャ語かラテン語のものしか、それもよほどのところにしか、存在しなかったのである。そして、その聖書を英語に訳した2人が現れたこと（ティンディルは絞首刑に処せられたこと）を記した。

　大陸で、人々が旧教の教えや仕来りに疑問を抱きはじめたのと同じ頃、人々は、それまでイギリス国教で行われてきた「パンと赤葡萄酒」の儀式（それが、「キリストの肉体になる」という秘蹟）に対しても、疑問を表明し、ぶつ

2. 彼らの生きた時代―宗教改革の大きなうねり―

け出した。

　他方で人々は、イギリス国教のお偉方らが、僧侶らが、金を貯め込み豪奢な生活をしていることやイギリス国教内のあちこちに飾ってある像に対しても、疑問を抱きはじめていた。

　教会が、僧侶の指導のままに礼拝することに対して、更に、人を僧侶にすることができる権威が、唯一、イギリス国教にあることに対しても、反発していた。つまり、それらを通して示されたカトリック教会の腐敗と無気力に反発していた。

　そのような反発へと人々を目覚めさせ、信教の真の道標を与えたという意味で、この2人はイギリス宗教改革の導き手となった。ティンディルの聖書は、英語で出されたゆえに、ラテン語やギリシャ語ができる特権階級だけのものだった聖書、それも紀元4世紀に出されたものしか存在しなかった聖書を、万人のものにした。

　こうした時を経て、イギリスでも、人々はイギリス国教から分離しはじめ、16世紀になると、ヨーロッパ大陸と同じように、正式に分離している。ただ、それにヘンリーⅧ世王によるカトリック教会のイギリス国教化といった政治上の動きが、特色となって1つ加わっている[30]。

　以上が、スクロービィ村のピューリタンの人々が、イギリスを脱出する頃までのイギリス1000年の信仰に係る流れであった。そこで見られる通り、当時の教会で信仰の基礎となるものは、イギリス国教内の「語り伝え」が最大のものであった。ピューリタンらは、それに反発していた。その16世紀、聖書というものが丁度、初めて人々が目で見、手に取って触れることのできるものとして利用できるようになった。

　(c) エドワードⅥ世の死により、王位はヘンリーⅧ世王の最初の妻 Catherine との間の子 Mary に移った[31]。この間、前述のようにイギリスという

30　このローマ法王の下でのカトリック教会からの政治的分離は、ヘンリーⅧ世王が1532年の法律 Act in Restraint of Appeals に続き、前出の1534年の法律、Act of Supremacy を出したことによって、決定的なものとなったが、その後、メアリーⅠ世女王が、再び権威法（1559年）を発行し、君主権を最高としている。

第1部　千年後の揺らぎ

国が、いやイギリス国民が、新教のエドワードからカトリックの Mary へ、更にもう1回、新教のエリザベスI世へと、宗教的に振り回された（1570年代に入る頃のイギリスは、イギリス国教会に行かないことに対する罰金が引き上げられるなど、表向きはプロテスタント国である一方、カトリックの地下教会も密かに力をつけていた）。

　このような宗教上の違いから、Mary とエリザベスの2人の異母姉妹は、王位継承でも互いに利害が対立する運命に置かれたが、いまわの際（12日前）の Mary は、「自分の後はエリザベス」、と告げていた。

　更に Mary について付言すべきは、前述のように、37歳の彼女が、スペインのフィリップII世王になる、自分より10歳年下の26歳の男と結婚したことである。

　そのフィリップ王は、父、スペイン王から神聖ローマ皇帝になったシャルルV世の、つまりハプスブルグ家の、嫡男として生まれている。生まれながらの才智に加え、徹底した帝王教育を受けたフィリップII世王は、1540年、16歳で「ミラノ公」（Duke of Milan）の称号を与えられていた。ポルトガルを含むイベリア半島の国々から、ナポリやシシリーなどのイタリアに加え、フランスの一部にもかかる広大な領土で（北米などの植民地は別にしても）、実質的に大王の座に就いたといってもよい（当時のスペインは、フランスとの国境沿いの Navarre のように、いくつもの古くからの独立した小国からなっていた）。

　このフィリップII世王自身は、「自分は神聖ローマ皇帝の直系として、カトリックの本流の守護者である」、と強く意識していた。そこで彼が、「滅ぼさねばならない」と心に決めていたのは、低地地方（オランダなど）に蔓延り出した新教と、オスマン・トルコに代表されるイスラムという別の宗教による脅威であった。

　何しろ16世紀には、スペインとポルトガルが2大（海洋）国家であった。更に、1580年にポルトガルを併合したスペインは、17世紀一杯、当時の世

31　実際は、エドワードは自ら亡き後の王位を、カトリックである Mary を避けて、Jane Grey に譲ろうとしたが、これは世論にも、また国会の定めていた継承法にも反していた。このため Grey は、9日という短い間、女王の位に就いていたが、その後、処刑された。

2. 彼らの生きた時代—宗教改革の大きなうねり—

界一の強大国であり、「陽の沈まない帝国」と称されるようになっていた。

イギリスの Mary 女王も、幼い時からの熱心なカトリック信者であったが、1558 年に、42 歳でセント・ジェームズ宮で亡くなってしまう。そこで、前述のようにエリザベスへの女王位の移転が生じる。

(d) Mary は、280 人を超す新教の信者、政界有力者らを処刑して、"Bloody Mary" などと称されたが、一方のエリザベス女王は、この異母姉の人生から学んでいたに違いない[32]。イギリス国教会（Anglican Church）を中道的（Via Media）教会として確立している。またカトリック信者などの処刑はあったが、数はずっと少なかった。

治世のために必要な立法も行っている。即位の翌年に、ヘンリーⅧ世王が定めたと同じ Act of Supremacy of 1559 により、自らの最高権威と、すべての僧侶と役人らによる絶対服従を定めた（女性であることから、ヘンリーⅧ世王による同名の法の Supreme Governor の代わりに、Supreme Head と呼ぶなど、ちょっぴり言葉が弱かった）。

いずれにせよ、幼い頃から新教で育っていたエリザベスは、Mary 女王の下では、ずっと妥協を強いられていた（異教徒を迫害した Mary 女王であったが、エリザベスをロンドン塔に幽閉まではしたが、命を取るところまではいかなかった）。

一方、亡くなった前女王 Mary の夫であったスペインのフィリップⅡ世王。イギリスが今やエリザベス女王の下で、新教の国として安定した勢力となるのを、ドーバー海峡を隔てて、じっと見ているのに耐えられなかった。

彼はこれを異教徒の国として、「放っておけない存在」、「滅ぼすべき政権」として判断した（実は、フィリップⅡ世王も、前女王 Mary の亡くなった翌年に、エリザベス女王との結婚を申し入れていたが、断られていた）。

ローマ法王も後にエリザベスを「異端」（Illegitimate）と宣言している（1570年）。イギリス臣民らを、彼女への忠誠義務から「解放する」旨の宣言も出

32　彼女のモットーの 1 つが、ラテン語の「見ることは見るが、いわない」（Video Et Taceo）であった。こうした「用心深さ」に加え、彼女より先位だった Mary 女王が、イギリス臣民の好みに合わないスペインのフィリップⅡ世王と結婚したこともあり、国民の多くはエリザベス女王に好意的な目を向けた。

第1部　千年後の揺らぎ

していた（エリザベスの命を狙う計画も、フィリップⅡ世王自身が練ったものを含め、いくつかあったが、彼女の秘密警察〔Secret Service〕により、すべて潰されていた）。

エリザベス女王は、「生涯処女を通した」として名高いが、実は「好きな人」がいて、その人が死ぬまで30年間も愛しく思っていた（その男は妻帯していて、やがてその妻は亡くなるが、そこでもエリザベスは、その思いを実行には移すことをしなかった）。

さて、スペインとの関係に戻ると、彼女は、最強を誇る大国スペインとの外交関係の悪化を、「ものともしなかった」。反対にフィリップⅡ世王による暗殺計画に対する復讐の意味もあり、自分と同信で新教の低地地方の人々が、スペイン王国に反乱して立上るのを助けることを考えた。そのためにオランダに出兵もしていた。またドレークらが指揮する私略船団（Privateers）が、海洋大国スペインの船舶を攻撃して、財宝を分捕るのを唆したり、助長したりしていた。

それらのことも、フィリップⅡ世王によるイギリス進攻の決意を固めさせたことは間違いない。自らをカトリックの守護と任じるフィリップⅡ世王としては、イギリスを再びカトリック王国にできれば、申し分ない善行といえた。

それにより、当時、世界に並ぶ者がない最大強国のスペインを、この先も海洋大国として保つ決意である。また、後から追いかけてくるイギリスの出鼻を挫くだけでなく、西半球の新世界での既得権益を守り続ける決意である。こうしてアルマーダは、イギリスへ向かった（1588年）。

(e)　一方のエリザベスは、上記の通り私略船を大いに奨励し、助成していた。当時はまだ、イギリスが正式な海軍を持つまでに至らず、明けていく世界の海洋時代を睨んだ人物として、私略船制度を活用したことになる。

私略船を用いることによる今1つのメリットは、「うちは、国として係ってはいない！」と相手国に言い訳できることである。少なくとも、世界最初の海洋条約ともいえる「1856年のパリ宣言」が、私略船を公けに廃止するまでは、それが可能であった。

この1588年、ドーバー海峡で行われた海戦では、総体としての海軍力で

60

2. 彼らの生きた時代—宗教改革の大きなうねり—

は、まだスペインの方が上だったが、何しろ 30 メートルしかない帆船である。より小舟ながら機動力と数で勝るドレークのイギリス海軍の方に軍配が上ったというのが歴史の証言である（アルマーダと戦ったイギリスの船には、正式な海軍のものもあったが、少なからぬ数の私略船が参加していた。ただし、こうした海戦は私略船にとっては儲けはゼロか、少なかった）。

　総体的には「負け戦」との評価も致し方ない状況で、スペインのアルマーダの被害は、イギリス側よりも大きかった。アルマーダは海戦後、更にスコットランド、アイルランドの北を回って帰還するが、16 世紀の科学技術をもってしては、スペイン王の海軍といえども、この大海洋作戦を敢行するのは、いささか荷が重過ぎた。その間に大きな人的、物的損害を被っていた。

　このニュースは、イギリスのみならず、他の国のプロテスタントらにも、大きな朗報として（海戦中、嵐もあったが、それも、神が新教側に味方して吹かせたものとして）受け止められた。

　エリザベス女王が重用した私略船乗りとして名高い 1 人が、上にも触れたドレークであろう。もう 1 人、同じく私略船乗りで、しかもイギリス人として最初に大西洋を跨ぎ奴隷貿易を行っていたのが、ドレークの従兄弟、ジョン・ホーキンス（John Hawkins）である。2 人は 1563 年、帆船団を連ねて、当時のアメリカ大陸へ航行した。

　目的はいわずもがな、手当たり次第に金銀財宝を奪い、持ち帰ることである。1568 年に、2 人が、奴隷を売るために今のメキシコのある港に 3 回目に立ち寄った時、取り締まりのスペインの軍艦から攻撃され、船団は壊滅的打撃を受けたが、2 人は命からがらその場から泳いで逃れられた（この因縁からドレークは、スペインに対し強い憎悪の念を抱き、復讐を誓ったとされ、その機会はスペインのアルマーダ艦隊との海戦で訪れる）。

　当時のスペインの海軍船団は、いわば世界の海洋を独り占めしていた。その私略船団は中南米からは金銀を、カリブ海の島々からは香料と砂糖を本国へ持ち帰るのに忙しくしていた[33]。

　ドレークはその後、この中南米からカリブ海の島々で、多くのスペイン船団を襲っては金銀財宝を奪い取り、その名をスペインに轟かせた（いわゆる

61

第 1 部　千年後の揺らぎ

「海犬」〔Sea Dog〕として恐れられた)。

　丸っきり「海の男」と思われがちなドレークであるが、陸上での政治でも如才なさを備えていた。晩年（といっても41歳）、プリムスの市長をしたり、国会（下院）議員にも 2 回出ている（いずれもエリザベス女王時代)。ただし、彼の個人的な信仰について触れたものは見当たらない。その点、布教のことにも気があったホーキンスや（少し前の時代の）コロンブスとは違う。

33　当時の世界一のこの強大国は、1566 年から 1790 年まで続く、West Indies Fleet と Manila Galleons という 2 つの船団からなる「スペイン船団」（Flota de Indies）を持ち、世界的な専用航路で君臨していた。

3. 明けゆくニューイングランドの空
—見慣れない国の誕生—

（イ）プリムス・コロニーでの生活

（a）貨物船であったメイフラワー号には、元より乗客用の部屋などない。臨時に作られた居住区は、隙間から入ってくる海水で、常時乾いていることはなかった。トイレは舳の方で、荒れている時は往復するのが大変だった。その間、人々は吐いたものを、他人にかからないようにするのに苦労した。

　この苦難の航海から、ピューリタンらも、また投資会社に勧誘されてロンドンからやってきた Strangers も、最低限、互いに協力し合って生きていくしかない、と悟るようになっていた。

　一方、金で雇われていた船長以下の 40 人の船員の方も大変だった。帆を動かす麻ひもは水しぶきで濡れると締まり、乾くと緩む。しかし風が命の帆船では、一瞬も帆と風の具合から注意をそらすことはできなかった。

　メイフラワー号 1 隻だけになって、9 月 6 日に最終的にイギリスを後にしてから、11 月 19 日に Cape Cod 半島が目に入る海上にまで辿り着いた。この 2 ヶ月余り、初めての大航海の間の人々の苦しみ、不安が大きかっただけに、一同の安堵の気持ちも、一入大きかった。

　ピューリタンらにとっては、これもすべて、信仰に忠実であらんとするためである。William Bradford もそうだが、彼らの何人かは、新大陸での信仰に専念するため、まだ小さな息子や娘を故国に残してきた。大洋の彼方に眦を決して、決死の覚悟で、この新大陸へやって来ていた。

　彼らは、船を Cape Cod の尖端に近い今の Provincetown Bay 内に停めて、その後も 2 ヶ月ほどずっと、用心、安全のため、探検隊以外は、船内で過ごすことにした（実際、探検隊も、インディアンの Nauset 族に襲われたが、傷を負った者はいなかった）。11 月 15 日に探検隊が第一歩を印した場所には、今は小さな岩（Plymouth Rock）があり、1620 の数字が刻まれている。

　到着した 1 年目の越冬の厳しさは既に述べたが、102 人の乗客中、僅か 44

第1部　千年後の揺らぎ

人のみが、翌春の生存者となった（こうした厳しさは、南部ヴァージニア、ジェームズタウンの初期入植の例と共通である）。そんな中、ピューリタンらを助けたのは、アメリカ・インディアンとの友好と、その支援だった。

　プリムスの場合、近くに住んでいた Wampanoag 族の1つの種族との間で、一種の同盟条約を結んだ（その族長マサソワト〔Massasoit〕がサインした）。地元には、Wampanoag 族のうちの Pokanoket 族、その他の Massacusett 族のほか、別に、ナラガンセット（Narragansett）族がいた（ピューリタンらが恐れていたのは、この種族である）。

　12月6日、探検隊は、現在のプリムスの平地を居住地と定めた（実はそこは、流感のため以前にほぼ全滅した Pokanoket 族の部落跡であったが、その時のピューリタンらは、知る由もなかった）。厳しい環境下での生存のためには、全員の団結と、強いリーダーシップが必要である。全員が陸に上がり、手分けして小屋の建築をはじめたのが12月20日で、その完成はクリスマスの日であった。

　それから約3ヶ月後の3月16日、ピューリタンらは、このマサソワト以下の Pokanoket 族との会談の場を設けて、先述の条約を結ぶことができた（これには、かつてこの地に偶然立入ったイギリス人が、ロンドンに連れ帰ったことで英語などを身につけていたインディアンの Squanto が通訳として役立った）。

　(b)　当初、ピューリタンらはリーダーとして John Carver を選んでいたが、彼はこの最初の越冬後の1621年4月に亡くなっている。そこで選ばれたのが、Bradford である。

　Bradford は Yorkshire 出身で、12歳の時、初めてピューリタンの信仰に触れた。Babworth の All Saints 教会のリチャード・クリフトン（Richard Clyfton）師の説教が契機である。彼は毎日曜日、そこへの道程17キロの往復を歩いた。スクロービィの大司教館の跡に住んでいた William Brewster に会ったのも、そこである。こうして Bradford は、Brewster からも多くの影響を受けることになる。

　この Bradford の統率の下、ピューリタンらはプリムスの開拓をした。インディアンらとも概ね良好な関係を保つことができ、1621年の春の到来とともに、全員が力強く仕事に取り組んだ。

64

3. 明けゆくニューイングランドの空―見慣れない国の誕生―

　このため、初年度ではあったが、秋には一定の収穫も挙げられ、住いの小屋も建てられた。これには、ピューリタンらの状態を見た Pokanoket 族が同情して、耕作方法などを教えてくれたこともプラスしていた。ピューリタンらは、イギリスの田舎でやっていたのと同じように、収穫祭を祝って数日を過ごした[1]。マサソワト以下数十人のインディアンも招かれて参加している。

　その年の春4月になると、メイフラワー号の船長以下40人は、既にイギリスへ向け帰路に着いていたが、プリムス・コロニーのピューリタンらは、1人として便乗しなかった。信仰の自由のない「イギリスに帰ろう、戻ろう」とする人は、誰1人としていなかった[2]。

　そして、秋11月、ロンドンの投資家ら（Merchant Adventurers）による第2船フォーチュン（Fortune）が到着した。この第2船で、37人のピューリタンら（多くが、ライデンに残されていた第1次組の親族・友人など）が送られてきた。

　ロンドンの投資家らは、その名、「商人投資家」の通り、何しろ算盤片手の人達である。その彼らとの契約は、ピューリタンらを数千キロの海の彼方から縛り続けていた。巨額の借金である。新たな現金収入のない新世界では、物で返すしかないが、それにしても、事業開始から7年で、契約通り全額を弁済することなぞ、とても無理な話だと思われた。

　そこで入植者らは、メイフラワー協約（Mayflower Compact）を改定することにした。今までの基本（1人1票ずつの投票権のほか、収穫も債務も、すべて頭数で割って分ける方式で、これには、20エーカーずつの平等な土地権を分与する約束が含まれていた）はそのまま残しつつ、何人かの有力者を引受人（Undertaker）とする方式である。引受人が計画通り払えない人の分の収穫も債務も引受け、その分、投票権や土地権を増大させる制度である。

　メイフラワー協約には更に、ロンドンの投資家らが送り込んだピューリタン以外の Strangers が激しく反対し、争った条項も含まれていた。それは、

1　1863年にリンカーン大統領が、この日を Thanksgiving Day として祝日と定めた。
2　母国では、ジェームズⅠ世王が、自らが新しく検討した聖書 King James Bible ではない普及版の、いわゆる Geneva Bible を所持するだけで重罪（Felony）と定めていた。

65

第1部　千年後の揺らぎ

これらの有力者の引受人らが、ライデンに残っている親族・友人などを新大陸まで呼び寄せる費用を、「共通資金から出せる」という条項であった。

プリムス・コロニーでは、ピューリタン（分離派〔Separatists〕）が多数を握ってはいたが、Strangers を完全に敵に回してしまうことは、共同体の運営にひび割れを起こしかねなかった。そこで 1627 年に行われた協約の改定では、各人には、そのまま平等に 20 エーカーを与え、建物と家畜は、引受人らの各単独所有とした一方、「共通資金云々」は定めないことにした。

この基本となる「各人に平等に 20 エーカーずつの土地分配」は、極めて民主的なもので、大地主制のイギリスでは勿論、新世界でも例を見ないものであった（当時のヴァージニアでの、イギリスの僧院や荘園型の入植方法とも全く違っていた）。

信教の点でも、Bradford などの有力者の考えは、プリムス共同体として、彼らなりの（もっと厳格なルールの）教会国家を作るつもりであったが、現実に妥協して、極めて寛容なものになった。後の 1627 年の意思決定でも示されたように、Strangers の存在が、彼らとの分裂を避ける政策が、宗教的に寛容という、プリムス共同体の性格づけに決定的に働いた。

（ロ）「丘の上の都市」を目指して

（a）コロニー時代のボストン、ニューヨーク、フィラデルフィアの 3 大港、中でも新生アメリカの玄関口となっていくボストン。そこに 1630 年 6 月 12 日、約 700 人のピューリタンの分離派の人々が乗った 11 隻の船団が着いた（メイフラワー号のプリムス・コロニーから 10 年後のことである）。

この北東アメリカ、マサチューセッツ Salem（セイラム）の岸に上陸したピューリタンらを率いていたのが、ロンドンの Gray's Inn（弁護士会）メンバーだった John Winthrop である。3 月 29 日にロンドンの南の Wight 島を出てから、約 2 ヶ月半もかかった。当時としても大分ゆっくりしたスピードの船旅であった。

1630 年といえば、前年の 1629 年、イギリス国教のはずの王家で、実質カトリックのチャールズ I 世王が、イギリス国会の多くのプロテスタントらと正面から対立して、国会を解散していた。

66

3. 明けゆくニューイングランドの空―見慣れない国の誕生―

　この事態に、プロテスタント（ピューリタン）は勿論、人々も一様に不安を抱いていた。その結果、その後の 10 年間で 2 万人を超える人々が、イギリスを脱出する途を選んでいる。Winthrop らが北米入植の免許を得たのも、その年であった。（再び国会が召集された）1640 年には、このピューリタンらによるイギリス脱出者数はガクッと減っている[3]。

　無論、新世界、つまり未開の大地のことである。何事もなく平穏という訳にはいかなかった。更に、途中の大変さは今日の比ではない。ピューリタンのグループといっても、前記のように信者ばかりではない。

　長旅の間、ずっと大人しくしていることは無理であった。それどころか、ただでさえ狭苦しい当時の船内に、超すし詰めになっての 70 日余りの旅であるから、中には、とんでもないことも起きる。全体の団長 Winthrop の日誌からもそれが見える[4]。

　700 人が船団に乗って行ったが、後に知事（Governor）となった Thomas Dudley は、リンカーン公爵夫人に宛てた手紙で、Salem に着いてから 6 ヶ月後の 12 月までに、「200 人以上が亡くなっている」と書いていた。

　無論 700 人が一緒くたにされていた訳ではない。厳格な階級制が支配していた 17 世紀イギリスのことである。社会の模様をそのままに写して、生活空間も、それなりに厳格に区分けされ、案配されていた。まず、リンカーン公爵家の人々など、かなりの身分の貴族、知事、牧師などがいた。

　何といっても一番上は、旗船となった Arabella の名の元となった、リンカーン公爵の娘の Arabella 夫妻や、その弟である。これらの人々は、「大客室」と呼ばれるところで食事と睡眠を取った（食事は無論、配給制で乏しかったが）。次に知事と名のつく人が 5 人いたほか、その 2 人の令嬢と、メイドも

3　マサチューセッツ・ベイ・カンパニーとしては、このイギリス市民戦争（English civil war）時代に、新教の側に立って戦うため帰国した者もいた一方、コロニーとしても、クロムウェルに対し応援を送っていた。

4　4 月 3 日の日誌では、夕食後に、かねて問題視されていた数人が盗みなどいかがわしい行為をしたとして、「罰した」としている。また 4 月 17 日の日誌では、船長から「男達が詰め込まれている砲座室内は不潔そのもので、今に船全体が健康被害を受けるよ！」、といわれたなどと記している。

第 1 部　千年後の揺らぎ

乗っていた。

　こうした知事、貴族などの「お偉いさん」も、「円形ルーム」をその生活の場所とした。これらの人々とて、17 世紀はじめの大洋を航行する 2 ヶ月半の間は、朝から晩まで我慢の連続である（生活の利便性、快適さなどからはほど遠い[5]）。

　（b） この 17 世紀前半の一大事業、大冒険の金融を賄っていたのが、投資家で作った団体、マサチューセッツ・ベイ・カンパニーであり、その資金であった。すなわち、投資家の多くが、イギリス社会の上層でも下層でもない、中間層の人々であったが、中には自ら新世界開拓の入植者となった者もいた。

　当時は無論、こうした社団などをはじめ、およそ団体を作るのには、すべてお上の許認可が必要であったから、このマサチューセッツ・ベイ・カンパニーについても、政府（王）の免状（Charter）が出されている。免状の申請をするなど、投資家団体の設立に動いたのは、ロンドンなどの商人らと地主達であった。

　免状には書かれていなかったが、この団体も、他の多くの団体と同じように、ずっとイギリス国内に留まるものと、また免状も、国外に持ち出されたりしないものと想定されていた（団体自身が、「ロンドンからいなくなってしまう」、などという事態は予想されていなかった）。

　ところが、このマサチューセッツ・ベイ・カンパニーは、その予想を裏切るものとなった。お上が想定しなかったことが行われていた。投資家団体が、上記の免許用の公的な協定とは別に、もう 1 つ別の合意（Cambridge Agreement）をしていた。その中で、各自の本拠を北米に移すとともに、免状も、そちらへ持って行ってしまうことを決めていた。

　そして今、マサチューセッツ・ベイ・カンパニーは、そっくりそのまま、現に北米に来ていた。それが、Winthrop の一行であった。イギリス国内の投資家団体だったはずのものが北米での 1 つの団体（自治体）に、またその

5　航行中に天然痘が発症した船もあったが、Arabella ではそれはなかった。

免状だったものが定款（自治の基本法）に、変わってしまっていた[6]。

こうして今、Winthrop に率いられた 700 人のカンパニーとして、今この未開の地にいるのは、いわば非合法の団体であった。それが、北米での厳しい集団生活をはじめていた。彼らは、Salem 沖に停泊した後に上陸し、あちこち探索する中で、今のボストン市中心部に近い辺りに部落を築いていた。

船団が着いたのは Salem であったが、グループは、よりよい土地を求めて、チャールズ河（Charles River）の河口付近を探索し、フランス人らによる攻撃に対する万一の用心も含め、ある程度分散して定住地を定めた。

こうして、現地のマサチューセッツ・ベイ・カンパニーの人々は、本国に残っている知事や、他の出資者らに干渉されることなく、彼らが理想とする（Winthrop が説いていた）ピューリタンの信仰に沿った「丘の上の（都市）国」（City on Top of the Hill）を建設することに力を合わせることができた[7]。

マサチューセッツ・ベイ・カンパニーの南、数十キロのプリムスの辺りには、10 年前にメイフラワー号が到着し、ピルグリム・ファーザーズの数十人が来ていた。彼らのプリムス植民地は、60 年後の 1691 年に、このマサチューセッツ・ベイ・カンパニーに吸収され、1 つになるが、2 つの間にすぐ交信があったとする記録はない。

(c) ヘンリーⅧ世王の 1530 年代に、ローマ正教から決別してイギリス国教（Church of England）ができた。しかし、そのイギリス国教は、それまでの司祭の育成から何から、イギリスでの教会（ローマ正教）の古い儀式や仕来りの大半を残していた。それらの純化（すっかり取り払うこと）を唱えた宗教的運動、それがピューリタニズムであった。純化の基準となるものは、あくまで聖書である。

6　当時、王の機嫌次第で、一旦与えられた免状が取り上げられたり、中身が変えられてしまうことが起こり得た。マサチューセッツ・ベイ・カンパニーは、その危険を避ける意味もあって、免状を現地に持って行ってしまったとされる。実際、後のチャールズⅡ世王の時（1684 年）に、この免状は撤回された。マサチューセッツ・ベイ・カンパニーだけの植民州はなくされ、Dominion of New England という 4 つの団体が一体化したものに変えられてしまった（scholastic.com）。

7　新約聖書マタイ伝 5 章 14 節の、いわゆる「山上の垂訓」として知られる説話からで、その中の代表的な 2 つの言葉、「塩と光」（Salt and Light）の句としても引用される。

第1部　千年後の揺らぎ

　マサチューセッツ・ベイ・カンパニーの人々は、10年前に渡米したプリムス・コロニーの人々と同じピューリタンであったが、"Precisians" と呼ばれるほど信仰を厳しく解釈し、イギリス国教からの徹底した分離が必須と考える分離派とは違っていた。しかし、イギリス国教のような妥協を排し、自らの主義を地で行こうとした人々であった。だからこそ、江戸時代はじめと同じ17世紀前半だというのに、6000キロもの大洋をはるばると渡って、アメリカの原野にまで住まいを求めてやってきた。

　その信仰の根本にあるのは、古い儀式や仕来りや教義をすべて否定し、「神の言葉である聖書に立ち返れ」、という主義・主張であった（丁度その少し前に、英語版の聖書が初めて出回るようになったことは、2.（ホ）(a)(b)で見た通りである）。それにより、1人ひとりが神と直接向かい合い、その言葉に耳を傾けられるようになり、それこそが信仰の入口になるという考えであった。

　彼らは、教会が司教、司祭その他の職位者（Deacons）の説教に従うところであるといった制度的、歴史的な考えを排した。そうではなく、1人ひとりが、同じように神と直接向かい合い、平等な立場で集まるところ（集合体〔Congregation〕）。それこそが教会であるとした。

　1人ひとりが、神と直接向かい合うことで、集合体としても、神と直接向かい合うものとなる。司教などによって規律された礼拝ではなく、集合体の仲間の先達（Elder）を中心に礼拝を行う。信仰は、そのように個別教会ごとに、実在的・個性的に成立するものである、との考えであった。

　このような信仰、信念の下では、教会は1つの全人格的、全生活協同体的なものとなり、真の信者だけが共同体メンバーとなれる。逆に、マサチューセッツ・ベイ・カンパニー共同体のメンバーとしていられるのは、教会に受け入れられた真の信者に限定される。

　ゆえに、共同体の自治に参加する成員は、全員が信仰心のある人、教会員であるということになる。そうであってこそ初めて、人々の住む町が、「丘の上の都市」となって、「世の人々から仰ぎ見られるようになる」、との考えである（共同体の初期の法に当たるものは、コモンローと聖書のルールとが混在したものを含んでいた[8]）。

70

3. 明けゆくニューイングランドの空―見慣れない国の誕生―

　注記のような実質的な憲法を、本国とは別に独自に作っていた点でも、「いずれがアメリカの原点か」の問いに対する解答として、同時期のヴァージニア・コロニーではなく、「ニューイングランド」を推す理由となろう（4.（ロ））。

　彼らにとっての教会とは、カトリックの教会とも、イギリス国教とも違う。専門の僧職や位階によって厳格に階層化された団体ではない。新世界で生活する市民の団体である、同信の、平等な人々からなる団体である。その団体を貫く規律、当地でのルールは、イギリスのピューリタンらで作ってきた教会のルール、同じ信者仲間から選ばれた世話役、長老（Presbyters）によってリードされる長老派（Presbyterian）のルールであった。

　その信仰は、聖書の意味を十分理解した上で、それに従った生き方をするという、厳しい信教一致のルールであった。これらが、マサチューセッツ・ベイ・カンパニーで行われた（信教一致を検証するため、自らの信仰を皆の前で告白して、キリスト者であると、信者であると確認されなければならない。さもなければ異教徒〔Heretics〕との烙印を押され、当時のヨーロッパで行われていたと同じに、八つ裂き、火炙りにより処刑されるか、カンパニーという団体を去って、荒野に出て行かねばならない[9]）。

　1人ひとりが、新約聖書の中の神の言葉に向かい合うといっても、その神の言葉の各々が、既に確定している理解、解釈を有するから、これと異なる解釈、そのことを疑わせるような解釈を述べることは、「信仰が違う」ということになり、やはり共同体に受け入れられない。

　この点も、マサチューセッツ・ベイ・カンパニーの規律の厳しさを示すものであった（こうした共同体による規律に反発したかどうかは不明だが、1640年から後を取っても、コロニストの7～10％が、また教会の僧侶などの3分の1が、イギリスに

8　1641年に、共同体総会（General Court）により、"Boston Magna Carta" とも呼ばれる、98条からなる Massachusetts Body of Liberty という名の基本法が、更に1642年、1647年には、Massachusetts Education Laws が、各々作られている。

9　1631年、つまり到着して翌年の5月には、もうその旨の決議がなされ、そのように認められた人のみが、教会でも自治体でも、選挙権と被選挙権を有する自由人（Freeman）とされた（historymassachusetts.org）。

71

第1部　千年後の揺らぎ

帰ったとされている）。

　(d) こうした厳しさもあり、共同体マサチューセッツ・ベイ・カンパニーからは、何人かの有力な（固有の信仰を唱える）人々が去って（追放されて）行った。そして、周辺に別の新たな部落を作った。

　これと対照的に、John Robinson から寛容の教えを受けたプリムス・コロニーでは、上述のように信仰の自由、宗教上の寛容が認められていた（だからこそ、Strangers を抱えたままで、1人のイギリスへの出戻りも出さずに存続した）。

　プリムス・コロニーは、7つの部落に分かれていたが、その選定した土地は、いずれも遠浅の海岸沿いの低地だったため、大農園としても、商工業地としても発展せず、70年後の1691年にマサチューセッツ・ベイ・カンパニーに吸収されるに至った。

　再びマサチューセッツ・ベイ・カンパニーに戻ると、上記のように、投資家の意向からかけ離れてしまったが、その免状が取り上げられなかった一番大きな理由は、母国のゴタゴタにあった。1640年代にはじまった、王位を巡るものを含め、3次にわたり国王と議会とが相戦った、いわゆるイギリス市民戦争にあった。

　これには、イギリス国会が、共通祈禱書 Book of Common Prayer と、教会の位階制（Episcopacy）を廃止したなど、政治と宗教・宗派の問題とが深く係っていた。

　更に、それ以後の50年間も、イギリスは、北米の植民地に構っていられる暇はなかった。一方、植民地に来てしまった彼らは、この宗派争いの外、いわば「渦の外」にいられた。

　その半世紀余りの間に、全くのゼロから出発したマサチューセッツ・ベイ・カンパニーであったが、人々の懸命な働きによって、それなりの成長を遂げていた。やがて、次の18世紀にかけては、力強い経済力を持つに至り、ヨーロッパにもその名が知られるほどになった（主要産品は、魚類、木材および農産物であった[10]）。

　ところで、以上のようなピューリタンの教義を展開するに当たっては、母国の2つの地方が寄与していた。1つは、Cambridgeshire にあるケンブリッ

72

ジの町である（町というより、前出の「ケンブリッジ大学」といった方がよい）。ケンブリッジ大学でも、初期のピューリタン神学に寄与した人物が数人いるが、中でもピルグリム・ファーザーズ41人中の最長老 Brewster の名が挙がっている。グループの信仰上の指導者であった。

　もう1つは、Norfolk 県の Norwich の町である。海（大陸）に面した Norwich は、昔から有力商人や技能者など、文字と数字に明るい市民が多かった。進歩的で、独立心の強い気風のその町には、Robert Browne のような個性的な人が住んでいたほか、こと宗教問題に関しても、いわゆる独自派の人（Nonconformist）が多い土地柄であった。ケンブリッジ大学に来ていて後に牧師になった Brewster は、その Norwich の町から来た Browne との交友を通して、新教を含む大陸の影響を受けた[11]。その Brewster が、プリムス・コロニーでの信仰を指導した。

　（e）コロニーでの人々の生活を支えていたのが、当初は、一にも二にも、インディアンらとの交易で入手した毛皮をイギリス人に売ることと、現地での農耕技術を憶えることであった。

　このプリムス・コロニーには、次から次へとイギリスから船が、人が、やってきた。中でも、ピルグリムズを送り出したと同じロンドンの投資家団体 Merchant Adventurers が送ってきた第2船目が、1621年11月のフォーチュンであり、37人の人々であった。

　このグループには、かつてのライデン組の人々がおり、Brewster の息子や、Edward Winslow の弟、更にフランクリン・ルーズベルトの先祖だと

10　もっとも、マサチューセッツ・ベイ・カンパニーは、北米の植民地の独立性、自主性が失われることにならないかと懸念して、当初ヨーロッパへの輸出をすることに消極的な方針でいた。もう1つ心配していたのが、金儲けをすることがピューリタンとしての信条を害しないか。それに背くような生活につながらないか、であった（historymassachusetts.org）。

11　この Browne は、個人的にはつき合いづらい人だったようだが、その強い個性ゆえに、古いイギリス国教から「分離すべし」とする強力な理論を展開し、国教会側から要注意人物としてマークされていた。このため一般人は、イギリス国教に反対するすべての宗派を Brownist の語で理解していたらしく、シェイクスピアの劇「十二夜」（Twelfth Night）でも、その意味での Brownist の語が出てくる（Act Ⅲ, Scene Ⅱ）（heritagecity.org）。

73

第1部　千年後の揺らぎ

される Philip Delano などがいた。

このフォーチュンの帰り船でコロニストらは、ロンドンの Merchant Adventurers による厳しい督促状に応えるべく、漸く 500 ポンド（今日の価値だと 2000 万円弱になり、借金の返済には十分の額となった）相当の産物を積み出すことができた（ところがフォーチュンは、途中の航海で、フランスの私略船に襲われて、船ごと丸々奪われてしまう）。

1 年置いた 1623 年には、Anne と Little James という名の 2 隻の船で 96 人がやって来たし、1624、1627 年にも船の到着があった（この 1627 年には、家畜としての牛が、初めてこの大陸に姿を現わした）。

その他の出入りも含めて、プリムス・コロニーの人口は、1630 年 1 月で 300 人、1634 年で約 2000 人と記録され、その後も増えている（中には、新大陸での生活の心構えができていなかったり、周りに溶け込めなくて、イギリスへ帰ってしまう人もいた）。

このプリムス・コロニーは、1691 年に北隣のマサチューセッツ・ベイ・コロニーと合体して、70 年の歴史を閉じるが、その時点での人口は約 7000 人であった（コロニーの代表が、ロンドンに行って交渉したが、政府は当初から入植免許を得ていなかったプリムス・コロニーに対する新たな免許発行を渋り、代わりにマサチューセッツ・ベイ・コロニーなど、他のコロニーと合わせた新免許の下での合併を迫り、マサチューセッツ・ベイ・コロニーに吸収されてしまった）。

プリムス・コロニーの入植から 17 年後の 1637 年、マサチューセッツ・ベイ・コロニーの人も含めて、コロニストの中には、勝手に町の外へ出て行ってしまう人も少なくなかった。行く先の 1 つが、今のコネチカット州内の渓谷である。

カナダ、ケベック辺りからロングアイランド湾まで流れる北米随一の大河、コネチカット河を下って行けば、下流の肥沃な大地（今のハートフォード〔Hartford〕など）に出る。このように河の流域は、自然の一等地であったから、そこを巡る争いも単純ではなかった。

17 世紀はじめでも、もう既にインディアンの中のペコー（Pequots）族が、そこを長年の本拠地としてきた。ただ、オランダの東インド会社が、このペ

コー族から、「そこの土地の譲渡を受けた」と主張していたのに対し、プリムス・コロニーの人が、今のウィンザー（Windsor）辺りに交易所を設けるなどしたことから、両国人の間で争いの種が生じた。それがまた、多くのコロニストらをして、一斉にコネチカット入植競争をさせる結果となる。

このような新参者による行為を苦々しく見守ってきただけだったペコー族も、「もう我慢できない」とばかりに立上った。一方、地元には昔からペコー族と因縁深い対立を繰り返していたインディアンのナラガンセット族などもいた。彼らも、鎧や鉾の音を聞いて出動、イギリス人側に与した。

この対立、戦いが、大規模な武力行使に至ったのが1636年であった。はじめにペコー族による殺害があったらしく、プリムス・コロニー側も、1637年4月、ペコー族の部落を襲撃し、これに対し更にペコー族側が、プリムス・コロニーの人が入植していたコネチカットの部落 Wethersfield を攻撃。これがまた、1639年のプリムス・コロニー側によるペコー族の部落での200人の大量殺害事件につながった（これらが、いわゆる「ペコー戦争」〔Pequot War〕である）。

その後も、ペコー族らによる攻撃の再発を恐れたプリムスの人々は、マサチューセッツ・ベイやコネチカット・コロニーなどにも呼びかけ、「ニューイングランド・コロニー連合」（United Colonies of New England, 1643）を結成した（これが、後に大陸連合〔Continental Union〕へのヒントとなったとされる）。

（f） メイフラワー号の船上でスタートした1つの独立した政治団体としてのプリムス・コロニー。そのメイフラワー協約が、新世界で、いや全世界で最古の憲法とされる、すべての成員の合意により作られた民主的な基本法である（前出）。

そしてコロニーでは、全成員からなる合議体による自治のスタイルが、その後もずっと続けられた。その中で、この事実上の憲法でもあり、全法体系でもあった「メイフラワー協約」に代わる一般法（法典）、General Fundamentals が作られるのが、1636年である。

以上から何がいえるか。1620年には何しろ「全世界で最古の憲法とされる、すべての成員の合意による基本法」が作られていた、ということである。1

第1部　千年後の揺らぎ

つの建国があったことである。それも、それまで地球上に存在しなかった、「見慣れない」民主・共和制の国である。1636年には、そこで更にGeneral Fundamentalsが作られていた。

これには、コロニーの人口が、前述のように増え続け、中でも政教一体のようなこの地で、長老派の人々による支配が増大したことがある（上記(ロ)(c)）。新しい人達が、「法の恣意性」を問題にしはじめ、法典化を要求するようになった。

そこで立法権を有するとされたのが、「一般立法廷」(General Court) である。すべての21歳以上の成人男子（市民である自由人からなる）が、そのメンバーとなる（新しく移住してきた者は、別の自由人によって推薦され、一般立法廷によって受けつけられる必要がある）。

こうして成文法化の動きがはじまり、何と1636年という早くに、この自治体で退役傷害軍人（すべての成人男子は、ペコー戦争でのように、何かあれば戦う義務があった）に対する支援制度ができていた。

上記の一般立法廷は、このプリムス・コロニーの立法府であり、司法部でもあって、人口が増大した後には、当初のような全員参加型ではなく、自由人の間の選挙によった。その有する立法権により、コロニー内のすべての法律につき権限と責任を持った機関であった。

一方、お隣のマサチューセッツ・ベイ・コロニーでも、1641年に成文憲法に比類する法典 (Body of Liberties) を作っており、その中には、公共の役務を行えない男子のための保護措置も定めていた[12]。

新天地でイギリス国王をはじめ、誰からの干渉を受けることもなく、完全な自治権を持つ自治体として発展しつつあったこの17世紀半ば、コロニーは、インディアンとの生死をかけた戦い、King Philip's War に直面していた。

相手は、英語名で自ら King Philip と名乗っていたマサソワトという

12　この1641年の法典は、"Massachusetts Body of Liberties" と呼ばれ、プリムス・コロニーとはいっていないが、New England 地方として恐らく共通的な基礎法が存在したであろう（1639年には、プリムスとマサチューセッツとの間の境界線の画定作業も実施されており、両者の間に公的な意思疎通があったことが判っている）。

3. 明けゆくニューイングランドの空─見慣れない国の誕生─

Wampanoag 族の首長であった。争いの非は、主にコロニー側にあった。例
によって、コロニストらによる土地への強欲さである。大部分は一応売買の
形を取っていたが、中にはコロニーの一般立法廷が売り圧力を加えた例も出
てきた。

　Wampanoag 族の王のマサソワトは、インディアンの土地が、そのように
して、どんどん狭められていくのを見て、何とかその勢いを弱められないか
と苦悩していた。そうした中の 1675 年 1 月、英語を話し、キリスト教に帰
依していて、通訳をしていたインディアン（John Sassamon）が何者かによっ
て殺された[13]（イギリス人とインディアン、双方の陪審員により、6 月、3 人のインディ
アンが下手人とされ処刑されたが、犯人は白人ではなかったのか、今も不明とされている）。

　この処刑に対しフィリップ王（King Philip）は、自らの本拠地 Mt. Hole（今
日のロードアイランドのブリストル〔Bristol〕市、ナラガンセット湾を見下す、小高い
丘）から出撃し、各地のイギリス人部落を襲った。

　ニューイングランドの各コロニーでは、コロニーの成年男子により組織し
たミリシアなどを出動させた。この「フィリップ王の戦い」は、インディア
ンらが巧みに大会戦を避けて、ゲリラ戦に集中したことで、終了までに 1 年
かかり、1676 年 7 月に漸く終わった。その間に、プリムス・コロニーでは
成年男子の 8％が死んだ（一方のインディアンらは、Wampanoag 族のほか、ナラガ
ンセット族らを中心に消耗率はもっと激しく、60～80％が犠牲になったとされる）。

　このフィリップ王の戦いでは、プリムス・コロニーなどが出先のようにし
ていたコネチカットの部落は、放棄するしかなかった。しかし、戦いが終
わった頃には、南ニューイングランドにいた多くのインディアンらが、コロ
ニーと和平条約を締結するようになっていた。このフィリップ王の戦いは、
上記のように母国イギリスの助太刀もなく、コロニーだけで戦ったもので
あった。

13　彼はマサソワト（フィリップ王）の側近だったともいわれている。英語を話せ、通訳
　をするとともに、キリスト教に改宗し、「祈るインディアン」の異名を得ていた。「ペコー
　戦争」では通訳として働いた。

第1部 千年後の揺らぎ

（ハ）マサチューセッツ・ベイ植民地での教条と規律

（a）「丘の上の都市」の建設を目指し、「地の塩」としての生き方を心がけたマサチューセッツ・ベイ・カンパニー植民地の人々。プリムスを本拠地としたメイフラワー号のピューリタンの人々、ピルグリムズによる最初の入植から10年後の1630年に、この新大陸にやってきたWinthrop以下700人とこれらの人々との間には、信仰、宗教という、根本の動機に共通点があった。

新大陸、それも、プリムス・コロニーと同じニューイングランドを目指した理由は、まず信仰の自由であり、その点で、同じ頃ヴァージニア植民地へ入った人々とは大きく違っていた。

一方、そこに新しく、豊かな町を建設しようとするヴァージニアの人々にとって、宗教・宗派は、二の次であった。ヴァージニアに向かった人々の考えは、16世紀はじめのイギリス探検家のジョン・スミス（John Smith）船長が1616年に公刊した本の中で記していたように、「人の手垢のついていない地で、経済的に新規巻き直しの人生をはじめたい……」（Start Over in An Economically Fresh Region）、それが第1であった[14]。このように、2つの植民地は、入植の動機が、根本から違っていた。

後に見る通り、ヴァージニアのジェームズ河の南にも、何人かのピューリタンが入植を行っていた事実があるが[15]、いずれの地でも困難には変わりがなかった。原住民（アメリカ・インディアン）との戦い、伝染病などの疾病、災害などとの闘いの方が、生き延びていくことの負担の方が、はるかに大きかった。

14　スミスは、ジェームズタウンの創設に係った後も、広く北米大陸を探検し、見聞記などを公けにしている。またその本とは、1冊ではなく、全集も出ているが、ここでいうのは、"A Description of New England" という題である。

15　その中には、一時オランダに逃避していたリーダー格の人もいる。たとえば、ヴァージニア・カンパニー（ジェームズⅠ世から1606年に免許を与えられていたVirginia Company of London）から1621年に土地を与えられて、親族らとともに、その開拓地を1万エーカー以上に広げ、更に多くのピューリタンを迎え入れたPhilip Bennettのような人もいる（4.（イ）（b）。しかも、その一族の1人は、ヴァージニアでの王の代理人〔Governor〕になっている）。

3. 明けゆくニューイングランドの空—見慣れない国の誕生—

　さて、ピューリタンが丘の上の都市を目指したマサチューセッツ・ベイ・コロニーでも、4年後の1634年には独立した統治組織（政体）を必要とした。Governor制が設けられ、選挙により、Winthropが当初のGovernorに、Dudleyが副Governorに、各々選出されている[16]。

　その彼らが第1に実施した政策は、識字教育、そのための学制の確立であった。彼らの信仰は、再洗礼派（Anabaptist）と呼ばれるものに通じる。その教義は、幼児洗礼を否定し、成人して聖書の意味を十分理解した上で、入信を求める洗礼派（Baptist）系のそれで、識字教育は、その理に適っていた。

　マサチューセッツ・ベイ植民地の町ボストンでは、以上の識字教育重視の政策が実施されるのも早かった。この地に辿り着いて4年余りの1635年に最初の小学校（Grammar School）が、次の1636年には牧師となるために必要な高等教育を授ける学校、ハーバード（Harvard School）も設けられた。

　こうして振り返ってみると、はじめに触れたロンドンのGray's Innの弁護士Winthropは、結果的にリーダーにふさわしかった。第1に、彼が強いピューリタンの信仰心を持っていたことがある。だからこそ、700人もの人々を引き連れて、地獄のような大西洋航路に挑戦することもできていた。

　船団の旗船Arabella中で、彼は「キリスト者の慈愛のモデル」（Model of Christian Charity）の題で、有名な説教をしている。

　「移住者は、すべからく強い信仰心を持って新世界へ移り住み、宗教的正義（Religious Righteousness）を基礎として、そこに人類のお手本となるような『丘の上の都市』（City Built on A Hill）を建設しよう……」といった要旨である[17]。

　人々の自律心が強く、Governorの任期も1年限定というコロニーの歴史

16　WinthropもDudleyも、当時のイギリスの地方の裕福な家庭に生まれ育って、イギリスでもある程度の社会的な地位に就いていた人達である。2人とも、マサチューセッツ・ベイ・カンパニーの結成からして、大きく係っていた。

17　"City Built on A Hill"は、マタイ伝5章13、14節にある「地の塩」と「丘の上の光」についての逸話から取られたもので、「新世界での生活は『出エジプト記』のように困難に満ちたものとなろうが、ピューリタンは皆、それを克服し、そこに理想の世界を打ち建て、世の人々から仰ぎ見られるようになるべし……」といった説教であった（注7）。

79

第1部　千年後の揺らぎ

の中で、Winthrop に対しては、その「よい人柄」が記録に留められている（もっとも、彼の目指したキリスト者的な「丘の上の都市」建設が、厳しいルールに基づいており、少なからぬものが去って行った史実を捉え、悪くいう人もいる）[18]。

　1630 年からはじまって 1648 年に至る 19 年のうち、間欠的に選任されなかった期間を除き、Winthrop は Governor 職を 4 回務め、文字通り、このマサチューセッツ・ベイ・コロニーの創始者、かつ初期の推進者となった（最後の職を辞した翌 1649 年に亡くなっており、その間、彼が引き連れてきた当初の 700 人ほどでスタートしたボストンが、1 万 5000 人が住む町となっていた）。

　（b） 船団がイギリス、Southampton を出る時、船団と Winthrop の船 Arabella に、祝福と別れの辞を述べたのが、やはり Lincolnshire 出身の牧師 John Cotton であった。その時 Winthrop は、Cotton も一緒に新世界へ行くよう強く促していた。

　それを断った Cotton であったが、彼の宣教活動に対するイギリス国内での当局による監視と弾圧が強まる中で、3 年後の 1633 年 9 月、Cotton も遂に Winthrop の誘いに応えて、夫人とともにボストンに来ることになった。

　以前から、この Cotton の教会で彼の説教の熱心な聴き手として参加していたのが、Anne と夫の William Hutchinson であった。その Hutchinson 夫妻らに対しても、Winthrop は、アメリカへ来るように誘い、1 年後にはそれが実現していた（Winthrop は、その Anne が、後にピューリタン教団内で大きな波風を立てることになろうとは、予想していなかった）。

　無論コロニーに住み出した人々すべてが、分離派のピューリタンばかりではなかった。イギリス国教の人もいれば、別の派のプロテスタントなども周辺に住んでいた。更に、同じくピューリタンといっても、色々な考えの人がいたし、中には、独自の教理を説いて回る、施政者としての Winthrop などにとって頭痛の種のような人もいた。

　そうした中で、同じ分離派の牧師として Salem 教会に来た Roger Wil-

18　今は、彼の名を冠した小学校が 1 つ残るのみであるが、同じくピューリタンで、情熱の詩人 Nathaniel Hawthorne は、彼を公正に評価し、カンパニーの業績として挙げている（tandfenline.com）。

liams に対しては、Winthrop も Cotton も、等しく困惑の種を抱えていた。というのは、Williams は、共同体内にいながら、自分の教会以外の教会との霊的結合を否定し、自らの司牧する Salem 教会で教えられていること以外の教えを否定していたからである（ただし Winthrop は、宗旨の上では Williams と袂を分かっていたが、個人的には彼に好意を抱いていた）。挙げ句の果てに Williams は、このマサチューセッツ・ベイ・コロニーの共同体から追放されて、南のロードアイランドへ行って、別のコロニーを立上げている。

その Winthrop も、Anne に対しては更に困り抜いていた。元来が Cotton の信者で、その教えの流れを汲むはずの Anne が、今や「独特の聖霊」について説教していた。Cotton が元から説いていたものに、今は Anne が更に自説を付加して説教していた。そのことが、Winthrop に対する以上に、Cotton にとって特に悩ましかった。

Winthrop らの信仰では、単に神を信ずるだけでは、恩寵は与えられない（自らが、何かを神様に約束すること、たとえば、「一生懸命働きます」、などという約束が必要であった）。

これに対し、Anne がいうのは、ただ信ずればよい（信仰こそが大切なのであって、その実行として何らかの道徳律を他人に示すことは必要ない）というものであった。この Anne の考えを、当時の人々は、「恩寵の確約」（Covenant of Grace）と呼んだ（これに対し、他方の Winthrop らのような考え方を、「働くことの確約」〔Covenant of Works〕と呼んでいた）。

こうした Anne の考え、伝道、生活は、宗教的にタイトに縫われた、ここマサチューセッツ・ベイ・コロニー社会では、自他ともに苦悩の原因となる。その点では、人々は寛容さに欠けていた。

Governor の選挙は 1 年ごとであるが、Winthrop が Governor にはなっていなかった 1636 年、教区の人々の Anne に対する反感は盛り上がった。村八分に相当する「好ましからざる人」（Persona Non Grata）と判定された。

そのため、翌年 Governor 職に復した Winthrop は、職責上、Anne をボストンの居住区からの追放処分にせざるを得なかった（Anne は後に、Williams らの作ったロードアイランドに行っている）。

81

第1部　千年後の揺らぎ

　同じニューイングランドではあっても、プリムス共同体とは違って、この
マサチューセッツ・ベイ・コロニーでは、前述の通り、戒律がうんと厳し
かった。Anne や Williams 以外にも、排斥された人がいた。宗教的に異色
な人や、グループである。

　中でもクェーカー教徒らに対する排斥、迫害は、特に厳しかった。はじめ
は、単なる追放処分で済んでいたが、一向に新規の流入が止まなかったため、
追放処分の前に耳を切り落としたり、舌に穴を空けるなどの処理を施してい
た。

　(c)　前述のように、そのスタート時から19年で、人口も当初の700人が
1万5000人と倍々で伸び、それに伴い生産活動量も上がってきた。そのマ
サチューセッツ・ベイ・コロニーでは、17世紀半ば前の1649年にも、町と
して一応の体裁が整っていた。

　では、17世紀後半から18世紀にかけてのボストンの町の様子をスケッチ
してみよう。先述の学校の整備に加え、郵便局が1639年、第一銀行が1674
年にできていた。アメリカで最初の新聞も1690年には発行されている。更
に、世紀が変わる頃からは、現在の市内にある由緒ある建物の多くが建てら
れている[19]。

　17世紀末近くなると、1万5000人の市民の平均収入は、今や母国のイギ
リス人のそれを、単に上回ったというのではない。2倍に達していた。

　この経済面での向上は、何よりも平均寿命の伸びに表れる。また出生率も、
そこでは浅南部のメリーランドやヴァージニアの2倍と高かった。それまで
の世界の平均寿命40代止まりでは、生じることがなかった新たな現象も生
じている。「おじいちゃん、おばあちゃん」(Grampa, Gramma) という世代の
誕生である（ニューイングランドでの発明の1つに数えられている）。

　ピューリタンの教育熱心のお陰で、ニューイングランドでの識字率は、世
界一のレベルに達していた。その一方で、ピューリタンらが後にしてきた

19　Old State House が 1713 年、また Old North Church が 1723 年、Faneuil Hall が
　　1742 年、といった具合である（historymassachusetts.org）。

3. 明けゆくニューイングランドの空―見慣れない国の誕生―

16、7世紀イギリスの（それも田舎の）ものの考え方、仕来りといったものを
引きずっていた面も否定できない。

否、今や多分に懐旧の情とともに、それらを想起しつつ、大切に守ってい
た点もあるというべきであろう。男尊女卑[20]、長老主義などが、それである。
その代表例として、コロニーでの政治は、すべて成人男子のみによる町会
（Town Meetings）によって、決せられた。

牧師は説教壇の上から説く。「……男の魂だけが永遠に生きる」。

ボストンのコロニーの人々が、信仰ゆえに、この新天地に来たことを見て
きた。そんな訳で、プリムスでも、殊にマサチューセッツ・ベイ・コロニー
では、教会の式への参加は絶対であった。

お説教が、精神生活の問題に留まらず、いわば町の問題に対する指摘、そ
の是正策の提案の場でもあった[21]。教会の教えに背くことは、自ら首吊りを
覚悟していることを意味していた。

姦通罪の女は、首から大きなスカーレット色の"A"の字をぶら下げられ
た。町の中心 Boston Common と呼ばれるアメリカ最古の公園の一角には、
無論、鞭打ち台（Public Whipping Post）も設けられていた。

（d） このような社会であるから、教会とコロニーの政治との分離を主張
した Williams のような人は、前出のように厄介者とされ、出て行くしかな
かった。

彼は1635年10月にコロニーから追放処分され、一時はインディアンナラ
ガンセット族の下に身を寄せていたが、後にロードアイランド・コロニーを
設立する（ロードアイランド・コロニー設立の免許を申請してロンドンにいる間にも彼
は、Cotton との間で激しい宗旨上の議論のやりとりを交し、その一部を、一般向けのパ
ンフレットにして出していた）。

20　17世紀末以前のコロニーでの人口調査に見える女の名前は、当時の女性観をそのま
ま物語る。忍耐（Patience）、沈黙（Silence）、恐れ（Fear）、控え目（Prudence）、安
らぎ（Comfort）……等々である（ushistory.org）。
21　お説教の最中には、時々長い竿を持った男が回ってきて、うつらうつらする老人の顎
などを、その先の毛でくすぐることが行われた。

第1部　千年後の揺らぎ

　Winthrop がマサチューセッツ・ベイ・カンパニーでのリーダー格の中心人物であったが、それに次いだのが、やはりイギリス中部 Northampton 出身で、イギリス陸軍大尉だった Dudley であった[22]。Dudley のマサチューセッツ・ベイ・カンパニーとの関わりは、イギリスにいる時からと古い。その植民・投資組合の免許（定款）取得のため、1628 年から動いていた（王からの免許は、1629 年 4 月に得られた）。

　その後、前記のようにマサチューセッツ・ベイ・カンパニーと、その免許とを現地アメリカに移してしまおうとの合意が大勢となり、ロンドンなどの投資家の持分を買取る方向に進んだが、そのための合意書（Cambridge Agreement）を用意したのも Dudley であった。

　1629 年 10 月に人々のアメリカ行きが決まり、Winthrop が Governor に選ばれると、Dudley も副 Governor となって、Winthrop らと同じ船 Arabella に乗り込み、新大陸に渡っている。この Dubley は、ピューリタン教義の点でも確固としたものを持っていた。Winthrop がまだ妥協的に対応したところでも、ピューリタンとしての彼 Dudley は、より強硬で、自説を曲げなかった。

　新世界に着いてからの Dudley は、Winthrop らと一緒にチャールズ河畔などを歩き回り、定住地の探索・決定に力を尽くした（Winthrop が Governor であった期間の長かったことが、Dudley の選出につながったという）。

　しかし、Winthrop がチャールズ河の南のボストンを定住地と決めたのに対し、Dudley は、今のケンブリッジのハーバード広場辺りの Newtowne を定住地とした。この新世界での意見の食い違いから、2 人は一時仲違いすることになる。なお、その間の 1632 年、Dudley は、この Newtowne に自費で防壁を造築したが、後にマサチューセッツ・ベイ・コロニーからの税収により埋め合わせがなされている。

　この防壁の費用に係る税収問題で、この時新世界のニューイングランドで

22　Dudley 自身も、エリザベス I 世女王の招集令に応じて、フランスのヘンリーIV 世との間での宗教戦争にプロテスタント側に肩入れして従軍していた（1597 年には、スペインでのアミアン攻略〔Siege of Amiens〕に参加している）。

3. 明けゆくニューイングランドの空―見慣れない国の誕生―

初めての代議制の会議が開かれたとされる[23]（各町から 2 人ずつが選出された）。

(e) 1640 年以降、このマサチューセッツ・ベイ・コロニーでも、次々と基本法などの立法がなされた。つまり、17 世紀末まで待たなくても、新天地での人々の生活・社会の営みが、1 つの安定点に達したらしかった。まず、この新世界での権利章典ともいうべき、前出の自由権法（Massachusetts Body of Liberties）の成立がある（1641 年）[24]。学校教育法のような法律（Massachusetts Education Laws）も、1642 年法、1647 年法（俗名 Old Deluder Satan Act）として作られている。

その後のマサチューセッツ・ベイ・コロニーは、正式には Massachusetts Bay Commonwealth、また俗に Bible Commonwealth、つまり「聖書共同体」とも呼ばれた（Commonwealth の語は、母国イギリスが、1653 年にクロムウェルが統治者となって、史上で初めて Commonwealth と呼ばれたことに呼応する）。

Winthrop, Dudley に続き、もう 1 人、初期のマサチューセッツ・ベイ・コロニー入植者で、名前がよく出されるのが、Thomas Hooker である。彼は、ボストンのピューリタンの長老派の宗旨に異を唱えはしなかったが、選挙権の資格を「教会員であること」とするコロニーのルールには反対していた。そのため、1636 年にはコロニーを出て、今の Hartford に至り、その周辺をコネチカット・コロニーとして、新たに定住した[25]。

コネチカットの基本（法）は大体マサチューセッツに倣っていたが、教会員以外の入植者にも選挙権を認めていた[26]。このコネチカット自治体での基本法として、新世界での初めての憲法ともされる Fundamental Orders of

---

23　その代議制会議は、更に 1634 年、Dudley 自身が初めて Governor に選出された時、マサチューセッツ・ベイ・コロニー（統治）全体の問題へと広げられた。なおこの時の Newtowne が、今日の Cambridge である（en.wikipedia.org）。

24　この中の権利保障のいくつかは、合衆国憲法の権利章典（修正 I 以下）にも反映されているとされる（なお、國生一彦『アメリカの憲法成立史―法令索引、判例索引、事項索引による小辞典的憲政史―』八千代出版、2015 年、p.21 参照）。

25　Hooker は入植者の中でも最も学殖があるとされ、Winthrop も親しくしていたから、Hooker が議会にコネチカット行きを申出た時は、落胆していた（leaderu.com）。

26　この基本法は、住民の選挙する Governor と、2 院の立法府を定めていて、新世界での他の自治体にも、参照されるものとなった（ushistory.org）。

85

第1部　千年後の揺らぎ

Connecticut が、マサチューセッツより早い 1639 年に作られている。

　1648 年のイギリス市民戦争当時、ニューイングランドのコロニーが密かに市民（議会）側に立って、クロムウェルらを応援していたのは、彼らの心情、信仰、いずれからいっても自然であったろう。そこで、1660 年にチャールズⅡ世王が王制を復活させると、ニューイングランドのコロニーに対し肚に一物ある王は、一段と統制力を強めようとした[27]。

　それより先、コネチカットには、王からの免許なしに、第 2 のコロニー、ニューヘイヴン（New Haven）が作られていた。このニューヘイヴンは、ハートフォードのそれとは反対に、厳しい宗旨による運営を堅持していたが、2つは、チャールズⅠ世王によって併合させられた。

　そのコネチカットには、1637 年には、注 23 のようにコロニーの議会がもう組織されていた。それを司っていたのが、元来は牧師である Hooker である。彼が中心になって前出の Fundamental Orders of Connecticut が作られた。

　先述のようにピューリタンらは、イギリス国教の中に形骸を留めていた旧教的なものの一切を、その組織、人的制度もろとも否定し、信仰の本質を聖書から直に汲み取ろうとした。この教会作りの基本が、この新世界の基本法中の言葉にも謳われていた[28]。

　そのような考え方、態度の下では、人々（男）が平等であるとの考えが前提となる。ただ、この考えの人々も、彼らが教会ごとに集う中で、その団体性は大事にしていた（時には長老中心に）。

　（f）これだけ大勢の人々を何とかまとめて、初期のコロニーを築いた Winthrop については、一方で多少の批判も受けたが、そのリーダーシップは、高く評価されてもいた（彼は、「自己犠牲が信仰の本質の 1 つであるように、コ

27　チャールズⅡ世王が、コロニーにイギリス国教系の組織の移植を打診したが、コロニーはこれを頑強に拒んだほか、航海法（Navigation Acts, 1651 年以来の 1660〜1673 年の間の改正法など）の適用に対して激しく抵抗、不服従を貫いていた。

28　"……to maintain and preserve the liberty and purity of the Gospel of our Lord Jesus……".

ロニーの自由と独立にも、それが不可欠である」と考えていた)。

　ピューリタンが教育、識字率を重視したことは述べた。そのことの意味は大きい。「新世界は旧世界とは違う」、ということである。貴族クラスの人々だけが教育を受けられた当時のイギリスや他のヨーロッパ諸国とは違って、教育が支配階級の特権とは考えられていなかったということである。

　すべての人が聖書を読んで、神の言葉を自らの頭で正しく理解できるようにすることが教育の役目であり、そのためには社会全体が、お金と労力を、注がねばならないとの考えである[29]。

　その結果、前出のように1636年には、もう「第2のケンブリッジ」を標榜したハーバード大学が作られた。ハーバードは、1642年に本国政府からの反対にもかかわらず、第1回の卒業生に正式な証書（Diplomas）を与えている（ただし、このように大学を設けることは、王の特権に踏み込むことになり、イギリスでは違法となるから、ハーバードには王の免許はない[30]）。その規則（Harvard Rules & Precepts）は、教育の主眼点を「神、そして永遠の生命、イエス・キリストを識ること……」（……Is to Know God and Jesus Christ Which is Eternal Life）としている。

　1639年には、そのハーバード大学のキャンパス内に印刷機が初めて据えつけられた。この印刷機による印刷物が、はじめの頃は、聖書のほかは、ほとんどピューリタン絡みの（お説教など）であったという。

　これらの印刷物は無論、イギリスの共通祈禱書（エリザベスⅠ世の時に、いざこざを失くそうと作られた）から見れば、異端・反抗である。イギリス本国では、「違法出版物」に指定されていた（ただし、チャールズⅠ世王は、その時は既に本国

29　イギリスには、この17世紀前半当時、大学としては、オックスフォードとケンブリッジの2校しかなかった。しかもチャールズⅠ世王は、その大学からピューリタンを追放していた。そのためもあり、新世界には、1640年には113人の大学卒（マサチューセッツ・ベイ・コロニーだけでは71人）が住んでいた。世界一の識字率は、ピューリタンらの政策、努力に加え、こうした複数の要因が重なって生じた。
30　これは、まさに王の特権に対する正面からの挑戦となった。ハーバードの存在は、イギリス王室にとって、ずっとイライラの種であったが、殊に、卒業生の大半が、ピューリタン牧師（王の主宰するイギリス国教に反対の立場である）になっていたことから、尚更であった。

第1部　千年後の揺らぎ

内でのますます盛り狂うプロテスタント運動への対応に大わらわで、新世界での出版にまで構っておれず、事実上自由に任せられていた[31]）。

　半世紀以上後の1701年にニューヘイヴン市（コネチカット州）にイェール（Yale）大学が設立されると、両校間で、新世界での最高学府としての座を巡る激しい競争が生じることとなり、その影響で、授業料がイギリス本国での10分の1程度まで下がる、というおまけがついてきた[32]。

　逆にいうと、このような教育の在り方（その理念と制度とも）が、新世界ニューイングランドの志向を示していたし、それが、この新世界で、少数のエリート層だけが支配するという貴族的社会の形成を見ることがなかったことにつながったといえる（同じ頃に、同じイギリスを土台にした入植でも、大農場主らが半ば貴族化したヴァージニアとは、その点が異なる）。反対に、教育そのものからしても、別の社会の基礎が、民主的な理念と制度が、育ってきていたことを示している[33]。

（二）ミドル・コロニーズ（ニューヨーク、ペンシルバニアなど）

　（a） アメリカ合衆国の起源論、その本家争い。そこでの常套句が、「ニューイングランドか、ヴァージニアか」の質問である。

　その中で、中部コロニーは、いずれにも属さず、独特である。「ピューリタンのニューイングランド」といわれるような特有性もなく、かといって「南部」（South）のような、「雑多な中の共通性」といったまとまりもない。ニューヨーク、ニュージャージー、デラウェア、ペンシルバニアの、いわゆるミドル・コロニーズ（Middle Colonies）である。

　まず、文字通り、ニューイングランドと南部との中間、真中に位置する。

31　共和国運動の先頭に立っていて、後にチャールズⅠ世王を処刑した Oliver Cromwell は、ある時、プロテスタントへの改宗の強い霊験を得たとされ、神的な改革を求めて、行動を開始したとされている。

32　その結果、イギリス本国と比較して、教育のレベルの点で仮に多少低いにしても、イギリスでは子爵や男爵だけがオックスフォードなどの教育を受けていたが、それよりははるかに裾野の広い教育制度となっていた。

33　Alexis Tocqueville も、アメリカ文明について、こういっている。"In America it is religion which leads to enlightenment and the observance of divine laws which leads men to liberty".

3. 明けゆくニューイングランドの空―見慣れない国の誕生―

ある意味で、「地理的メリット」といえる。それだけではない。誰もがすぐ
気づく点、それが温暖な気候である。加えて、肥沃な土壌も挙げられる。そ
んな訳で、ミドル・コロニーズは、穀倉地帯（Breadbasket Region）ともいわ
れる。

　「代々、長く住んでいると、そこの土地の特性が、人間に浸みついて、
はっきりとした特徴として現れてくる」、といわれる。その特徴とは、「開放
的」、「社交的」ということである。実際、人々は集まって、踊ったり歌った
りすることが多かった。

　このミドル・コロニーズの第1の特色は何といっても、その民族的構成の
多様性であろう。イギリス人、スウェーデン人、オランダ人、ドイツ人、ス
コッツ・アイルランド人（Scot-Irish）[34]、そしてフランス人となる。

　これに伴い、ミドル・コロニーズの第2の特色が出る。それは、その宗教
的な多様性である。クェーカー教、カルビン派、ルター派、アナバプティス
ト（Anabaptist）、メノナイト（Mennonites）、長老派と細かく分かれていた。

　これは、ニューイングランドのピューリタン一色とは対照的である。後記
のようなウィリアム・ペン（William Penn）による、ペンシルバニアへの移民
助成策が、その多様性を更に増幅させていた（ペン自身が、イギリスでも迫害さ
れたクェーカー教徒の1人であった）。

　これらのミドル・コロニーズは総じて、文字通り13州の中間に位置する
ことによる利益、すなわち物流などの中枢にいるというメリットを得ていた。
ニューヨーク港は、港自体の天然の長所にも支えられたが、その位置自体に
より、13コロニーの主要港として栄えてきた。更にそのニューヨーク州と
なると、この地方での長大なハドソン河が真中に流れ、物流とともに、その
辺りの平野を潤していて、産業にも恩恵があった。

　こうした立地のよさは、13コロニー時代の初期アメリカを通して、ニュー

34　スコッツ・アイルランド人とは、17世紀に、イギリス王ジェームズⅠ世による迫害
　を恐れて、アイルランドの北部 Ulster, Tyrone などのカトリック領主が、カトリック教
　国フランスへ脱出した。そこで王は、Ulster 地方の9郡のうち、領主が不在となった6
　郡を手に入れ、そこに低地スコットランド人を移住させたのが、その由来である。

第 1 部　千年後の揺らぎ

ヨークがペンシルバニアとともに、最も成長の著しい2コロニー（州）となるだけの理由となった。

その昔（ヨーロッパ人が足を踏み入れる前）は、インディアンのアルゴンクィン語族とイロコイ語族の住む原野であったその辺り。3000人も住人がいたかどうかの、まるでみすぼらしい、汚い波止場が分散していた17世紀前半のマンハッタンには、まだオランダ人とイギリス人のみが入っていた（人口が1万8000人になるには、1698年までかかった）。しかし18世紀に入るや、西部ドイツ、ラインランド地方をはじめ、多くのヨーロッパ人が移住してくるようになった。

(b) 17世紀、まず入って来たのは、1624年のオランダ政府（オランダの西インド会社）の船で来たオランダ人であった。この後、17世紀中頃にかけてオランダ政府は、このコロニーへの移民を奨励する。

彼らは、それまでインディアンが住んでいただけのこの土地に、（西インド諸島から連れてきた奴隷などを使いつつ）ヨーロッパ風の開拓の鍬や鋤を入れた。マンハッタンの南端に近い僅かなところには町を開き、その中に城砦も造った（城砦は、1625年に土塁の基礎の上に造られた）。島の北側の原野との間には、境界となる壁を築いた（いわゆる Wall Street となる）。

このように、ニューヨークのオランダ人も、当時の最優先事項としての一番に、城砦を築いている。後からイギリスやフランスが侵入を図った時にも、現に、この城砦を用いて防衛していた。

オランダ人が開拓したのは、マンハッタン島の先端だけではない。ハドソン河に沿った中流辺り、今のニューヨーク州の北にも、2、3の町を作っていた[35]。しかし、河から少し離れると、もう全く何もなくて、当時のニューヨークは、よほどの原野で未開の地であったらしい。

その後の1647、1648年当時の布令などが発見されているが、無法状態に慣れた人間も多くいたらしい。1664年まで治めていたオランダ総督も、色々

35　オランダの西インド会社は、その開拓の重点を、ハドソン河を遡った地方に置いていた。というのも、一番の目的がインディアンとのビーバーの（毛皮）取引にあったからである。

90

と布告を出して統治には気を遣っているが、半ば呆れ、半ば嘆いている[36]。

「インディアンを騙してはならない」とするもののほか、前注によれば、町中での防火、衛生、ゾーニング、建築に関する規則も作られていた。度量衡の役所も設けていた。

しかしオランダは、同じく当時の新興海運国、イギリスとの間で4度にわたる戦争をしたことにより、中でも1664年の第2次英蘭戦争での敗北により、せっかく開拓したこのニューヨークの地も、アジアなどの領土とともに、イギリスに譲渡させられてしまう（その時、城砦の名もFort Jamesへと変更される）。

上記のように、オランダは、このマンハッタン（彼らの「ニューアムステルダム」）とニューヨーク（ニュー低地国）をイギリスにより奪い取られてしまうが、それまでも、何事もなかった訳ではない。できてまだ20年ほどの当時の開拓地では、他国が入れ替わり立ち替わりやってきて、「ここは、我が方のものだ！」と主張してきた。

先述のように第2次英蘭戦争の一環として、イギリス軍艦4隻が来て、ニューヨークの引渡しを要求すると、オランダの総督は、一旦は戦う決意をする。しかし、有力な市民らが、イギリスへの引渡しに応ずるように総督を説得したため、最後はそれに従った。

それから9年後の1673年、今度は第3次英蘭戦争の際に、オランダが21隻の船を連ねてニューヨークにやって来た。マンハッタンを占取して、城砦も、イギリス王の名を取ったジェームズ城砦から、一旦は元のオランダ名に戻した。それでも、最後は敗れ、1674年のウェストミンスター条約により、マンハッタンを再度、イギリスに引渡さざるを得なかった（代わりに、南米のスリナム〔Suriname〕を取得した）。このように、城砦の行方は、この地の支配権を象徴していた。

それから1世紀近く時代が下り、イギリスがコロニー向けに印紙税法

36　1648年3月10日にオランダ総督Stuyvesantは、前年に自らが発令した布告、「日曜日の午後2時、平日の午後8時以後のアルコールの売買を禁じる」ものが、「全く守られていない……」とこぼしている（archives.nyc）。

第1部　千年後の揺らぎ

(Stamp Act of 1765) を施行すると、ニューヨーク市民らは、この城砦に押しかけ、その大砲などを叩き壊した。しかし、それから更に10年後、コロニーがイギリス王国に向かって独立のための革命戦争を起こし、イギリス王国軍がこの地を占領すると、1776年9月には、南部から3000人もの黒人奴隷が脱走してきた。イギリス軍の「黒人奴隷解放の約束」に身を委ね、その保護を求めたものである（その時ヴァージニア・コロニーを治めていた Lord Dunmore による奴隷解放宣言については、6.（ロ）(a)）。

これらの3000人の元奴隷は、アメリカのコロニーが革命戦争で勝利した後の1783年12月、イギリス軍によって、ノバスコシアなどへ船で運ばれた（なお、ワシントンの率いていた大陸軍〔Continental Army〕は、同時にニューヨークに進駐し、そこで大陸軍の解散式を行ったワシントンは、そのまますぐ Mt. Vernon の農園へと戻って行った）。

(c)　さて、ニューヨークの南に広がるペンシルバニア平原はどうであったか。ヨーロッパ人が初めて姿を見せた時（16世紀後半）、そこにいたのは、まず海沿いのニュージャージーの方からレナペ族（Lenape）、次にウェストヴァージニア辺りまでサスケハンノック（Susquehannock）族であった（前者はアルゴンクィン語〔Algonquian〕、後者はイロコイ語〔Iroquoian〕を喋っていた）。

ヨーロッパ人が大量に入ってきた17世紀には、この2つの種族とも、ヨーロッパから持ち込まれた疫病に加え、ヨーロッパ人や、他のインディアン種族との不断の争いなどにより、その人口を、短期間に大幅に減らしていた（それとともに、土地支配も減っていた）。

この「アメリカのはじまり」では、宗教のことが欠かせない。メリーランドの北のペンシルバニア平原の開拓では特にそれが当てはまった。その元を辿ると、チャールズⅡ世が、ペン家のウィリアム（海軍提督をしていたウィリアム・ペンと同名の父）に、かなりの借金をしていたことにはじまる。

王室は、その借金返済の代わりに、1681年に息子のペンに土地を与えた。それも普通の広さではない。東はニュージャージーとの境から、南はメリーランドの境までで、そこにペンが、クェーカー教徒の大量移民策を樹てて、実行した（彼は、それ用のパンフレットまで用意したという）。

92

3. 明けゆくニューイングランドの空—見慣れない国の誕生—

　これにより 1700 年までに、ニューイングランドでの「ピューリタン大移住」に相当するような、2 万 1000 人が移民した。ペンは、この大量移民に当たっては、宗教で区別することはしなかった。ただ、自らの信仰でもあったが、（自らも含め）イギリスで迫害されていたクェーカー教徒を中心に考えた。

　クェーカー教は、人種、性別、宗教など、すべてにおいて差別をすることをしない、寛容さをその特色とする。それにより、アメリカ建国史の中でも特筆される、「寛容で平等主義」という要素が、この地にしっかりと埋め込まれた。このような特色を語る以上、欠かせられないのが、人として、また宗教人として数奇な生涯を送ったウィリアム・ペン、その人のことである。

　上述のように、イギリス王室のチャールズ II 世は、ペンの父親に大変な借財を重ねていた。他方で王は、クェーカー教徒の弾圧に力を注いでいた。その王が、借財の返済としてとはいえ、息子のクェーカー教徒に土地を下賜するという予想外の行動を取ったのだ。

　ペンも驚いたほどの宗教的寛容さを発揮して、急に広大な土地を「与えた」（Granted）のである。それは、上記のように、今のペンシルバニア州に相当する広大な領地、ニュージャージーの西の境から西方で、今のメリーランド州の北に広がる北緯 40 度線までの領地である。

　この地は元来、チャールズ II 世王の弟、当時のヨーク公（Duke of York）の土地であった。すなわち、次に王になるジェームズ II 世のものであった。このスチュアートの公子は、しかし、ニューヨークや、今のニューキャッスル（New Castle）などの土地の権利はしっかり保持したものの、このペンシルバニアの地に対しては、兄王のチャールズ II 世のすることに異論を唱えなかった[37]。

　ペンが驚いたのも無理はなかった。何しろ途方もない広さである。しかもペンは、父の海軍提督の心配、反対にもかかわらず（事実、彼は父から勘当され

37　この Grant を受けたペンは、1682 年に初めてアメリカの地を踏み、ニューキャッスルの地で、芝と枝、小瓶の水と土くれを手に持って、ヨーク公からその土地の占有引渡しの儀式（Livery of Seisin）を受けたとされる（en.wikipedia.org）。

93

第1部　千年後の揺らぎ

ることになる)、完全にクェーカー教徒になり切っていた。イギリス国教一本槍に固まっているチャールズⅡ世が、その頃までに厳しく弾圧していたクェーカー教徒にである (王だけではない。当時のクェーカー教徒は、他のキリスト教の宗派からも排斥され、迫害されていた)。

　しかもペンは、今やそのイギリスでのクェーカー教徒の中でも、旗頭的存在となっていた。ドイツなどまで出かけて、その影響を広げる活動をしていたのである (無論その間、彼は王の部下に捕えられ、政治犯が入れられる、あのロンドン塔で2度の捕囚の身となっていた——それが王への父の懇願により、出獄されていた)。

　そんなペンに、王が、私人の誰もがかつて所有したことのないような広大な土地を与えてくれたのであるから、ペンが驚いたのも無理はなかった (もっとも、ただで貰ったのではない。王が彼の父、ペン提督に借りていた借金1万6000ポンド、今日の300万米ドル程度だと思われるものを、帳消しにするためである[38])。

　この広大な土地の持主となったペンはどうしたか。その一部、30万エーカー (30キロ×40キロ) の土地を、250人余りの人に分譲する計画を作り、6ヶ月をかけて実行した (買い主の多くは、ロンドンなどにいたクェーカー教徒である[39]。ただしこの時代、土地の法制は100％アメリカ法で、とはいかない。インディアンの底地権つきの土地権であることを断っておく必要がある)。

　そこで、もう1つつけ加えねばならないのは、ペンが、この土地について、地元のインディアン、レナペ族 (その1つのデラウェア族) らに対して取った措置だ。彼らが有するとされる底地権を買い取ることをした。

　それとともに (彼らデラウェア族は、疫病により人数が大幅に減少していて、利用可能土地の広さも減っていた)、狩猟などのため、彼らが土地上を自由に通行する権利を認めたが、注目点は、それらの交渉、取引で、大変紳士的に振る舞ったことである (それにより、インディアンの信頼を大いに得ていた)。

38　もう1つの条件として、「その地から産出される金銀の全量の5分の1は、王と王室に帰属させる」、ということがあった。

39　ペンが宗派にこだわらなかったことから、ほかに、フランスのユグノー、ドイツのメノナイトないしアーミッシュ (Amish)、カトリック、ルター派、それに各国にいたユダヤ人らが、これらの土地を取得した (en.wikipedia.org)。

94

(d) ペンシルバニアを語る時、クェーカー教とともに、もう1つ欠かせられないのが、アメリカの「原都市」ともいうべきフィラデルフィアについてである。フィラデルフィアは、上記のペンが開拓社会のために分譲したペンシルバニア平原の一部を中心として、1682年に人々の住居地として拓けた。

フィラデルフィアといえば、何といっても、この後100年ほど後に生じたアメリカ合衆国そのものの建国史と切り離して語ることができない。この町の公民館ともいうべき State House、現在「独立の館」(Independence Hall) として保存されている建物。

合衆国ができる前の（コロニー時代の）第2回連合議会も、その建物で開かれていた。独立のための戦争をはじめる決議もそこで行われ、合衆国憲法制定のための1787年制憲会議 (Constitutional Convention) も、事実そこで開かれている（ユネスコ世界遺産の1つとなっている）。

イギリス王の支配から独立して合衆国となった後の1790年から1800年までの間は、合衆国全体の首都として鎮座していた。19世紀に入る時点で、5万人の人口を誇っていた同市は、新生アメリカ合衆国の金融や文化の中心地でもあった。同時にまた、港町ということで、造船業、繊維業を中心とした各種製造業も盛んであった。

そのようになったのも、前述のように、この地がミドル・コロニーズとして、南北に細長かった13コロニーの中間に位置していたことが大きい。1750年には既に、建国史の中で由緒のある港町ボストンを抜いて、「コロニーの中での最大の町」に成長していた（なんと、イギリス王の支配する本国を入れても、ロンドンに次ぐナンバー2の大きさになっていた）。

南の州境の先はメリーランドと、南部に近いことから、多くの黒人人口の流入を受けやすかった。そのため、19世紀になる前にも、他の地域よりも飛び抜けて多い、黒人絡みの色々な組織、団体が市内にお目見えしていた。アメリカ初の黒人用のイギリス国教式教会 (Episcopal Church) ができたのもその1つである。黒人の自由人らが作った小学校も複数できた（前述のペンなど、クェーカー教徒らによる尽力もあった）。

「フィラデルフィア」といっても、1854年に市制の変更があり、行政区域

第1部　千年後の揺らぎ

がまるで広がっている。それまで1マイル×2マイルだったもの（今日の中心
都市）が、その56倍の面積（それまでのフィラデルフィア郡）に広げられた[40]（ア
メリカ合衆国の創生記を書くはずの本書であるが、フィラデルフィアとなると、どうして
も合衆国建国後の様子にまで足を踏み入れてしまう）。

　このペンシルバニアの1681年にはじまった開拓と、そこへの定着でペン
が持っていた上述のような深い関係から、この地は、全米の中でも宗教的に
とても寛容な地とされている（Pew Research によれば、100以上の宗派に分けられ
る代わり、各宗派の構成比率は、全体の1%台と目立たなくなっている）。

　このような細分化した宗派世界が、ペンシルバニアの、またフィラデル
フィアの特徴である。よく知られているものの1つが、電機や自動車を使わ
ない素朴な生活を志す人々、平和主義を掲げるアーミッシュの存在であろう
（メノナイトともいう）。

　北西ドイツから、オーストリアなど南東方向にかけての地方から来て、主
としてドイツ系に遡るこのメノナイトの人々は、現在、南米を含む6つの大
陸の少なくとも87の国に分散しているという。その1つが、アメリカ合衆
国の、ここペンシルバニア（主に Germantown と Lancaster 郡など）である（上の
ような理由から、メノナイトという名称を、単なる宗派のそれではなく、民族と宗教のか
け合わされた分類名だとする考えもある）。

40　そんなフィラデルフィアであるから、合衆国建国100年を記念した博覧会 Centennial
　Exhibition が、このフィラデルフィアで、その「独立の館」で1876年に開かれたのも
　当然のことといえた。

4. ニューイングランド対ヴァージニア

（イ）南部のピューリタンら

（a）南部の雄、いや 13 コロニーの雄、ヴァージニア（Virginia）。その
ヴァージニアでは、ジェームズタウン（Jamestown）を「橋頭堡」として、開
拓がはじめられた（1607 年）。1606 年という早くに、投資会社、「ヴァージニ
ア・カンパニー・オブ・ロンドン」（Virginia Company of London）が設立され
ていた。スコットランドのスチュアート家から来たジェームズ I 世王による、
直々の免許である。設立の中心となった商人らは勿論のこと、王も、金鉱に
期待していた。更にそこから挙げられるであろう農産物による多大な利益に
も期待していた。

新大陸のヴァージニアがそこそこ育ってくれば、大洋を挟んで、そこの社
会との間で予想される物の交流が、大変な「商い」になり得た。それが、こ
の島国イギリスの商業を潤すことは間違いなかった。その工業にとり、製品
にとり、貴重なマーケットとなり、捌け口となり得た。

ニューイングランドとヴァージニア（ヴァージニアの人々の多くは、イギリスの
中部県〔Midland〕や南東部の Kent や East Sussex から来ている）。いずれのコロニー
でも、その開拓にピューリタン精神が一貫していた（ヴァージニアの場合はやや
2 次的だったが）。いずれのコロニーの成立も、殊にニューイングランドのそ
れは、1 つの建国に匹敵するほどの大事業であった（イギリス王の支配下にあり
ながら、実質的に共和制を目指していた）。

時期も同じ 17 世紀はじめであったが、それぞれの地理も、天候も、大い
に違っていた（ただ双方とも、天然の船着場といってよいほどの良好な自然の湾を持っ
ていた）。

一方のヴァージニアは温暖で、野菜などの栽培にも適していたが、ボスト
ンはとなると、土壌も岩石混りのところが多く、しかも平地が少なかった。

ヴァージニアはイギリスと同じく、イギリス国教が法定の宗教であったか

第1部　千年後の揺らぎ

ら、そこへ移住したピューリタンらは異端者となったが、当局も、主流のイギリス国教派も、ピューリタンを迫害するようなことはなかった。各自がバラバラで、その社会全体として、信仰や宗教の問題が、前面に出るようなことはなかった。

このヴァージニアの人々、殊にその支配階層となるイギリス国教系の人々や、奴隷を多く所有する大耕作者（プランター）の人々にとっては、いや一般の人々にとっても、宗教の問題は、如何に入植し、生存するかに比べ、2次的な重みしか与えられなかった。

宗教の問題が軽かった分、彼らは、自らの政治（自治）問題に力を注いだといえる。本国の投資家も含め、彼らヴァージニア人らの第1の目的は、金鉱の探査であった。次に、タバコ栽培であった。

このように、コロニー設立の動機、理由が、ニューイングランドのプリムスなどとは大いに違っていた。ヴァージニアこそまさに、富の獲得のための王立のコロニー、直轄コロニーであった。イギリスからヴァージニアへの移民の流れは、この後、革命戦争の直前（1775年）まで続き、その90％が農夫になったとされる。

（b）　ヴァージニアへもピューリタンの移住がなかった訳ではない。チャールズⅠ世王が即位した1625年、イギリス国教の改革が喧しく叫ばれるようになるにつれ、ピューリタンらのイギリス脱出の勢いに拍車がかかった。問題は、社会全体の志向である。

ヴァージニア社会の主導階層は、明らかにピューリタンではなかった。マサチューセッツへの移住のように、宗教改革のための移住ではない。経済が、投資家的な動機が、いの一番であった。

そんな中ではあったが、イギリスからピューリタンらが、何波かに分かれて、ヴァージニアに移住してきたことも事実である。1620年代から1630年代にかけて、ジェームズ河の南岸に入植してきた。

その結果、1640年代になると、元々イギリス国教の牧師しかいないこの地で相当な規模のピューリタン入植地ができていた。そこで問題として浮上してきたのが、ピューリタン牧師の不足であった。その結果、イギリス国教

98

派以外の信徒らにとって教会がない状態が続いた。彼らの教会が作られる前は、巡礼説教者が、その魂の救済に当たるしかなかった。

そこで、リーダーの1人 (Philip Bennett) が、マサチューセッツ・ベイ・コロニーに、ピューリタン牧師を送ってくれるよう依頼した。これに対し John Winthrop は了承を与え、1643年1月、3人のピューリタン牧師が、その地に派遣された。

ところが、何とも不幸な巡り合わせで、その前年1642年に、実質カトリックのチャールズⅡ世イギリス国王から、このヴァージニアを治めるべく任命されて到着していた Governor (知事) が、William Berkeley 公であった[1]。

チャールズⅡ世王も、国内で起きていた国教改革派であるピューリタンには好意を抱いていなかったが、生粋のイギリス国教派であったこの Berkeley 公は、更に反ピューリタンの姿勢であった。このヴァージニアの地でも、イギリスに劣らない厳しい態度でピューリタンに対していた (反面、彼は「エリート2世主義」で、本国の貴族の第2子を中心に移民を奨励していた)。

まず、1643年にマサチューセッツ・ベイ・コロニーから派遣されてきたピューリタン牧師を追放し、次いで現地の牧師全員に対し、国教への忠誠の誓を出させた (従わないものは追放された)。

しかし翌1644年には、Berkeley 公らにとり災厄が起きた。首長を Opechancanough とする地元のインディアンらが、イギリス人の部落を襲ったのだ。その規模は、1622年の襲撃以来の大きさで、500人が犠牲となったが、どういう訳か、ピューリタンらの部落だけは助かった。

(c) この頃、ヴァージニアにいた少数派のピューリタンらの間には、メリーランド (Maryland) が、彼らに対し「寛容」、との噂が広まっていた。そのため、ヴァージニアに住むより、ずっと安全だとの認識が広まっていた。1646年の冬の期間、同コロニーが傭兵を募集していたことから、多くの

---

1 Berkeley 公は、チャールズⅡ世王のお気に入りの1人で、このヴァージニアの Governor を、1642年から1675年の間に2回務めて、最長期間在任していた。

第1部　千年後の揺らぎ

ピューリタンらは、それに応募する形でメリーランドへと向かった。そこで彼らは、彼らの多くが定住した地を、Providence（摂理）と呼んだ（現在のアナポリス〔Annapolis〕である）。

　その間に、イギリスでの内戦（civil war）の終了と、そのピューリタンらにとって好ましい結末（カトリック王チャールズⅠ世が、クロムウェルらによって絞首刑に処され、プロテスタントが支配するようになったこと）が伝えられた。ただし、そのニュースがヴァージニアに届いたのは、1649年ももう夏になってからで、多くのピューリタンらは、それ以前に既にメリーランドに向けて移住してしまっていた（しかしカトリックかプロテスタントかという争いは、彼らピューリタンにとって別に影響はなかった）。

　これより前の1635年に、スチュアート王朝2代目のチャールズⅠ世王は、やはりカトリックのカルバート男爵に、このメリーランド・コロニーへの免状を与えていた（チャールズⅡ世王がウィリアム・ペンへ、後のペンシルバニアの地を与えた1681年より半世紀近く早い）[2]。

　同コロニーの名は、キリストの母の名でもあるMaryと、もう1つ、チャールズⅠ世王の息子チャールズⅡ世の妻、フランス、ブルボン家から迎えたHenrietta Maria（やはりカトリック）に配慮したものとされている。

　上記の下賜の前年の1634年には、カトリックのカルバート（メリーランド男爵）一族をリーダーとする17家族が、メリーランドへの入植をはじめている（この経緯から、メリーランドは、アメリカでも珍しいカトリックを主とする州となった）。つまり、イギリス王の息がかかったカトリックの支配層と、平民層のピューリタンとの2つの分化が、比較的はっきりしていた[3]。

　上記のように、この支配層がカトリックであるメリーランド……そこに

2　Cecilius Calvert は、イギリス、Baltimore の2代目の男爵で、メリーランドへの免状も、父の George Calvert が申請していた。彼 George は、王の国務大臣（Secretary of State）をしていたが、自らカトリックであることを明らかにしていたところ、1625年に、イギリス国教会に属する王から、大臣の位を奪われた。その彼が、1632年に亡くなったことから、王は、過去の剝奪処分を相殺する意味も込めて、息子の Cecilius に、免状を与えたとする（en.wikipedia.org）。

3　同時に、宗教に寛容な伝統も、メリーランドの特色の1つである（Maryland Toleration Act of 1649 がある）。

100

ヴァージニアにいたピューリタンが大勢移住してきていたことから、宗教上の争いが、早晩避けられないと見られていた。案の定、1650年にピューリタンらは、新しい政府を打ち立てるとして、蜂起した。

これに対し、メリーランドの2代目支配者カルバート男爵は、軍を興しアナポリスに向かったが、1655年にアナポリス近くのSevern河での水上戦で敗れてしまった（Battle of Severn）。このピューリタンの反乱は、1658年まで続いたが、最終的にはカルバート男爵が勝利し、同年、事態を収拾した。彼が立法していた（宗教）寛容法（Toleration Act）が生かされたと見られている[4]。

(d) この戦いは、いってみれば、イギリス国内での内戦の延長線上の戦いでもあった。すなわち、ピューリタンの側は、本国の新教の闘士クロムウェルと互いに同情し合っていた一方、メリーランドの2代目のカルバート男爵（カトリック）の側は、イギリス国教のチャールズⅡ世に義理立てしていた。

以上のようなものが、ヴァージニアとともにチェザピーク湾を抱えたメリーランドの歴史であった。ヴァージニアやマサチューセッツと並んで、最も古くから入植がはじまった地の1つである。

同コロニーは更に、今まで見た通り、イギリス王室や貴族とも特別に密接に結びついていた。こうした王室や貴族の影響力にもかかわらず、いざ革命戦争になると、イギリス王の側ではなく、ピューリタンの側に立ち、13州の1つとして連合議会の決議に加わって、革命に参加している[5]。

4　Maryland Toleration Act of 1649 は、三位一体とキリストの神性を信仰する派であれば、つまり、キリスト教であれば、どの派でもよいとするものであった。北米にあるイギリスのコロニー中での、この種の法律として最初のもので、他のコロニーでの同種の法律の参考とされ、また同旨の信仰の自由の定めは、連邦憲法（修正Ⅰ）にも反映されている。

5　このような歴史があるメリーランドのアナポリスであるから、連合議会の時代も、そこで連合議会が開かれていたことがある（1783年11月～1784年6月）。その間、そこではジョージ・ワシントンが、大陸軍の総司令官辞任の手続きを取っており（1783年12月23日）、更にイギリスに勝利して、革命戦争を終わらせたパリ平和条約のアメリカ側の批准式も、そこの議会で行われた（1784年1月14日）。また連邦の首都としても、ワシントンD. C.（Washington D. C.）に決まる前に、候補地となっていた。

第1部　千年後の揺らぎ

　メリーランドの地理的条件（Mason-Dixon Line を抱えている）は、合衆国成立から約70年後の南北戦争時にも、同州を最も難しい立場に立たせた。自らも奴隷州で、しかも隣に最大の奴隷州で、南部連合の盟主でもあるヴァージニア州を抱えていた。

　果たして、州の Governor や前 Governor、更に Baltimore 市長など、戦争開始時のコロニーのお偉方は、いずれも皆、南部連合のシンパで、かつ自ら奴隷所有者であった。心情的にも南部に近い。ただし、表立って反旗を翻すにしては、首都ワシントンのすぐ南で、距離からしても、あまりにも近過ぎた。

　こうした事情から、新任の大統領リンカーンも素早く動いた。開戦から時を置かず、立ちどころに Baltimore 市の反乱軍を叩いた。鉄道の破壊に対しても、すぐ手を打った[6]。

　革命戦争から1世紀近くなる1864年になって、やっとメリーランドも州憲法を制定する絡みで、奴隷制度に手をつけ、廃止法の賛否を問う州民投票が行われ、成立はしたが、僅か1000票の差でしかなかった。

　こうしたメリーランド（そのお偉方の奴隷所有者）の微妙な立場を考えて、大統領リンカーンは、1863年1月1日の奴隷解放宣言（Emancipation Proclamation）では、奴隷州のうち、南部連合軍の11州を対象としたのみで、北側についた奴隷州、メリーランドなどは含めなかった。

　奴隷解放宣言は、南北戦争中で有名な会戦の1つ、アンティエタム会戦（Battle of Antietam, 1862年9月17日）を受けて漸く出せた。南部連合軍の Robert Lee 将軍は、アンティエタムの辺りには、心理的に南部に傾いている若者が多い、とかねて睨んでいた。そこで、その若者らをリクルートする主目的ではじまったのが、同会戦である[7]。

6　メリーランドとしては、大統領リンカーンの抑えが効いて、何とか北側に踏み留まったが、6万人が北軍として戦ったのに対し、2万5000人は南部連合軍に参加した。

7　このアンティエタム会戦は、（連邦）北軍の有利さ（兵力で2倍、かつ Lee 軍の作戦計画図が北軍に洩れていたこと）にもかかわらず、北軍の司令官 George B. McClellan の優柔不断により、危なかったが、何とか勝利につなげられた。

Lee 将軍は、直前の第2ブルラン戦（Second Battle of Bull Run）での勝利に勢いを得て、4万の兵力で進軍したが、注記のように、北軍が辛うじて面目を保てる戦いをしたことから、リンカーンは、思い通り翌年正月元旦に奴隷解放宣言も出せたし、南部の味方につきかねなかったイギリスとフランスの政府による介入を、踏み留まらせることができた。

（ロ）いずれが原点か

（a）今日のアメリカ合衆国の始原となる地は、ヴァージニアかマサチューセッツか、ジェームズタウンか、プリムス・コロニーか。つまり「アメリカ合衆国建国物語のふるさと」とは、どこか？　今日の超大国の元祖はいずこ？　この問いに対する解答を巡って、熱い闘いがずっと続けられてきた。今も終わる様子を見せない。

年号だけ取れば簡単である。1607年のジェームズタウンに対し、ニューイングランドの方は、プリムス・コンパクト（Compact）の日付が1620年とはっきり出ている。それが不思議なことに、アメリカでは中学、高校の教科書を通して、国の発祥の地を意味するところとして、ニューイングランドの名が、その場所をずっと飾ってきた。

なぜ、このように年号順とは逆の位置づけが生じてきたのか。アメリカでは、両者の順位争いの問題とともに、この「なぜ？」も問われ続けている[8]（ニューイングランドへの移民が、1700年でほぼストップしたのに対し、ヴァージニアへは、その後も太い流れが続く）。

1607年5月に（つまり、メイフラワー号より13年早く）、3隻の船に分乗した104人の男らが、このジェームズ河の南の地に上陸した（そこが、王の名を取った「ジェームズタウン」という地名となった）。3隻の船を率いていたのが、クリストファー・ニューポート（Christopher Newport）である。テムズ河沿いの町で生まれ、彼を含め父子3代ともが、当時の船乗り（船長）だったという。

8　たとえば、秋の「感謝祭」（Thanksgiving）の例でいうと、ジェームズタウンでも1619年12月4日に入植者らが、「この地への到着に感謝して……」などと、正式に祝いはじめた（リンカーン大統領が喋っていたように、アメリカでは今では、プリムス・コロニーでの1621年のインディアンらを招いて設けた催しが、その原始とされている）。

103

第1部　千年後の揺らぎ

　年号順ではとにかく、一番古顔のジェームズタウン。新大陸にヨーロッパ人の定住が永続した史上初の例となった。この先そこで定住し、生きていくための地となる。しかし、そうなるまでには苦闘の連続であった。

　到着した1607年から2回までの越冬が、特に大変だった。世にいう「飢餓の時」（Starving Time）を体験せねばならなかった。その1年前の1606年、ジェームズⅠ世王は、広大な土地を自らが勅許した2つの会社に下し与えていた。

　王が行ったのは、北米大陸を北緯34度線と45度線の中に収まる南北2つの部分に分け、南の土地はヴァージニア・カンパニー・オブ・ロンドンへ下し与え、北の土地はプリムス・カンパニーへ下し与えたことである。

　このヴァージニア・カンパニーは、その名の通りロンドンで設立された。その機関は、イギリス政府が決めた7人の評議員（Councils）からなり、社長は、それら評議員により選ばれる決まりになっていた（評議員の人達の名前も、3隻が航海している間は、封印されていて、明かされなかった）。

　この7人の評議員のうちの1人が、冒険家としての実績で有名な、例のジョン・スミス（John Smith）船長という訳である。しかしそのことも、ジェームズタウンに着いてから判ったことであった。

　このジェームズタウンには、1608年までの間に、120人と70人の2回の追加の移民団が加わり、現地には一時、全部で200人余りが住むようになっていた（世界一の強国スペイン王国軍が拓いたフロリダなどから少し離れていた点も、この地を選定した1つの理由であった）。

　更に1609年には、ヴァージニア・カンパニーが、王からの新しい勅許を得るとともに、一定区画の土地について、カンパニーの名義を通して移民らの所有にしてもよいことを明確にし、それによりヴァージニア・カンパニーも、組織替えをしていた[9]。

　「104人の男達が上陸した……」と上に述べた。男達なのだ。プリムスの

9　この新しい勅許による会社名は、Treasurer and Company of Adventurers and Planters for the First Colony in Virginia となった。

ように「十数家族」ではない。また、現在はヴァージニア州の中にあると
いっても、当時は、現在のメリーランド州が、その中に含まれるチェザピー
ク・コロニー（Chesapeake Colony）に、といってよかった。

イギリス政府は、現地でイギリス人らが食べる食料を生産し、なおかつイ
ンディアンらとの交易もして生活できることを考えていたようだが、実際に
は、食料生産が本格化するまでには、2、3 年が必要であった。

このため、ヴァージニア・カンパニーも、第 1 回、第 2 回と、補給船団
（Supply Mission）を現地に送っている（第 3 回補給船団も赴いたが、大嵐のためバ
ミューダ〔Bermuda〕の暗礁に乗り上げ、到着が 10 ヶ月遅れた。その間に「飢餓の時」
が訪れ、ジェームズタウンの住人の 8 割が死んでしまう）。

このような状況下、ジェームズタウンでは、まさに「働かざる者、食うべ
からず」（He Who Works Not, Eats Not）が合言葉のようにいわれていた。

(b) 上に述べたような意味で、ニューイングランドとチェザピークを対
比しても、2 つは大いに異なる。その違いを要約すると、次のようにいえよ
う。

まずニューイングランドでは、社会の成り立ちからして、ピューリタニズ
ムが前面に出ていた（第 2 陣でやってきた 700 人のピューリタンのリーダー Winthrop
の船中の話が、聖書に基づいた「丘の上の都市の建設……」であったことを記憶しておら
れよう）。

これに対しチェザピークでは、投資目的が全面に出ていた。温暖なチェザ
ピークでは、当時の農作物の中でも収入が得られやすい、米、インディゴ
（藍）、タバコなどの産物が容易にできた。中でもタバコ栽培はこの土地に
合っていて、人手さえあれば、収穫がグンと上げられた。

そこで問題となる労働力であるが、当時は、年季奉公者（Indentured Ser-
vants）が一般的であり、それに頼っていた。ただ、5 年程度の年季は、すぐ
に明けてしまって、安定的ではない。そこで、1680 年代から男達が目を向
けたのが、アフリカから輸入される黒人労働であった（それも、はじめのうちは、
年季奉公に近い形でスタートしていた）[10]。この黒人の住人化がヴァージニアの最
大特徴といえる。

第1部　千年後の揺らぎ

　このような年季奉公も、チェザピーク（ヴァージニア）のジェームズタウンに特有なもので、これによりいくつかのメリットが得られた。第1に、本国が得ていたメリットがある（移民奨励、犯罪者など厄介者の追放などの働きをした）。

　現地ヴァージニアなどでのメリットはいうまでもなく、労働力の確保であり、それゆえにコロニーを急速に大きく成長させられた。当時のヴァージニア社会の価値基準の「金持ち」（Wealth）は、何よりも「（耕作）土地の広さ」によって量られたが、それを可能にしたのも年季奉公であった。

　(c)　このジェームズタウンの地が、プリムスと異なる今1つの点は、地元のインディアンとの関係であった。すなわち、ここヴァージニア辺りのインディアンは、北米大陸の中でも最も強大な種族で[11]、武力もそれなりに強かった[12]（プリムスではペコー戦争やフィリップ王の戦い〔King Philip's War〕もあったが、地元のインディアンが当初から、白人らに何かと力を貸してくれていたことも、前記の通りである）。

　インディアンらは、なかなか誇り高い人達であった。そのことは、前述のヴァージニア・カンパニーが行った第2回の補給船を差し向けた時のエピソードが示してくれる。インディアンの酋長に対し、イギリス王の封臣（Vassal）としての冠を持参して被らせようとしたら、「自分は王である！」、と受けつけなかった。

　彼らは、イギリス人らがポーハタン（Powhatan）と呼んだ種族（彼らの言葉では、もっと長い綴り）で、イギリス人らとポーハタンとの間では、大きく分けて、3回の戦いが交されていた。第1回が1610年からで、第2回が以下

10　正式な年季奉公は、年季明けに奉公者が貰える制度（権利）として "Headright System" があった。これには普通は、50エーカーの土地、道具や銃などが含まれるのが通例であったが、黒人労働には、この年季明けの制度がはじめからなかった。
11　これに対しマサチューセッツ辺りのインディアンは、ピルグリムズが渡米する前に流行病により大勢が死んでいたこともあり、生存インディアンらは、外来人にそれほど敵対的にできなかったこともある。
12　このヴァージニアには、約1万5000年前に定住したと考えられているインディアンの種族がいた。主なものだけで、チェザピーク湾岸一帯を支配していたポーハタン、その奥に、北から Manahoac, Monaccan, Tutelo, Pccaeechi, Sapony がおり、一番西に Cherokee がいた。

106

で述べる 1622～1626 年、第 3 回が 1644～1646 年である。

　彼らによる攻撃で、このジェームズタウンも、一時はほぼ全滅に近いような大きな打撃を受けたこともある。代表的なのが、1622 年の襲撃である。この 1622 年 3 月 22 日の攻撃は、それまでのポーハタンの酋長の後継者が起こしたもので、ジェームズタウンにいたイギリス人の 4 人に 1 人、つまり 347 人が殺されている。それには、かなりの期間にわたる鬱積した気持ちがあったようである。

　意思疎通の問題もあり、理由は 100% 解明されてはいないが、次の 3 つの理由を挙げる人がいる。（ⅰ）ジェームズタウンの大地主の 1 人（George Thorpe）が、ポーハタン族に対し、「教育のために子供達を白人らのところに寄越せないか……」と申し入れたが、これはポーハタン族には耐え難いことであった。（ⅱ）ヨーロッパから持ち込んだ天然痘などの疫病により、1610 年代にポーハタンが何十人も死亡したことに対する恨み、（ⅲ）ポーハタン族による殺戮の 2 週間前、イギリス人らが、ポーハタン族の祈禱師でリーダーの 1 人でもあった男を殺害したこと、である。

　加えて、ヴァージニアで行われていた後出の Headright System も、それによって入手する土地が周辺に拡大するにつれ、当然のことながらインディアンとの摩擦を大きくする制度的要因となった。

　このように、インディアンとイギリス人らとの衝突の最大の原因は、土地（それは食料をも意味する）であったが、次にキリスト教の布教（インディアンからすると押しつけ）もあった。

　これらのヴァージニアにやってきた男らが、金塊とタバコを中心とした、イギリス本国の投資家らの欲望を満たすべく動いていたことを述べた。その中で、イギリス人の冒険家ジョン・ロルフ（John Rolfe, 1585～1622）は、1613 年、現地の土と水に合ったタバコの品種改良に成功し、ヴァージニアの地場産品中のヒット商品とした。これが、ジェームズタウンの耕地面積を急速に膨張させ、それに比例して、労働に対する需給も一気に逼迫させた（タバコは、土中の栄養分をよく吸収してしまう性質があることに加え、人手のかかる作物である）。

　(d) この労働に対する急激な需要を充たすため考え出されたのが、前出

第1部　千年後の揺らぎ

の年季奉公制度（Indentured Servitude）と、それに伴う「年季明けボーナス」ともいうべき "Headright System" であった。奉公人が大西洋を渡る船賃を出してやれば、5年ないし7年間は、ただで働いて貰える。その後に、50エーカー（20万平方メートル）の土地が奉公人の手に入るシステムである[13]。

そこには、あり余る土地に対し、少人数の働き手という問題があり、このシステムが、まさにそれに対する最適な答えといえた。年季奉公明けを迎える男らは、1人50エーカーの土地と、諸々の道具類などを貰える制度である（家族2、3人を呼び寄せておいて、それぞれが年季奉公明けを迎えれば、100とか150エーカーになる）。

こうなると、周辺の土地を巡り、再びポーハタン族との間で厳しい対応を迫られることになる[14]。上記のロルフは、妻に先立たれていたところ、1614年にポーハタン族の酋長の娘（Pocahontas）を嫁に取った。これが一時期、ポーハタン族とイギリス人らとの間の関係にプラスしたことは、間違いない。

彼女の父、ポーハタンは、「イギリス人と、問題を起こしたくない」と考えている1人であった。ただ彼は、1616年に引退し、2人が酋長の地位を継いでいたが、その1人、Opechancanough は、イギリス人の存在を鬱陶しく思っていた口であった。1622年の襲撃も彼が主導した。

この襲撃は、白人らの団地の外縁に近いところの住人ら約4分の1を殺しただけで、インディアンが他種族を襲撃する時の、全滅に近くまでやるような徹底さもなく、襲撃期間も、2、3日にわたるようなことはなかった[15]（これでイギリス人が、この地から去ることを期待していたとの見方もある）。

13　1670年代には、このHeadright System を利用して、400人を超える黒人の輸入が行われ、1680年代、1690年代には、それが更に増えたが、1699年には、奴隷制度の基礎がある程度できたらしく、適用がイギリス人の年季奉公にのみ限定され、黒人への適用が制限されるようになったとされている（en.wikipedia.org）。
14　ポーハタン族の方から見るのと、イギリスの方から見るのとでは、同じ制度の評価でも、見方がまるで反対になる。
15　彼らは、イギリス人らに悟らせようとしていた（という解釈が後からなされている）。（ⅰ）ポーハタンの方が、いざとなったら、イギリス人よりも強く優位にあること、（ⅱ）ポーハタンらは高い規律を保っていること、（ⅲ）白人も、土地の収奪を考えずに、ジェームズタウン内で暮らすべきこと。

4. ニューイングランド対ヴァージニア

　一方のイギリス人らは、このインディアンらの攻撃を受けて、それまでの平和裡の交渉や、キリスト教の伝道の試みを止めた。「よし、あの襲撃をしたことで、我々は彼らに対して、以前やっていたような手加減をもはやしなくて済むぞ！」。

　彼らは、このポーハタンの攻撃を、彼らに対し逆襲し、土地を奪い取るための絶好の口実にできると考えた。新世界に向け命がけの航海に乗り出したイギリス人らの Adventurers は、明らかに、道徳律よりも、征服を、植民を、交易を、求めていた。

　この 1622 年のポーハタンによる襲撃から、その後 10 年にわたり、イギリス人らは毎夏、出撃し、ポーハタン族との間の戦争状態を続けるのである。1623 年には、Opechancanough が和平の提案をしてくるが、イギリス人らは策謀を用いて、インディアンらの不意を襲い、打撃を与えた。

　インディアンらも、その翌年の 1624 年には、数を恃んで攻勢に出てきたが、イギリス人らは、まだ残っていた火薬の力も借りて、これを何とか凌いだ。

　結局、この 1622〜1624 年の戦いは、1632 年に和平合意に達するまで、散発的に続けられた。その間イギリス側は、少しずつ支配地（その一部は、以前 Opechancanough からリース——年 1 斗〔15 キロ〕の穀物を賃料とする——をしていた）を拡大していった。

　こうして、イギリス側の土地は、はじめジェームズタウンだけだったものが、ジェームズ河の両岸を挟んで、北西方向に伸びていった。その一方で、このヴァージニア・コロニーの周囲の総延長 10 キロに及ぶ防塁壁の建設にも精魂を傾けていた。

　さて上記の 1632 年の和平合意は、12 年間その効力があったが、1644 年、Opechancanough は全勢力を結集して、再びイギリス人らの村に襲いかかった。今回は、殺害されたイギリス人らの数は 500 人と、1622 年の時を上回ったが、比率からすると 1 割程度と少なかった。

　この後、イギリス人らがポーハタンに対し、また他のインディアン族に対しても、徹底的な攻撃を加えたことはいうまでもない。Opechancanough が

109

第1部　千年後の揺らぎ

捕えられたのは、その後に来る 1645 年の攻撃の際であった（彼の歳は 92 歳に達していたという）。

　以上のようにして、ここチェザピーク・コロニーでは、ニューイングランドとは違って、地元民との間での武力闘争の繰り返しが続いたが、1646 年 10 月に結ばれた和平合意によって、インディアンとの間で居留地（Reservation）合意が交され（互いに、相手方の土地に立ち入ることが原則として許されない形の合意）、以後 30 年間の平和が続いた。

（ハ）支配する母国、イギリスの植民地政策—航海法の下での自治—

　（a）ポーハタン族による 1622 年襲撃などによる被害の重大さが、色々な点に影響を与えてきた。第 1 に、それまでコロニーのジェームズタウンの土地が、組織替え後のヴァージニア・カンパニーの名義になっていたものを、1624 年に、現地のイギリス人らの名義に登録替えをした。

　第 2 に、イギリス王室は、ヴァージニア・カンパニーによる現地の業務、中でもインディアンとの間の問題、外交関係に対しては、以後、逐一干渉するようになった。

　他方のポーハタン族も、この地で 1 万 5000 年の歴史を誇る部族であったが、長引く戦いと疾病などにより、1607 年には約 2 万 5000 人いたものが、1630 年代には、数千人台にまで減っていた。

　第 3 に、1624 年、ジェームズ I 世王がヴァージニア・カンパニーの惨状を理由に、その解散を命じていた。1622 年のインディアン攻撃の後、会社は、確かに、内部意見の対立も目立ち、十分な統一が取れていなかった。出発点からして政府の手を離れ、独立を志していたマサチューセッツでは、考えられなかったことである。

　このように、飢餓、インディアンとの厳しい対立、病気など、様々な困難に加え、イギリス王による会社の解散等、困難な問題が立ち塞がっていたが、活発な精神を持った開拓者らは負けていなかった。今度は、自ら投資を集め、開拓事業を継続した。そのため、カンパニーの解散時 2000 人弱程度だった入植者に対し、新たに 9000 人の入植者が送り込まれてきた。

　こうした経緯で、王室と現地入植者との関係は、次のチャールズ I 世王の

ドでも、その代理人 Governor を相手に、ますます拗れてガタガタしていたが、1630 年、事態は好転した。チャールズ I 世王が、新しく Berkeley 氏を知事に任命するとともに（注1）、ヴァージニア・カンパニーの側にも、勅任の評議員らに加え、選挙によって選ばれた代表の参政を認めたことが働いた。

（b）こうして一旦、落ち着いたかのようなヴァージニアのジェームズタウンであったが、より基本的な懸念材料も出てきた。こんな僻地にもかかわらず、母国イギリスに倣ったかのように、開拓者社会の階層化が進行していたことである。

早めに大地主となった開拓者は、多くの年季奉公者を雇い、収穫を増やしていた（しかも、彼らの土地は、一番農耕に適した水源に近い土地と決まっていた[16]）。これに対し、新参者や年季明けの開拓者には、周辺の土地しか手に入れられる状況にしかなく、場所的にも、インディアンに攻撃されやすかった。

こうした形で、富（良好な土地）の偏在とともに、社会の階層化が進むと、この新天地でも不満の空気が次第に充満してくる。1676 年には、その名もまさに「反乱」と銘打たれたベーコンの反乱（Bacon's Rebellion）が起こった（奇しくも、革命戦争、独立宣言の丁度 100 年前に当たる）。

反乱は、Berkeley 知事側が本国の援軍などを得て収束させられたが、この時期の新天地ヴァージニアで、独立心の強い入植者らを統治することが、生活すること自体と同様、楽ではなかったことを物語っている。

さて、その生活上、ジェームズ河が、彼らにとっての大切な運搬手段であった（陸上での通行には、インディアンらが通っていた「獣道」程度の道を利用していた）。

17 世紀も後半に入ると、現金収入になる米、インディゴ、タバコの収穫も安定・増大し、開拓者らは、そこそこ余裕のある生活を営めるようになっていた（もう 1 つの産品として、鹿皮の輸出があり、17 世紀末から世紀の変わり目にかけ、年間 5 万 4000 の鹿皮が、サウスカロライナのチャールストン港から、イギリスへ向

---

16 前述の Headright System とは別に、土地の売買も結構盛んになっていたが、1 つは、年季奉公者を運んできた船長らには、1 人につき一定の土地を与える慣行があり、船長がその土地を処分したことも更なる要因となった。

111

第1部　千年後の揺らぎ

け輸出されていた)。

　加えて、その頃から上述のように、アフリカからの黒人の輸送が増大する。それが、更にまた開拓者の土地の拡大、現金収入の増大につながるという仕組みが働いていた（上述の Headright System 参照)。

　(c)　ヴァージニアは、まさにタバコ王国といえた。ロンドンの投資家らが、ヴァージニア・コロニーに夢を賭けていたのも、投資を続けられたのも、その地がタバコ栽培に向いていたからであった。その事実が広く知られていたからであった。

　1630 年頃に既に、年間 150 万ポンドのタバコの葉が、ジェームズ河を下って行って、イギリス向けに輸出されていた。17 世紀末には、更に 4000 万ポンドもが、イギリス本国へ送られていた[17]。

　こうしてタバコが、「金のなる木」となった当時のヴァージニア・コロニーでは、17、8 世紀のほぼ全期間を通して、タバコが通貨代わりにされてきた。コロニー政府は、その支出をタバコで行う一方、税金も罰金もタバコによって納められた。イギリス国教の牧師らの給料も、たとえば年 1 万 6000 ポンドのタバコ、などと決められていた。

　ヴァージニア・コロニー議会も、1619 年にはもう、タバコの検査と保存などのルールを定めた最初の法律を立法していた。

　そんな訳で、ヴァージニアの耕作者らは、この金のなる木を更に増産すべく、どんどん耕地を増やしていった[18]。タバコは、人手と十分な水分を必要とする。タバコ畑が、ジェームズ河の両岸や支川や、そこに流れ込む小川の辺りに作られていったのも、その理由による。

　タバコは、また虫がつきやすい。殺虫剤などない時代であり、人が手で取っていた。そこで必要となる人手については、17 世紀のかなり後半まで、

17　インディアンらが育てていた色の濃いタバコは、イギリス人には辛過ぎたが、ロルフが 1612 年にスペイン系のタバコを南米のオリノコ河辺（Orinoco River Valley）から入手し、それをジェームズ河辺で育て、よい味のものが取れるようになった。

18　1 人の年季奉公者は、年間 1 万本のタバコを育てる必要があるとされた。つまり、1万の種まき、1 万の苗木植え、1 万の虫取り……などである。

112

イギリスからの年季奉公者に頼っていた[19]。ただし、年季奉公制の下での耕作者農家は、5年とかの年季明けになると、年季奉公者1人ひとりに、Headright として50エーカーの土地を割り当ててやらねばならない。この制度が、この後、ヴァージニアやメリーランドで流行り出す"Headright System"と結びついて、この時代の雇用取引のベースを形成する[20]。

　この時期、丁度イギリスでは初期産業革命がはじまっていたが、農村にはまだ大勢の失業者がいた。一方、アメリカではアフリカからの黒人の輸入売買もそろそろはじまっていたが、かなりの高い代金を必要とした。これに対し年季奉公者の場合、その制度自体から、農家は手元の現金を減らす必要がなかった（彼らの大西洋航路、片道分数ポンドを払ってやるだけでよかった）。

　反対に、農家はせっかく若者を育てても、前出の年季奉公制と Headright System の下では、年季が明けると、出て行かれてしまう。農家は、新たな働き手を求め、また一から育てなければならない。年季明けの若者の方は、Headright として土地や道具などを貰っている上、タバコ栽培のノウハウまで手中にしているから強い。

　17世紀後半ともなると、このシステムはタバコ農家にとって、かなり厳しいものになってきた。第1に、ジェームズ河の周辺からあまり遠くでは、インディアンとの衝突の危険がはっきりしていた。かといって、耕作に適した土地がほかではもう見つけられなくなってきていた。

　このため17世紀後半になると、チェザピーク湾口近くのあちこちに、行く場所を失って舞い戻ってきた年季明けの若者が、たむろするようになった（若い女性と交わることができない不満が、それに加わっていた）。

　そこでコロニー議会は、1670年にこうした若者の投票権資格を否定する立法を行っている。「ベーコンの反乱」が起きたのは、このような若者の不

19　年季奉公者の制度は、イギリスの農家からはじまり、新世界にも広まっていった。耕作者の手元に現金がなくても、雇うことができる制度であった。

20　17世紀中にチェザピークの農家が、こうした年季奉公者10万人を受け入れたが、このいわゆる「白い奴隷」は、同時期の、この地域へのヨーロッパ人の移民の75%を占めていたという（apstudynotes.com）。

第 1 部　千年後の揺らぎ

満が、丁度ピークに達していた 1676 年である。

　ナサニエル・ベーコン（Nathaniel Bacon）自身は、一応耕作者であったが、彼に従った 1000 人を超す多くの年季明けの若者は、適地を得られない者らであった。

　他方、年季明けによる新たな人手探しに追われる中で、白人が行っていた初期の年季奉公が直接のヒントとなって、黒人の輸入も盛んに行われるようになった。耕作者の方も、まずカリブ海中のイギリスの領有する島に目をつけた。そこで働く奴隷に近い人達である。それが、この 1676 年頃になると、次第にアフリカからの黒人の輸入へと移行してくる（ロンドンからの年季奉公者の確保との間での競合が続く）。

　まだ奴隷制が十分固まっていなかった一方で、黒人の年季奉公者が、アフリカ土着の神への信仰からキリスト教へ改宗することが、年季奉公の年限の拡大（自由人としての扱い）につながる慣行も行われはじめた。しかし、1667年、ヴァージニア・コロニー議会は、この慣行を止める立法をしている。以来、ヴァージニア・コロニーの白人耕作者らは、インディアンに対してと同じように、黒人らに対してのキリスト教の布教努力の手を抜いてしまう。

　(d)　一方のイギリスは、1651 年を皮切りに、史上有名な「航海法」（Navigation Acts）を立法していた。それも何回も作り直して、執行している[21]。しかし「航海法」とは名ばかりで、イギリス王国による植民地の囲い込みである。特にイギリスと北米との貿易を、イギリスが独占して、オランダやスペイン、フランスなどにつけ入る隙を与えないための法律であることは、広く知られている。イギリスと北米の植民地との貿易の船による輸送を、イギリス船、イギリス人の船長、船員に限っていた。

　マサチューセッツとは違って、ここジェームズタウンを含むヴァージニア・コロニーでは、王の支配、王の手先となる Governor による支配、がずっと続いていたが、そこはイギリス本国とは違い、新大陸のことである。

21　航海法のうち、クロムウェルが作ったのは、政令 Navigation Ordinance, 1651 で、王政復古とともに廃止されたが、チャールズ II 世以後も、それに代わる Navigation Acts が出され、次第に広げられた（1660、1673、1696 年）。

114

4. ニューイングランド対ヴァージニア

間には数千マイルの大洋が存在する。新世界独特の事象も見られた。

　先のジェームズⅠ世王による勅許以来、知事の下に7人の評議員が設けられていたジェームズタウンでは、1619年という早くに、新大陸で初となる、今日の議会の原型となるものも設けられていた（これに対し、マサチューセッツのプリムス・コロニーでは、はじめから完全な自治で、全員参加型のタウン・ミーティング方式が取られていた）。

　これが、フランスやスペインの北米植民地ではどうであったろう。たとえばニューフランス（New France）と呼ばれる広大な領土ではどうであったろう（北はハドソン湾の南半分――東西両岸――を含め、カナダのニューファウンドランドの北部から、南は五大湖周辺等からずっと下ってメキシコ湾まで広がるフランス領、それは、大西洋岸にある比較的細い帯状のイギリス領を除き、北米大陸のほぼ真中を大きく押さえていた）。

　周知の通り、フランスは、ルイⅩⅤ世の下の絶対君主制王国であり、植民地の問題は、王の専権とされていた。そこへ行くと、イギリスは、同じ君王国とはいっても立憲制であって、議会（Parliament）が多分に係るようになっていた[22]（現に、13植民州〔Colony〕も、「自分達の代表を議会に送って決するのでなければ、イギリス王国が植民州に課す、色々な賦課を支払う法的義務がない」、と主張していた）。

　ヴァージニア・コロニーでは、まさにこの自分達の代表である議会（House of Burgesses）による自治が制度化された[23]。1619年4月、新Governorジョージ・イヤードリィ（George Yeardley）がロンドンから到着し、ヴァージニア・カンパニーが、それまで現地法とされてきた「軍法」（Martial Law）を廃し、代わりに議会が立法する法律によって治めることを告げられた。そのことが、制度化のきっかけとされている。

　この小さな第一歩、未開の地での議会制度は、植民州の至るところで真似

22　議会の中の予算につき権限のある下院（House of Commons）では、いわゆるGentryがキャスティングボートを握っていることが多く、王も妥協を強いられた。

23　その告示により、河沿いの11のプランテーションから22人の代表が選出されてきて、6月30日、第1回の会議がはじまったという（ushistory.org）。

115

第1部　千年後の揺らぎ

され、直きに各地に似た制度が作られていた。独立宣言（1776年）より157年も前のことである。植民州全土での、この1世紀半にわたる自治の経験が、アメリカの革命戦争の原動力となり、独立を必須のものとさせたとの見方がある。

　マサチューセッツ・ベイ・カンパニーも一応、王からの免許は与えられたものの、タウン・ミーティングという、ヴァージニアよりも更に自律的な政治が行われていた。ところが、問題はほかにあった。カンパニーの内部を収めるのに、少数の長老的な人物の支配が常態化したことで、反発が起きていたのだ。やがて、前記のように、17世紀前半にも、憲法の原型のような基本法が作られることにつながった（3.（ロ）（c））。

　一方のヴァージニア。17世紀前半中に、ジェームズ河の南と北の両岸に、11のプランテーションができていた。河口付近から少し内陸で、河の段差により、滝ができている辺りまでの間である。それぞれのプランテーションは河沿いにあり、河端に丸太で足場を組んで船着き場として使っていた（そこにはタバコの出荷作業をするための平場があった）。

　ヴァージニア・コロニーの発祥地のジェームズタウンと、これら11のプランテーションが、当時のこの地でのイギリス植民地のすべてであった。

　その周囲は、元からの住人である、その地のインディアンらの土地であり、そこに入り込めば、争い事が避けられなかったし、成り行き次第では、命にも別条があり得た（彼らは、インディアンから身を守るため、10キロに及ぶ防壁を造って、その囲いの中で暮らしていた）。

　少数の職人（Craftsmen）を除くと、彼らのほとんどが農夫で、朝日の昇るのとともに起き、夕暮れとともに家に戻る生活をしていた。職人としては、銃などの金物屋、大工、船大工、桶屋、皮屋、粉ひき屋（水車を動力とする製材所も含まれる）、鍛冶屋、小物作りなどである（なお、この職人は、マサチューセッツ・コロニーには殊に多くいた）。

　18世紀後半のヴァージニア・コロニーのタバコ耕作者は、ロンドンにいる代理店（Factors）を通して商売をするのが常であって、いってみれば、彼らFactorsによって、「巧くやられていた」、というのが事実である。

耕作者らは、Factors に何から何まで依存していた。タバコの売り方から、代金回収、その代金を充当しての、耕作者らが必要とする日用品の買いつけ、その代金の支払までである。

あの初代大統領になったジョージ・ワシントンも、そうしたヴァージニアのタバコ耕作者の1人として、ロンドンの Factors 会社に何から何まで世話になっていた1人であった。そのワシントンが、ファクター会社（Robert Cary & Company）の「やり口」に、いつも満足していた訳ではなかったことが、彼の手紙から知り得る[24]。

（二）アメリカでのキリスト教、そこでの奴隷制度

（a） ピューリタンらが開拓者の中心となっていたニューイングランドは勿論のこととして、投資目的が前面に出ていたヴァージニアでも、また他の植民州でも、多かれ少なかれ、キリスト教が荒野に生きる人々の心の支えとなり、彼らの行動の規律となったことは間違いない。

殊にニューイングランドでの彼らピューリタンは、イギリス国教から分離して以来、新しい集会（Congregation）制の下で、礼拝し、信仰していた。

1776 年の革命戦争直前に存在した 13 の植民州のうち、8 つのコロニーで、植民州内の教会制度について、立法ないし何らかの公的な措置（制度確認的なものから、支援的なものまで）が取られていた。そこで共通して定められていたのは、誰もが教会へ行き、礼拝、ミサに参加し、教会税的なものを納める、ということであった（それにより、新しい形の教会、僧侶が維持されていた）。

ニューイングランド各植民州の中では、アメリカに来てから、より発達した長老会制度（Presbyterianism）があり、植民州の法律の助けを得て、全体をまとめていた。教会の教えを守らない住人は、その制度の下で時とところにより、最悪の場合、処刑される可能性もあった。

それは、イギリス国教会による支配に代わる、新しい社会での掟であった。彼らにとり大変厳しいものであった。マサチューセッツでは、死刑に次ぐ厳

---

24 "Go Washington" と記された 1759 年 9 月 20 日付の手紙で、遠回しに不満を表わしている。その下のインボイスには、数多くのタバコの種類と量、価格などが細かく記されている。

第1部　千年後の揺らぎ

しい処罰として、「共同体からの追放」があったが、当時の世の中にあって、追放はほとんど死を意味していた。

　それらの礼拝、信仰の流れは、ほとんどの植民州で基本的に新教であって、いくつかの宗派が併存した。一方、ヴァージニアでは、基本的にイギリス国教の流れではあったが、イギリスでのような、制度としての司教座（Bishop）がなかったから、事実上の支配者であったGentryが色々なことを決めていた[25]。

　新天地の特徴として、同じキリスト教の教えでも、次々に新しい宗派運動、集会ができてきた。すなわち、洗礼派（バプティスト）、メソディスト、クェーカー教、統一派（Unitarian）などである。ただし、新教の国アメリカでは、カトリックに対してだけは厳しさが違っていた。

　もう1つ、この新天地の物理的条件も、キリスト教の教えがどのように行われ、広められるかを決めるにつき、制約となった。新しい生き方を規定していた、といってよい。何しろ1つの教区（Parish）が、100キロとか百数十キロの広がりを持つ。しかも女性のいる住まい、つまり普通の所帯は、まだ希少であった。

　そこでは、ピューリタンが軽視していた僧侶のなり手は少なく、布教も思うに任せなかった。それらが改善されるのは、いずれの地でも、入植から4、50年経ってからの話となる（ヴァージニアのピューリタンらは、教会がない場合もあり、その場合は巡回説教者や長老に依存していた）。

　そんな地理的条件の中で、片やヴァージニアではイギリス国教が主流であるのに対し、最古のコロニーを争うもう一方のマサチューセッツではピューリタンが主流と、分かれていた。つまり、本国での敵対する宗派が来ていたことになる（しかし、本国でのように、市民戦争にまでのめり込むようなことはなかった）。

　いずれの地からも、その後、西へ向かって人がどんどん移動して行く中で、

25　教会の内陣で采配を振るう人という意味のVestry Menも、これらのGentryが兼ねていて、僧侶の給料や教会の改修の支払などを決めていた。

118

イギリス国教とピューリタンとの2つのうち、どちらの宗派も、フロンティア方面に広がる人々の心をがっちりと捕えることはできなかった。すなわち、フロンティアに広がる人々には、もっとアメリカ風の、少しばかり粗野でも強く訴える教えが求められていた。

(b) 上記のような新しいアメリカ的な宗派活動に共通するものが、「大覚醒」(Great Awakening) と呼ばれる。後の福音伝道派 (Evangelicals) につながる。地理的にも歴史的にもバラバラの13州において、新旧の人々、思想が入り乱れる中で、人々はどこでも一様に、強烈な宗教的表現に惹かれていた。

ヨーロッパからは、スコッツ・アイランド系など、追加でどんどん人が入ってきていたが[26]、彼らは丁度、宗教改革の洗礼を浴び、一通りの神学的論争を経て（聞かされて）きていた。その点で、新大陸の開拓者らの実生活的な宗教とは一味違っていた。

その13州に1830〜1840年代、州境を越える宗教運動の波が興ってきた。上記の「偉大なる覚醒」である。そこに共通してあるのも、やはりピューリタンの精神、いってみれば、「聖書に返れ！」である。

一旦、それらを十分に捨て去ったはずのピューリタンではあったが、古い仕来りから、「まだ十分に脱却できていなかった」、との反省である。新世界のキリスト教を、もう一度聖書の世界に戻し、新しいものにしよう、それによって現世の救いを得ようとする運動である。この運動が、18世紀の13州に、革命的な、かつてない一体感、1つの国民的一体感をもたらした。

まだ革命戦争が起こる少し前のこの時期。この大覚醒運動の革命的要素は、宗教運動から更に、文化、政治の面にまで広まって行った。確かに、この頃 "Ivy League" といわれる有名大学が次々に創立されるなど、「アメリカの啓蒙時代」(American Enlightenment, 1714〜1818) がはじまり、これも革命戦争につながったともいわれる[27]。

26　スコッツ・アイランド (Scot-Irish, Scottish-Irish) につき、3. 注34参照。

27　この時期については異説もあるが、この間の1714年は、コロニー政府の代理人 Jeremiah Dummer が、形成中の Yale 大学に図書を寄付した年とされ、また1818年は、コネチカット・コロニーの1638年の基本法 Fundamental Orders of Connecticut が廃止された日だとされる（en.wikipedia.org）。

第1部　千年後の揺らぎ

　それは、「もう一度イギリスの古いものを否定しよう」、「破壊しよう」、という力となって、今までの宗派の更なる分裂を促した。

　イギリス国教だけではない。ピューリタンも、「既存」というだけで捨てられた（この2つが、1760年にはまだ全体の40%を占めていたのが、1790年には2%にまで下ったという）。これは宗派の分裂であり、人々が分裂した訳ではない。

　反対に、この大覚醒運動の中では、人々は一体となって、まだ独立前であったが、「アメリカ人意識」に目覚めはじめていた。その中で、黒人も教会の一員として迎え入れられた。南部州に（主に自由人が中心となり）黒人教会（Black Baptist Church）も建てられ出した。これらの黒人教会は、やがて黒人らのための学校、社交場ともなり、公民権運動などの政治活動の場ともなっていく。

　確かにピューリタンらは、「信仰」の面では古いもの、イギリス的なものを破壊し、捨て去ろうとしていた。しかし「社会生活」の面となると、いまだにイギリス的なもの（権威への遠慮、上の階級などへの気遣い、のようなもの）を捨て去れていなかった。

　この大覚醒は、こうした権威や僧侶階級に対する尊敬、遠慮などといった念をも、かなぐり捨てさせるものとなった。今まで、彼らの意識の中に存在した、神と己との中間に存在した、権威者（本国のジョージⅢ世王や、僧正など）の姿が消えていた。

　大覚醒は、18世紀のアメリカ人が、朧げながら体感しはじめた独立宣言書中の大義を、意識の上で呼び覚ました。これは次に、この13コロニーが、コロニーでなくなることを意味した……革命戦争を予感させるものだった。

　やがて革命戦争に立上った彼らが、ジョージⅢ世王から絞首刑にされる可能性の前に、半ば尻込みしつつサインした独立宣言で、己の独立、尊厳を訴えかけたが、その対象は、もはや既存の教会や、その司教座などではなかった。

　独立宣言書中に記した通り、彼らが訴えかけたのは、「自然の神」（Nature's God）や、自然法（Laws of Nature）に対してであった。求めたものも、「創造主が与えた、不可奪な権利」（Endowed by Their Creator With Certain Unalienable

120

Rights）であった。

その独立宣言書中にある、もう1つの中心的な言葉（思想）。それが、「社会契約」の思想であった。「これらの己の自然的権利を守るために、人々は政府を作った……人々の同意により、政府の権限を生じさせた……」、という思想であった。そこでは、更に、「それゆえ……この目的に沿わないような政府になったら……人々（People）は、いつでもその政府を廃したり、変えたりすることができる……」といっている。

大覚醒で人々は、教会、教団から、別れ得る権利を謳っていた。ピューリタンの人々にとって、とても大切なはずの約束（Covenant）、特に教会との約束を白紙にする権利である。

それまで、自分が生まれた時から縛られていると考えていた約束。それが今や、いつでも別れ得る約束とされた。現に、イギリス式の旧来の教会はガラガラと音を立てて崩れ、人々は、大覚醒という巨大な宗教的運動の波に身を委ねていた。

このような宗教的大覚醒のエネルギーこそ、その後、3～40年ほどのうちにはじまる革命戦争のエネルギー源となったといえる。まさに、「誰もが、己の法王になった今、人々は自分以外の王（ジョージⅢ世）を否定してかかれる……」（革命戦争時、イギリス人の一部は、これを、僧正に対する「長老派の反乱」〔Presbyterian Rebellion Against Bishop〕と呼んだという）。

（c） 人手のかかるタバコの生産が本格化すると、南部州では、労働力不足を補う必要が生じる。そのため、イギリス市民戦争（English civil wars, 1642～1651）後、イギリスからの年季奉公者の移住が下り坂になると、先述のように、まずカリブ海にいた黒人を小作人として使用することからはじまって、次第に後の奴隷制度のようなものができてきた。奴隷制度といっても、一挙に無から有が生じた訳ではない。

はじめは、上に見てきた（主にイギリスから来た）年季奉公者らに係る制度らしく見えていたものが、どんどん特化していった。皮膚の色で区別され、独特の制度となったのである。17世紀中頃からの北米大陸に出現する奴隷の制度化の歴史を一言にまとめると、これである。

第1部　千年後の揺らぎ

　これを制度化するには、各州の法制からして、対応する必要がある。何しろ相手は人間であり、かつ初めてのことであるから、判例法とはいかなかった。一通りのことでは済まない中で、一番早い、中心となったヴァージニア・コロニーの法制から見てみよう。

　同コロニーでは植民州議会が、1708年にやっと最初の奴隷法制を立法できている（つまり、数十年かかっていた）。その後、他の南部州も、ヴァージニア植民州に倣い、奴隷法、つまり「黒人法典」（Black Code）を、相次ぎ立法するようになった。「アメリカのはじまり」を考える上で、重要な事実である。

　当時の宗主国イギリスは、「実定法で特に定める場合を除いて、奴隷は、コモンロー（一般法）上で存在できない……」として、自国での奴隷制を禁止していた一方で[28]、アメリカのコロニーでは、奴隷法制が成立するのを放置していた。

　つまり、17、8世紀にイギリスが植民地に対し取っていた政策、「大目に見る」（Salutary Neglect）の1つが、この奴隷の法制化である。「国内では禁止しておきながら」の話である。それどころか、国外の奴隷貿易では、イギリス商人は大活躍で、一時は、先行するポルトガルをも抜き去る勢いだった。

　大航海時代も15世紀末になると、ローマ法王庁の権力は、絶頂期を大分過ぎていたが、それでもまだ、法王と近親関係にあるイベリア半島の王国などに対し、命令することができていた。

　その1つが、「スペインとポルトガルとで、この世界を東西2つに分けて治めよ！」、という法王アレクサンダーⅥ世による1493年の勅令であった（2.（ロ）（d））。「二分して……」とは、世界史上で最初の海洋国家ポルトガルには、アフリカなどの東半球を、これに次ぐスペインには西半球（南北アメリカ）を、という意味である（しかし、ポルトガルは、それまでに東半球での植民地化以外に、一部南米での実績があり、そこの開拓で先鞭をつけていたから、ブラジルは例

28　1772年の事件（Somerset v. Stewart, 98 ER 499）。更にイギリス国会は、その後2つの立法を行っている。1807年に、イギリス人がアフリカからの奴隷貿易に携わることを禁じ、1828年には、それまでに奴隷となっているすべての人の解放を定めている。

外となった)。

　ヴァージニア・コロニーに黒人が初めて姿を見せるのは、それから1世紀以上経ったロルフの1619年の日誌中の「あるオランダ人が20人のNegroesを売った……」との記事である[29]。それから約半世紀後の1671年で、ヴァージニアの人口4万人に対しNegroesは2000人（5%）だったという記録がある[30]。更に、イギリスの私略船（Privateer）が、メキシコ湾でポルトガル船を襲い、その戦利品としての黒人奴隷を、ジェームズタウンに連れてきた史実も、最近明らかになったという[31]。

　ヴァージニア・コロニーの議会が、黒人奴隷の法制化を恒久的にしたのは、更に時代が下った前出の1708年であるが、注30書からは、ヴァージニア・コロニーの議会が、1667〜1672年の間にも漸進的に逐次立法を行い、更に1680年、1682年、1686年にも追加立法を行っていたことが判る。

　この通り、新規の制度化は、数多くの多大な立法作業を必要とし、それも、10年以上にわたる歳月がかかっていた[32]。

　つまり、上記1708年の黒人法典は、先行した逐次立法を集大成した1つの法典ができたことを意味する。この年とともに、ヴァージニア・コロニーの奴隷法制が一応の完成を見た、といってもよい（ただし、ニューイングランドでは1641年と、それより早く奴隷法を立法していた）。

　完成した法典の下での奴隷法制を一言で要約すれば、黒人奴隷は、民法上は不動産（ないしその定着物）と同じ扱いがされていたということである[33]（たとえば、同旨の定めはVirginia法〔1708〕のほか、Kentucky法〔1798〕、Louisiana Ter-

---

29　ロルフは、イギリスのNorfolk生まれの無名のイギリス人であったが、1906年のVirginia Companyによる入植団に加わって入植し、Virginiaで初めてイギリス（世界）に通用するタバコ産業を育てた。

30　Foner, Philip S., *History of Black Americans : From Africa to the Emergence of the Cotton Kingdom*（testaae.greenwood より）.

31　Origin of Slavery in Virginia（virginiaplaces.org）.

32　黒人女が白人男（主人など）の子を設けたら、その子の身分の問題とか、その子がキリスト教の洗礼を受けたらどうかとか、また不服従や逃亡に対してどこまでの対応（死に至らしめるなど）が可能か、などに対する法的回答が、逐次解決されて行った。

33　これらの（植民）州法では、夫が亡くなると、妻がその奴隷を当然に取得するという寡婦権（Dowry）が認められていた。

123

第1部　千年後の揺らぎ

ritory 法〔1806〕中にもある）。

　だからこそ、リンカーン大統領は、憲法改正による正式な奴隷解放に先行して、まだ戦争中に、実質的な奴隷解放法に当たる（農地の）没収法（Confiscation Acts, 1861〜1862）の立法を実現させた[34]。

　(d)　南北戦争開戦に至る「北の大義」も、当初は、直前のオレゴン州の連邦加盟を含め、「33 州からなる合衆国の統一（不可分性）を守ること」、であったが、戦争遂行中に、「奴隷制度解消」が最大の大義となり、一大変化していた。

　こうして奴隷制度は、アメリカ合衆国の「はじまり」の歴史的産物として、その社会、経済、政治の大きな特徴ある制度として、定着していった。ワシントン、ジェファーソンなど、建国の父祖（Founding Fathers of Virginia）とされるアメリカ史を飾る人々も、制度の悪性を半ば認めつつも、大抵は、奴隷持ち（Slaveholders）であった。

　当初の合衆国憲法も、奴隷制を正面から肯定していた。その中で、黒人奴隷の貿易（輸入）についてのみ、それも 1808 年から先の年次でのみ、制限する定めがあるだけであった[35]（国内〔各州〕間での奴隷の取引を禁じたものはなかった）。

　前出の法王の 1493 年勅令では、アメリカへの奴隷輸入は、ポルトガルの縄張りになるはずであったが、そうしたローマ法王庁体制は、やがて全く無視されていった。スペインがまず黒人奴隷の運搬をはじめ、次いでオランダ、イギリス、フランスも参入した。

　Virginia での入植が進むにつれ、人手不足はますます差し迫ったものとなり、儲け口として、アフリカからの黒人奴隷の運搬に目をつけたロンドンの商人らは、1672 年に王立アフリカ会社（Royal African Company：RAC）の免許

34　彼が、1861 年に Mason-Dixon Line 近くの Delaware や Maryland について考えていたのは、連邦政府債による 20 年くらいかけた有償の土地没収と、その土地を（合衆国とは別の）黒人らの入植地とする形の、新たな法域での奴隷の居住、解放であった（没収法の立法には、政治的には勿論、法律上もいくつかの問題があった）。
35　憲法（Ⅰ, 9(1)）では、1808 年までの輸入は、"Shall Not Be Prohibited By The Congress……" となっていた。

124

を得て、これを設立、運搬に注力した。1698 年まで（27 年）の独占期間中に、この RAC が 10 万人の黒人を運んで、その数でポルトガルをも抜いていたとされる（ただし農場主は、コストの高い黒人奴隷よりも、年季奉公者を使うことを選択していた）。

その結果として、注 30 の Foner によれば、Virginia での黒人奴隷の数は、17 世紀末ではまだ 6000 人程度であったが、以後、猛烈な勢いで増えていった。革命戦争前には Virginia の人口の約半分（47％）の 20 万人を占めるまでになったという（そのヴァージニアでも、黒人奴隷は、いわゆる Tidewater〔海岸〕地方に集中し、West Virginia などの Piedmont〔台地〕地方では、人口の 5％程度に過ぎなかった）[36]。

上に「不動産の一部ないし定着物と同じ法律上の扱いである……」と述べたが、黒人奴隷も人間であることに変わりがない。つまり、人でありながら、己自身の人生がない。そこから主人（奴隷所有者、Master）の所有物となってしまったということがある。その経済的結末が、「原価がゼロに近い労働力」となる。

こうなると新世界では、殊に南部州では、逆に、奴隷制度なしでは、その産業のみならず、すべてが成り立たない。回っていかなくなる。各州は、奴隷の持ち主が、自らの奴隷を解放すること（Manumission）の要件を、法律によって厳しく定め、制限し出した。1 人で外に放り出されても生きていけない奴隷が、社会の、州の、負担とならないようにするため、金銭の支払を求めることを含んでいた[37]。

この開放する "Manumit" は、"Emancipate" とは異なる（こちらは、「親が、未成年の子供を年齢により独立扱いをはじめる」というのが、本来の意味である）。しかし、綿繰機（Cotton Gin）の発明があると（1793 年）、それからの年代は、タバ

36　Foner, *ibid*（testaae.greenwood より）.

37　これは北部各州が、革命戦争開始前年に一斉に立法をして、解放したのとは違う。たとえばヴァージニアは、1782 年に議会が立法により「証書（Deed）によること」のほか、金銭的に大きな支払などを定めていた。その中で、自由人の割合が 1782 年の 1％から 1800 年の 7％と上がっている（北部各州を入れた 13 州での平均は 13.5％であった）。

第1部 千年後の揺らぎ

コに加えて綿畑の拡充熱も広がり、それに伴う奴隷労働への増大したニーズ
で、解放のペースもうんと鈍くなった。

　奴隷労働という特殊な経済・社会構造を抱えた南部には、革命戦争では心
情的に母国イギリス側についていたロイヤリスト（Loyalists）も少なくなく、
戦後はそうした人達が、連合議会や、更に制憲会議（1787年）に登場してきた。

　彼らの法政治学上の主張の中心は、地元中心の地方主義（Localism）、いわ
ゆる州権主義（States' Rights Doctrine）であって、サウスカロライナやジョー
ジアで、特にそれが強かった。その最たるものが、奴隷法制には「触らせな
い」とする憲法条文（Ⅰ, 9(1)）であり、更に逃亡奴隷の捕獲に係る、いわゆ
る Fugitive Slave Clause であった（Ⅳ, 2(3)）。

　にもかかわらず、一旦制憲会議が開かれるや、連邦主義（Federalism）に近
い立場の法原則も出てきた。連邦発足から20年後の1月1日を期して、奴
隷の輸入を不可とする可能性の、連邦主権への移行を読み得る条文も織り込
まれた（Ⅴ但書）。

126

第 2 部

生き残るための
殺し合いと、文化

5. 18世紀の北米大陸—独立へのエネルギー—

(イ) 人々の生活

(a) 17世紀後半に入ると、安定した現金収入により、北米大陸の生活にも多少のゆとりが出てきたことを述べた。新大陸への入植が進み、フロンティアの人々の生活が落ち着き、安定するにつれ、人々は、イギリスとはまた違う娯楽の方法も編み出していた。

人々の日常の飲み物として、ビールとサイダーが広まっていた（高級なワイン、ブランデーは輸入品だったが、一般にはラム酒が出回っていた）。18世紀の声を聞く頃には、彼らコロニーの人々も（丸太小屋住まいのフロンティアの住民らは別として）、ヨーロッパに劣らない生活をしていた。

1742年に、ベンジャミン・フランクリン（Benjamin Franklin）が金属製ストーブを発明したとされるが、人々はその頃には、陶器、銀、クリスタルなどからなる家具に囲まれ、それなりの家に住み出した。かつては貴族の館のものであった椅子なども、日用品に変わっていた。しかも人々は、この頃アイスクリームまで食べ出した。

つまり、18世紀の北米大陸でのコロニストの生活を鳥瞰すると、収入・資産ともヨーロッパ人に引けを取らない。ただ違うのは、宗主国、イギリス王国の支配下にあるという点だけである。

いや、それだけではない。「広大な新世界の中にいる」。ヨーロッパ人のように、古い世界、古い社会の中に住んでいない。色々な古くからの約束事に囲まれていない、という点もあった。

しかも、上記（4.（ニ）(b)）のような大覚醒の巨大な波が訪れていた。いよいよ徹底して、「新しい世界」が開かれていた。この巨大な宗教的・精神的な波が、やがてアメリカとしての独立を求める革命戦争のエネルギーとなった[1]。

人々の生活に戻ると、蕪、ラッキョウ、人参などの野菜の栽培も盛んで、

5. 18世紀の北米大陸——独立へのエネルギー——

じゃがいももこの頃導入された。肉料理ではシチューがポピュラーなもので
あった。ジェームズタウンでも1619年には、そこの葡萄畑からワインが産
出されるようになっていた。

　衣服では、男は下が半ズボンにストッキング、上がチョッキに長上衣が一
般的であった。婦人は、鯨の骨でできたコルセットの下にペティコート、そ
の上にドレスを着ていた（パンティなし）。また、扇子を手にしているのが流
行りだった（こうした衣装でも、上下の階層化が進んでいた）。

　彼らは主に、自家消費用に穀物を作り、それを水車ないし風車によって製
粉していた。18世紀後半に入ると、タバコに次ぐコロニーの第2の輸出品
として、製粉小麦が成長してくる（それに反比例するように、イギリス本国では、
小麦の自給率が低下していった）。更に、砂糖に特化したカリブ海の島々でも、
砂糖の輸出が更に盛んになったほか、輸出用としての豚や鳥の飼育も、次第
に広がっていった。

　上のような18世紀後半の現地の状況を見ると、イギリス政府やヴァージ
ニア・カンパニーの投資家らが当初描いていた通りの図式が、ヴァージニ
ア・コロニーで実現していたことが判る。つまり、イギリス本国は、小麦な
どの食糧で、北米からの輸入に大きく依存するようになった一方、北米の現
地は、イギリスの工業製品を日用品として大量に買っていた。

　また1609年という早くに、ジェームズタウン近くで鉄鉱石が掘り出され
ている。更にジェームズ河を100キロほど遡った辺りに、やはり1619年に
北米初の鉄工場が作られていた（その他の鉱物としては、銃弾に用いられる鉛も産
出し、特にアメリカの革命戦争では大いに重宝された）。

　しかし、18世紀後半の今から、17世紀初頭に遡って回顧すると、到着し
たばかりの開拓者らの生活は酷かった！　汚くて、不衛生で、野性的ですら
あった。下痢、チフス、マラリアは終わりなく蔓延っていた（当時のヴァージ
ニア・コロニーの新生児の半分は20歳まで生きられなかった）。そんな訳で、人口増

1　実際、歴史家 Nash, Gary B. は記している（『知られざるアメリカ革命』 *The Unknown
American Revolution*）。「1761～1766年の間に、反印紙税法などで反英運動が、草の根
から盛り上がった（上層部の指導力以上の強さであった）」。

129

第2部　生き残るための殺し合いと、文化

は遅々としていた。新生児に頼るのではなく、頼れたのは新たな入植者、10代の後半から20代はじめの男らであったが、それも結構短命に終わる者が多かった。

この若い入植者らにとっての問題、もう1つの欲求不満の元。それが、男ばかりの社会で、女性の極端な少なさであった（1650年時で見ると、1：50の比率で、17世紀末になってやっと2：3になった）。

この新世界では、とにかく「家族」というものに何よりも希少価値があった。「生存の厳しさゆえ」、というのが一番の理由である。やっと相手を見つけても、7年以内に寡婦になるケースが多かった。

このような家族の不存在、夫婦の絆の不存在（その例の乏しさ）は、何をもたらすか？　結婚の有無を問わない、若い女性の妊娠の多さであった。

だが、このような幾多の困難を乗り越えて、ヴァージニア・コロニーは生き延びた。チフス、マラリアなどの疫病にも免疫を獲得していた。このような困難克服により、人口の自然増が初めて見られたのが、17世紀末であった[2]。

(b) それから半世紀近く経った1745年、少し北にあるニュージャージー・コロニーの、当時の首都であったニューアーク（Newark）の監獄に、棍棒などで武装した多くの農民らが詰めかけた。（王任命の）コロニーの知事で大金持ちで、奴隷も多く抱えているルイス・モリス（Lewis Morris）の所有する樹を伐採した罪で捕えられていた仲間のサミュエル・ボールドウィン（Samuel Baldwin）釈放要求のためである。守衛らが釈放を断ると、農民らは監獄の扉をこじ開けて、実力でボールドウィンを自由にして連れ去った。

3ヶ月後、知事の命令で警察隊が、当時の中心人物だった農民を逮捕しようと出動すると、農民らは再び集結してきた。一方の守衛の方も、ミリシア30人を動員していたが、300人の農民らは、むしろ旗を掲げてミリシアに対抗する姿勢を見せ、その勢いにより警察隊は手を出すことができず、農民ら

2　18世紀初頭、ヴァージニア・コロニーの人口5万9000人は、新大陸のコロニーの中で2位のマサチューセッツを抑えて一番であった（3位がメリーランドの3万人）。

は全員無傷のまま帰って行った。

　以上は、18世紀の中頃に近いミドル・コロニーズ、ニュージャージー社会の一断面である。その様子を垣間見たに過ぎないが、その頃の農民らが、イギリス王の息のかかった地方政府に対抗して、かなり自由に動いていたことを、己の意思を表明できていたことを、自らの村の支配権を握っていたことを示している。つまり、政府とは別に、コロニーの村は村で、コロニストらによる一種の自治組織のようなものとして動いていたというのが事実である[3]。

　当時ヨーロッパから新大陸を訪れ、ミドル・コロニーズに来た人は、何を見て帰ったか。フランスから訪れたある人の手記が残っている。

　「土地の問題だ！　それがほぼすべてだ！　ニュージャージー・コロニーでも同じだ。話の一番はじめから終わりまで、1660年から今日まで、ずっとそうだ。誰もが土地を求めている、まるで飢餓の人が食物を貪るように。原住民との間で、その権利関係がどう構成されることになるのか……（それが問題だ）」。

　新天地で生きていくのは容易ではない。しかも競合するヨーロッパ人、フランス人やスペイン人らもいた。フランス人は、13コロニーの何倍もの地域に版図を広げていたが、人数的にはイギリス系よりうんと少なかった。その一方で、土着のインディアンらとは密接だった。インディアンとの結婚例もはるかに多く、そこの生活に溶け込んでいた（一方のヴァージニアのイギリス人の中には、「インディアン嫌い」〔Indian Haters〕と呼ばれる連中も少なくない状態だった）。

　ヨーロッパと違って、ここ新大陸では、土地が乏しいなんてことはない。反対に、仮に無原価ではなかったとしても、とても安く手に入れられた。だからといって、土地の争いはゼロではない。それどころか、「土地の争いに明け暮れていた」、といってもよかった。原住民のインディアンとの間の大

3　これにつき、「彼ら独自の税制を設け、ミリシアも結成し、森の奥には独自の監獄まで作っていた」という（Nash, Gary B., *The Unknown American Revolution*, Penguin, 2005, p.3）。

第２部　生き残るための殺し合いと、文化

きな争い以外にも、ここニュージャージー・コロニーでも、ヨーロッパ系住民の間で問題が起きていた。

　それというのも、この 1664 年になって、ニュージャージー・コロニーでは、いわば王からの下賜（Grant）が、二重に主張されていたからだ。その年イギリスは、オランダとの第２次英蘭戦争に勝利して、それまでオランダ西インド会社が支配していた、その辺り一帯（デラウェアからコネチカットの辺りまで）の土地が、イギリス王、詳しくはチャールズⅡ世王の弟ヨーク公（後のジェームズⅡ世王）のものとなっていた。

　現地でその使用権を取得したと主張していたのが、イギリスからの移民らである。彼らは、自分達が王の勅許（Grant）した土地を耕作してきたことによって、完全な所有権を取得したと考えていた。更に、インディアンに対しても完全な所有権にしようとして、彼らと戦った後、妥協して終わっていた（次の（ロ）（e））。

　これら農夫による現実の耕作権をベースにした権利主張に対し、コロニーの中流階級から上のクラス、いわゆるイギリスの Gentry は、「それは違う！」と主張した。

　「チャールズⅡ世王の弟（ヨーク公）、後のジェームズⅡ世から２人のイギリスの貴族が譲渡を受け、その２人が 1701 年頃には、主にスコットランドの投資家らからなるグループに分譲した」というのが、彼ら Gentry の反論であった。

　ここで、スコットランドの法制と、イングランドの法制の違いが表面化する。イングランドの土地法制が、リース、サブリースの連鎖による利用権中心に構成されたのに対し、イギリスの Gentry の頭には、スコットランド法の下での完全な所有権の観念しかなかった。そこで困った混乱が生じる。

　そのため、このニュージャージー・コロニーでは、土地の利用権を巡り、桁外れの争いがあちこちで生じた。にわか拵えの法廷が数多く作られ、双方が、「完全な所有権」か、それとも「現実の利用権」かを、喧々諤々と争った。まるで現代の進学塾での民法の試験問題のような争い、それが冒頭でも述べた 1740 年代のことである。

132

スコットランドの投資家の権原を根拠にする Gentry らは、自らのタイトルを辿って行けば、「王からの勅許に至る」とし、これを争うことは、「王の権威を否定するのに等しい……」と主張。他方、農民らは、「我々も王の勅令を元に占有し、耕作し、改良してきた……その土地だ……」、と主張した。

（ロ）フランス・インディアン連合と戦うイギリス国王と、コロニーの人々

(a) 18 世紀北米大陸に広く覇権を及ぼそうとしていた（及ぼし得る）勢力として、イギリスとその植民州のほかに、フランス王国があった。更に在来の勢力、イロコイ族（Iroquois）などのインディアンらがいた[4]。

その中で、イロコイ族の勢力が隆った理由として、皮肉にも北米大陸にヨーロッパ人が現れ、疫病（特に天然痘）を持ち込んだことが働いたとされる。イロコイ族は、病死した自らの種族を補うため、他の種族の女子供を多く捕えてきて、自らの種族の維持に努めたという。

疫病のほかに、ヨーロッパ人が持ち込んだもう 1 つの凶器が銃である。銃の入手は無論、彼らとヨーロッパ人が取引（交易）することが前提である。このサイクル——銃の入手、他の部族との闘争——でイロコイ族は成功者だった（17 世紀はじめに、今のニューヨーク州で、オランダ人らと交易をはじめた）。銃をスムーズに入手したお陰で、彼らは、他の強力な部族 Delaware, Shawnee, Mingos 等より優位に立てた（この 3 つの部族は、またオハイオ・インディアンとも総称されていた）。

イギリスとフランスも、このイロコイ族の優位にすぐ気がついたから、彼らとの良好関係を保つことを良策と悟っていた。両国とも驚いたのは、このイロコイ人が（自分達よりも）外交上手なことであった。その成果としてあるのが、1701 年の大合意（Grand Settlement）である（イギリスとフランス個別に、それぞれ秘密扱いとして結ばれていた）[5]。

4　200 を超えるインディアンの諸種族のうちでも大分類があり、イロコイ族とは、その大分類の 6 つの種族 Mohawk, Seneca, Oneida, Onondaga, Cayuga, Tuscarora からなる種族である。1750 年までに、北米の中でもミシシッピ河から東に勢力を広げていた。

5　この大合意は、New France と友好的なインディアンの First Nations とイロコイ族か

第2部　生き残るための殺し合いと、文化

　このイギリスとフランスにイロコイ族を加えた3大勢力が大陸に併存していた1750年頃の勢力図を眺めると、イギリスとフランスとは、互いに直接衝突しないよう、イロコイ族を間に介在させるとともに、更に間にインディアンの弱小の部族を緩衝帯として使って、巧く住み分けていた（少なくとも、1750年代に入るまではそれが続いた）。

　(b) このバランス・オブ・パワーはしかし、1750年以後、崩れ出す。それが起こったのは、オハイオ河にMonongahelaとAlleghenyという河川が合流し、フォーク状の平地が作られた場所、今日の西ペンシルバニアのピッツバーグ（Pittsburgh）の辺りにおいてであった。

　それまで、地元民らがイロコイ族に滅ぼされて半世紀の間、オハイオ渓谷の無人の裾野になっていたこの「フォーク」状、「さすまた」状に分岐した地、「オハイオ・フォーク」に、（1725年頃からそれまで、オハイオ河上流にいた）先述の3つの部族（オハイオ・インディアン）が移動してきた。

　これら3つの部族がオハイオ・フォークに定住しはじめると間もなく、ヴァージニアのイギリス人らも目敏く、西の辺境の彼らと交易することの利益に気づいた。中でも、アイルランド人の毛皮商人ジョージ・クローガン（George Croghan）は、言葉もできた上、インディアンとの交易が元から達者で、それに絡んで土地の投機売買なども手がけていたから、早くも1740年代に、オハイオ・フォーク内に交易所を2、3ヶ所設けた。

　彼は、そこを手がかりに、更にオハイオ河の上流、五大湖（Great Lakes）（つまり、フランス人の息がかかっている地）にまで、交易の場所を広げ出した。ヴァージニア・コロニーの議会も、これに同調して、新たに「オハイオ・カンパニー」（Ohio Land Company）の免許を発行した。これが、ヴァージニアにいるイギリス人の土地投機を扇動したことはいうまでもない。

　そうなると、自らの版図が侵されるのを知らされた思いのフランス人らも穏やかでない[6]。こうしてフランス人が苛立つのを見て、自らも不安・懸念を

　らなるLeague of Nation間のもので、いくつかの合意からなるが、基本は友好の約束と、イロコイ族の交易権と狩猟権を謳っている。

6　それというのも、フランス人らは、北米大陸でイギリスが押さえていた土地よりもは

抑え切れなかったのが、これまで、自らも含めた3大勢力の微妙なバランスを頼りにしていたイロコイ族であった。

そこで彼らは、自身の6部族の1つ、セネカ（Seneca）族の族長を、状況調査のため、イギリス人らの元へと派遣した（一方のオハイオ・インディアンらは、それまで長く続いてきたイロコイ族の支配に倦み飽きていた）。

オハイオ・インディアンを構成する3つの部族が求めていたのは、目の前の金塊と食料などであった（フランスは、このオハイオ・インディアンらに、その金と食料をくれていた）。セネカの族長は、イロコイ族の立場に立った、3大勢力の微妙なバランスに十分考えが及ばず、オハイオ・カンパニーとの間の妥協に合意し、ヴァージニアにいるイギリス人との取引をしてしまった。

このような交渉結果を受けて、フランスは、そのセネカの族長に対し強い不信の念を持った。そこで1752年、フランスは、インディアンの中の傭兵隊である2つの部族をカナダから送り込んで、五大湖周辺やその南の河岸、更にオハイオ・フォークなどで、オハイオ・カンパニーが作ったイギリスの拠点の破壊に着手した。

更にその後、フランス本国から新任の知事 Duquesne が到着すると、彼は、エリー湖とオハイオ渓谷との間の、オハイオ・フォークを含むいくつかの箇所に、フランスの城砦を築かせた（このオハイオ・フォークに建てられた城砦が、まさに知事の名をそのまま付した Fort Duquesne である）。フランスが強気に出たのには、七年戦争前のヨーロッパ情勢もあった。それまでイギリスと同盟関係にあったオーストリアとイギリスとの関係が、時あたかも少し冷え込んでいた。

（c）この1750年代はじめの北米大陸には、フランス人が5～6万人いただけであった。これに対し、イギリス人は100万人以上が住んでいた。問題は、それまでフランスもイギリスも、本国軍をほとんど置いていなかったことである。

───────────────

るかに広い土地を領有する一方、母国出身のフランス人としては、全部で5万人と、極端に少なかった。

第2部　生き残るための殺し合いと、文化

　そんな中で1754年に登場するのが、22歳のジョージ・ワシントン少佐（Major George Washington）である。ヴァージニア・コロニーの知事Robert Dinwiddieの下命により、オハイオ・フォークにいるフランス兵などを駆逐するため出兵した[7]（Dinwiddie知事は、ロンドンからその出撃命令を受けていた）。

　ワシントンはまず、10人ほどのヴァージニア、ミリシアの兵、通訳を伴って、1753年の11月から12月にかけ、フランス軍の様子を偵察するためオハイオ・フォークに分け入った。とりあえずは、知事の退去命令を伝え、撤収を促すためである。しかし、フランス軍は拒否した。そこで知事は更に、ワシントンに1連隊を預け、もう1回オハイオ・フォークに入って、フランス軍に対抗してイギリスとしての砦を築くよう命じた。

　ワシントンの連隊が、こうしてオハイオ・フォークに再び入って陣地の構築にかかった未明のことである。インディアンの斥候が「フランス軍の一隊が近づいている……」、と告げた。ワシントンは35人のフランス軍と接近戦の後、その一隊を降伏させた。

　予想もしなかった出来事が起きたのは、その時である。降伏したフランス軍のリーダーの将校に対し、味方のインディアン隊長がいきなりトマホーク（斧）で襲いかかり殺害してしまったのだ。これは、当時のフランス軍とイギリス軍との間の（捕虜を大切に扱う）仕来り・軍法に反していた。

　仕方なくワシントンが、復讐のためのフランス軍による攻撃に対して備えていると、600人のフランス軍に加え、100人のインディアンの加勢部隊が攻撃して来た。この攻撃でワシントンも捕えられてしまう。この1754年まで、イギリス、フランスとも、まだ本国は後方で見ている状態だったが、ヴァージニア・コロニーがオハイオ・フォークに派遣した味方の軍が、フランス軍に敗北した上、ワシントンが捕われてしまったニュースは、ロンドンを震撼させた。

　イギリス政府は早速、翌1755年の春にエドワード・ブラドック（Edward

7　知事のDinwiddieは、自身もオハイオ・フォークの土地に、かなりの投資をしていた。ワシントンもまた、出征の褒賞として、同地でそれなりの土地を取得することになる。

5. 18世紀の北米大陸—独立へのエネルギー—

Braddock) 将軍以下2連隊を北米へ送り出すことを決断するとともに、現地のヴァージニア・コロニーでも、同じく2連隊を召集した上、更に民兵隊を興し、合計5000の兵を用意することを決めた。

イギリス軍は、1755年から1757年にかけて、この5000人の兵で、オハイオ・フォークを押さえていたフランス軍を制圧した。これを受けてフランス側も、ルイXV世王の指示により、同じ1755年に6連隊を遠征させた。

イギリス側はブラドック将軍の下で、カナダからオハイオへ展開してきたフランス軍と戦うことになる。こうして、五大湖の東からハドソン河の上流辺りまで、あちこちの城砦を巡る攻防が繰り広げられた。

その中で6月、ワシントンを副官とする1500の兵で、オハイオ・フォークにあるフランス軍の要塞（Fort Duquesne）の攻撃にかかったブラドック軍は、フランス軍とインディアンの待ち伏せを受けて、手痛い敗北を喫した（1000人のイギリス兵とともに、ブラドック自身も戦死してしまう）。ワシントンの率いていたヴァージニア・コロニーの500の兵は、命からがら、ヴァージニア州内まで逃げ帰れた。

この戦争を、ヨーロッパ大陸内の領地争いにほかならない七年戦争の、「アメリカ版」と見ることは単純過ぎて問題がある。だが、そこには一面の真理がない訳ではない[8]。アメリカが、イギリスの植民地だった事実、コロニーでしかなかった事実が、そうした見方を支える。だが、そう考えても、植民地とイギリス王国の立場とは、やはり違う点も指摘できる。

ここでは、コロニーとしての、ピューリタンらも混じった植民者らの子孫らの立場と視点から、この戦争を見ている。そうした場合、一番の違いは、コロニーの人達にとっての、対仏感情の占めた大きさである。それは、イギリス王国からフランスを見る目とも角度が違っていた。

8　七年戦争は、いうまでもなく、オーストリア（神聖ローマ帝国）と、その北方で新興のプロシア王国との間の領地争い（シュレージェン地方をオーストリアが奪回しようとしたこと）が起因である。オーストリアのマリア・テレジア公は、それまで仲のよくなかったフランスと同盟を結ぶことに成功（First Treaty of Versailles）。一方のプロシアは、イギリスを自分の方に引き込んで、ここに、ロシアを含めたオーストリア側連合との間で戦いがはじまった。

137

第 2 部　生き残るための殺し合いと、文化

　フランスという国、カトリック大国として持っていたイメージの大きさに
は、それなりのものがあった。100 年前のピューリタンの世界とは違い、大
覚醒という巨大な運動（破壊を伴う統一運動）は起こっていたが、何といっても、
新教の地（コロニー）アメリカから、古いローマ・カトリックの大国フラ
ンスを見る目は、歴史を知らない目ではなかった（イギリスから見ると、自国を
通り越してスコットランドに手を差し伸べることの多かった、扱い難い競争相手、潜在的
な強敵であった）。

　それは、ヨーロッパの歴史を知った目、ローマ法王以下の古いヨーロッパ
世界を批判的に見る目、つまり、反カトリックの目につながっていた。この
闘いに負けたら、自分達の世界観が否定される。それとともに、新世界の信
仰も失われる……彼らが独自に闘う動機となったのは、そういった危機感で
あった。

　ヨーロッパでは、「外交革命」と呼ばれるほど、想定外だった前注 8 の同
盟条約が結ばれると[9]（1756 年）、19 世紀以降の列強間の戦争を先取りしたよ
うな、世界規模での戦いがはじまっていた。ここイギリスのコロニーでは、
戦いはその 2 年も前からはじまっていたが、双方ともが、正式に宣戦を布告
したのは、やはり 1756 年春になってからであった。

　こうして 1755 年から 1760 年までも、北米のあちこちで、イギリスとその
コロニー対フランスとの間の、そして後には、英仏の本国軍の間での戦いが、
繰り広げられることになる。大きく見て、1757 年まではフランス軍側が勝
利するというケースが多かったが、1758〜1760 年はイギリス軍側が、次第
に優勢になる形が出現した。

　それは、この時期の個々の将軍の戦術の巧拙によるというよりも、海軍力
の差が効いていた。優勢なイギリス海軍が、フランスの補給路となる港を封
鎖したことである（これに対しフランス海軍は、1759 年にフランスのクィベロン湾
〔Quiberon Bay〕とラゴス〔Lagos〕での 2 つの海戦で敗れて、戦力を大きく失っていた）。

9　約 1 世紀前の「三十年戦争」では、これとはまるで違う組み合わせ、同じカトリックの、
　　ハプスブルグ家のオーストリアと、フランスのブルボン王朝とが相戦った。

138

5. 18 世紀の北米大陸—独立へのエネルギー—

(d) こうしてヨーロッパを舞台とした、いや当時の世界のほぼ全部を舞台とした英仏間の対決は、1760 年には事実上終わっていた。この間、北米大陸でのフランス軍の大本営・本部が、今のカナダのモントリオールにあったことから、この終戦も、そこの知事が、イギリス軍のジェフリー・アマースト（Jeffery Amherst）少将（Major General）と和平の交渉をして、9 月に合意が得られた。

これにより、モントリオールやケベックなど、カナダ方面からアメリカの中西部にかけ、南西方向に斜めに広がっていた「New France」と呼ばれた広大なフランス領が、イギリスの手元へと転がり込んだ。

これによりイギリスは、当時のカナダ地方に加え、アカディア（Acadia, フランス領でフランス人が多く住んでいた。今日のメイン〔Maine〕州の大半を含む）も、その支配下に収めた[10]。

この北米大陸での七年戦争（アメリカでは、「フランス・インディアン戦争」〔French-Indian War〕の名）を（特に外国人の目から）振り返って見ると、「何とも、のんびりした戦い」だったというのが第 1 である（勿論、日本でも江戸時代の中期である）。

第 1 に、互いに遠いヨーロッパから、大変な移動距離を経た異郷に来ていた。それだけでも親近感が大きかった理由になる。加えて、18 世紀世界での自然（疾病、害虫、野獣など）との、また飢えとの闘い、更にインディアンとの戦いなど、共通の難儀があった。

そうした中で、かねて抱いていたローマ・カトリックに対する違和感以上に、ヨーロッパ人同士、という親近感の方が強かったのであろう。あちこちの会戦でも、互いに比較的容易に捕虜などになっている（「玉砕」などという感じはない）。このフランス・インディアン戦争時の、インディアンを入れた 3 当事者の関係の一場面を示す絵が存在する[11]。

10　このアカディアにいたフランス人の再移住は、戦後処理の中でも、大きな問題であった。多くはフランスに帰ったが、ルイジアナ地方へ移った人も多かった（ルイジアナ、中でもニューオーリンズ〔New Orleans〕は、長くフランス領として残ると、人々は考えていた）。

139

第2部　生き残るための殺し合いと、文化

　カナダを本拠として北米大陸全体を治めていたフランスに最後のとどめを刺したのも、アマースト少将であった。彼は、1758年7月27日のノバスコシア地方、ケープ・ブルトン島のフランスの主要基地 Louisville を奪取した。この奪取は、軍事上の意味が大きかった。そこから、味方がセント・ローレンス河を遡上することを容易にし、シャンプレーン湖（Lake Champlain）辺りの激戦地区を3方向から攻め得るようにしたことである。

　その結果、イギリス王国軍は1760年9月に、遂にモントリオールにあったフランスの本拠を攻め落とすことができた。つまり、フランスの持っていたカナダとアメリカの土地に対する権利を手に入れた（この手柄でアマースト少将は、北米大陸司令官に昇役したばかりか、フランス・インディアン戦争の「英雄」、としてクローズアップされていた）。

　この先1763年に、両国はパリ条約（Treaty of Paris）を結んで講和した。フランス・インディアン戦争と、そこでのイギリスのフランスへの勝利をもって、アメリカの独立（American Revolution）のきっかけとする歴史家が少なくない。確かに、パリ条約の直後にジョージ（George）Ⅲ世王が出した、あの境界線布告（Proclamation Line, 1763）は、コロニストらの心に突き刺さるものがあった。

　(e) 広大な大陸には、200を超える様々なインディアンの部族が住んでいた。彼らの居留地を除くと、イギリス国王は今や、フランス（カナダや五大湖の辺りを押さえていた）と、スペイン（フロリダ等南部に進出していて、七年戦争の後半、フランスに味方して、戦いに参加してきていた）とを排除して、その大陸のすべてを治めることになった。

　7年越しのあちこちでの苦闘を、何とか乗り切ったアメリカ大陸のイギリス人ら（それにコロニーの人々）。そうした状態となった今、インディアンとの間合いを、どう取るかがクローズアップしてきた。コロニーの人々にとり微

────────────

11　18世紀後半のアメリカ人の画家による絵。フランスのディスカウ（Dieskau）男爵に斧で切りつけようとするインディアンを、イギリスの将軍ウィリアム・ジョンソン（William Johnson）が止める姿を捉えたものである。ダービィ美術館（Derby Museum）で展示されているという。

140

5. 18世紀の北米大陸─独立へのエネルギー─

妙、かつ直ちに生死に結びつき得る重大問題である。

フランス人は、インディアンらと融和し、結婚も多く、したがって混血も多く、文字通り混ざり合って生活していた。フランスもスペインも、地場のインディアンの各部族と、それぞれ何らかの協定を結んでいた。それが失効してしまった今は、イギリス系コロニーとインディアンとの間に、無協定の状態が出現したことになる。

一方、コロニーの住人らは、農耕は半分で、後はインディアンらと同じ狩猟によって生活していた。それによる行動範囲の拡大があった。ワシントンもジェファーソンも、更に「我々に自由を！　さもなくば死を！」と議会で叫んでいた、あのパトリック・ヘンリー（Patrick Henry）も、皆オハイオ辺りの土地獲得に熱を上げていた。

そんな構図の中で案の定、イギリス王国とインディアンらとの対決が待ち構えていた。それも主要部族が顔を揃えていた。「ポンティアックの反乱」（Pontiac's Rebellion）と呼ばれるものである（ポンティアックは、オタワ〔Ottawa〕族の酋長の名であった）。

かつてはバラバラに分離し、互いに殺し合い、奪い合いしていた主要部族が、今や１つになる時が来た。今まで闖入してきたヨーロッパ人に対する敵意を抑えて、英仏のどちらかに加担し、微妙なバランスを保ってきた彼ら。このインディアンの各部族との関係で、いわばフランスとスペインの負の遺産を、今や一手に引き継いだのがイギリスであった。

一方のインディアンらは、全部族がほぼ１つにまとまって、彼らの主権を抹殺しようとするに違いない、独強のイギリス王国に対抗する勢力に変わってきた。

イロコイ族を構成する６つの部族のみならず、その他の大部族も加わった、このイギリス人に対する総攻撃は、(Ohio River Valley の) オハイオ・フォークと五大湖周辺に留まらなかった。ヴァージニアの西境を越して、コロニー内にまで攻め込んできた。

1763 年５月、この攻撃を受けて立ったのは、イギリス王国のアマースト少将であった。彼は、先の殊勲によって男爵位を与えられ、北米大陸全部の

141

第2部　生き残るための殺し合いと、文化

知事（王の統治代理人）にもなっていた。

　彼らインディアンの戦術は、まず各地にイギリスが築いていた砦を個別に包囲して攻めることからはじまった。それらを1つひとつ孤立させて滅ぼし、周囲の開拓村の民間人を制圧するというものであった（このため、民間人約500人が犠牲になっている）。彼らは、敵の頭皮（Scalp）を剝ぐ慣わしを行っていたが、女子供の頭皮は、敵陣の奥まで攻め入った印、証拠になるとして、それはそれで評価されていた。

　このインディアンらの政策変更に対するイギリス側の反応は鈍く、出遅れた（アマーストは、元来がインディアンを、「とてもヨーロッパ人と、まともに戦える能力などはないだろう……」、「くだらない人種だろう……」と見下していた）。

　ところが、そのインディアンらが、五大湖周辺にあった11のイギリスの砦のうち、9つを殲滅してしまっていた（ただ、デトロイトとピッツバーグの2つの城砦だけは、攻め落とせていなかった）。イギリス側が本国も含め、本気になって反撃に乗り出したのは、半年以上後の、年が明けてからであった。

　土着のインディアンと広域にわたって戦う破目になったイギリスは、然るべき力の分散に苦労した。結局この反乱は、いくつかの戦線で膠着状態となる中で、2年後にイギリスが戦いを投げ出した形で終わった。以後イギリスはインディアンらに対し、土着民族としての独立性（主体性）と、北米大陸全体について、狩猟権などの利用権を認めることとなる。

　しかし、この母国イギリスの対インディアン政策の融和は（日常、インディアンらと境界を接し、争いの種が尽きず、いつ何時攻めて来られるか、不安な状態にいた）コロニーの人々（アメリカ人）らに、すこぶる受けがよくなかった。このような行き違いも、やがて独立への志へと結びつくものとなった。

　他方のインディアンの方も、北米大陸での新しい状況に決して満足できていなかった。元々、フランス人がいた時は、インディアンらを手なずけられる手っ取り早い方法として、インディアンらの欲しがりそうな日用品（ヨーロッパ製品）などを、フランス人から貰えていた。

　イギリス支配下の1760年代に入ると、殊にアマースト知事になってからは、それは、まるで失せてしまった。加えて、自分達の実効支配する土地が

　　　　　　　　　　　　　5. 18世紀の北米大陸—独立へのエネルギー—

狭くなっていく一方で、しかも白人らは、越境を繰り返すという事態が訪れていた。

(f) ヴァージニア・コロニーの西の辺りにいたインディアンら。彼らの大きな分類でいうと、オハイオ・インディアン（Shawnee, Mingo, Delaware らの部族を含む）は、インディアンを敵視する白人らの最初の餌食となった。彼ら白人らの狙うのは、1にも2にもインディアンが現に住み、または狩りをしている土地であった。ヴァージニア人から見ると、一番手が届きやすいのが、オハイオ・フォークであった。

とにかく、人々は土地に飢えていた。「土地を持っていない」、というのではない。ジェファーソン、ヘンリー、ジョージ・メイソン、ワシントン、それぞれが何百エーカー、何千エーカーという土地持ちであった。

それゆえにますます、土地を貪る、土地狂いになる。それが、当時のコロニストらの精神状態であった。しかも、彼らの多くは、いわゆる「インディアン嫌い」であった（前注3書、p.169）。

フランス・インディアン戦争が終わると、ヴァージニアの知事ダンモア公（Lord Dunmore, John Murray）は、この「七年戦争」のベテランであるワシントンなどに、恩賞としてオハイオ地方の土地を与え出したから、彼らのオハイオ・フォーク土地取得熱はますますそそられた。

そんな彼らは、イギリス王のコロニーでの土地政策に、どれも反対していた。中でも、ジョージⅢ世王による境界線布告には（次の(ハ)(a)）、頭に来ていた。単に「反対していた」だけではない。宣言を、まるで無視した。禁止線の先であるオハイオ・フォークなど、オハイオ地方に出かけて行って、我先にあちこちの土地を、勝手に囲い込んでいた（やがてイギリス王の禁止が解かれた暁には、正式のタイトルに変換されることを期待していた）。

しかし、その後の1774年6月、イギリス国会は、アメリカのコロニーの勢いを殺ぐような内容の法律（Quebec Act of 1774）を通した。このケベック法により、イギリス政府は、アメリカのコロニーが反逆のため、万が一、立上るようなことがあった暁に、カナダに大勢いるフランス人らが、アメリカのコロニーに同情して、その味方につかないように（イギリスに対し闘わないよ

143

うに)、巧みに振る舞ったのである。

同法は、フランス人にカトリック信仰の自由を公約していたばかりか、カナダで根を張っていたカトリックの教会組織を司る司教座などを、「そっくりそのまま保持する」、と約束していた。

当時のカナダの人口の大半を占めていたフランス人が一番心配していた信仰の問題が安堵されていたのである。同法による効果は大きかった。

同法中の領土に係る条文では、オハイオ・フォークを含むオハイオ河の西岸一帯の広大な領土、以前のニューフランスの領土全体をカナダのケベック領であるとも確認し、そこからコロニストらを排除していた。

これは、ヴァージニアンらを一転して、深い落胆の底に陥らせる措置であった。オハイオ・フォークを、更にその西部を、彼らの手の届かないところへ持って行くことを意味していたからである。

その 1774 年 6 月のことである。例のダンモア公が自ら先頭に立って(イギリス王による宣言など、まるで意に介さないかのように)、1763 年の境界線布告中で定めたコロニーの西の境界線の外へ、インディアン Shawnee 族の土地へと侵入し、彼らを追立て、殺戮しはじめた。4 ヶ月後の 10 月までにインディアンらを追い詰め、彼らを降伏させた上、今でいうケンタッキー州に当たる土地を奪取してしまった。

イギリス国王も、これを黙って見ていた訳ではない。王の指示を受け、ボストン (Boston) 駐屯のイギリス軍のトーマス・ゲイジ (Thomas Gage) 司令官は、Shawnee 族への攻撃を非難し、ヴァージニアンにケンタッキー州から出るように命じていた(しかし、誰も耳を貸さなかった)。

(ハ) 高まりゆくイギリス王国への対立感情

(a) フランス・インディアン戦争の結果、北米大陸でのイギリス王国領は、上述の通り、ニューフランスを加え一挙に 4 倍になった。このような領土の変動が、イギリスとフランスとの間で正式になるのは、1763 年 2 月 10 日に調印されたパリ条約によってであった。ここでのイギリス政府の一番の懸念は、コロニーの人間が、それら新たに獲得した土地内に立ち入り、元からいるインディアンとの間で、更に、入植していたフランス人らとの間で、新た

5. 18世紀の北米大陸—独立へのエネルギー—

ないざこざを起こさないか、再び大きな紛争を生じさせないか、という点であった（そうなれば、これまでの戦費に加え、更なる赤字が積み上がる）。

イギリス政府は、その際に間髪を入れず王の布告を出して、入植者らが、この新たに獲得した土地内に勝手に入植することを禁じた。いわゆる境界線布告である。

しかし、このような王の布告にもかかわらず、入植者らは、それを無視して境界線の外へ、西部（Westward）へと、出て行き続けた。これら西部の土地に執着を抱きはじめたアメリカ人（主にヴァージニア人）は少なくなかったが、中でも、ワシントンとその戦友らが早い口であった。出征の褒賞として貰った土地を、オハイオ・フォークなどに所有していたからだ。

彼らは、ロンドンの商人への借金を支払うためにも、その土地を耕作すること、有効活用することを欲していた（それには、周辺の土地を更に買い増して、適当な大きさにすることも望まれた）。このように、1763年の王による「境界線布告」を巡っては、コロニストらは憤激していた。殊に、それがイギリス本国により一方的に決められたことに対してである。

イギリス政府と、コロニー内のフランス・インディアン戦争協力者との間に、1つの大きなわだかまりが生じていた。

彼らヴァージニア・コロニーの入植者らが、自分達に対する「不当な扱い」だと感じたこの境界線布告。単にヴァージニア・コロニーの入植者らを怒らせただけではない。インディアンらも怒っていた。

イギリスは、インディアンらに何の了解も得ることなく、勝手にフランスとの間の条約を締結し、大陸での境界線を決めていた。インディアンの側から見て、それが、彼らの居住地への侵害と受け取られていた。自分達の居住地での諸権利を毎日侵す結果になっていたからである。

オハイオ河沿いと五大湖辺りを元からの本拠としていたインディアンらが、緩やかながら連合して、イギリスが築いたそれらの地の城砦を攻撃してきたのは、そのような理由からであった。それが、1763年の「ポンティアックの反乱」であった。

このような事態になっても、イギリス政府の動きは、鈍かった。インディ

第2部　生き残るための殺し合いと、文化

アンの側に対して、布告による境界線が、「イギリス人入植者らが、アパラチア山系を越えて西へはみ出さないようにするための境界線である……」と説明、納得させようとしていた。

その一方で、コロニーの知事らに対しては、「住人らが、境界線を越えないよう」、「インディアンらの土地に対し新たに手出しするようなことのないよう、厳しく規制するよう」、命令していた。

イギリス政府は更に、インディアンらが先住民として、全土に対し狩猟権など一定の潜在的権利を有することを確認していたが、これもまた、住人らの大きな不満を買っていた。

この時期、イギリス王国は、例の航海法（Navigation Acts）を何回も改正するなど、重商主義に浸っていた。北米の植民地も、イギリスにとって最も有効に、経済的に活用し、いわばイギリス経済に取り込み、内部化しようとしていた。

これに対し、コロニーの住人らの欲求や目論見は、イギリス政府の上記の目論見とは食い違っていた。住人らは、目の前の土地を物理的に取得・所有しなければ気が済まなかった。そんなコロニーの住人らは、どんどん境界線を越えて、西へ西へと自らの（イギリス王国からすれば不法な）「占拠地」を増やしていった[12]。

とはいえ、コロニー対本国との関係である。支配者、統治者はイギリス王であり、イギリス王国である。その意思を実現するために取られた措置が、1651年のクロムウェルによる政令をはじめとする、前出のような一連の航海法の立法であった。コロニーは、自らの産物をイギリス王国以外に売ってはならない。それも、「すべてイギリスの船で、イギリス人船員の手を介して売れ！」というものである。

コロニーの住人らが、どんどん西部へ出て行って、更なる耕作をし、農産物を増大させることは、イギリスの描く貿易の均衡を崩すことになる。イギ

12　そのため彼らが通ったのが、当時の西方への通路が、今のヴァージニアからテネシー州にかけてのカンバーランド山道（Cumberland Gap）であった。

リス市場だけでは不十分だとして、農産物を直接ヨーロッパ世界に売り込まざるを得ないように持って行くことは、イギリスによる北米の植民地化政策に反するだけでなく、航海法を立法してきた企図にも反することになる。

上記の通り、ヴァージニア・コロニーの人々が作ったオハイオ・カンパニーは、1740年代から、もうオハイオ・フォークの土地に投資をしていた。

その動きに同調していた1人、ワシントンは、フランス・インディアン戦争の最も早い時期から、そのために自らの命を投げ出して戦ってきた口であった。ヴァージニアのコロニストとして、西部の土地に対する渇望、欲求を抱いていたことがある。

それゆえに、こうしたイギリス政府のやり方に対し、強い不満を抱いたのも当然であった。彼はまた、稀代の土地好きで、色々と見て回り、生涯に20回近くも、土地の買い漁り、買い増し取引を繰り返し行っていた人であるから、尚更であった。

(b) 当初の入植から100年以上経ち、移住者の世代から数えても、3代、4代と経つ18世紀半頃の北米各地には、それなりの蓄積もできた。生活のゆとりも出て、自信を持ったアメリカ人が出てきた。この地で政治的自由を実践できていたことが、何より大きい。

生産（今でいうGDP）も、18世紀を通して、目覚ましい勢いで伸び続けていた。革命戦争前夜（Eve）には、ヨーロッパのどの国よりも高い生活水準に達していた[13]。当時の植民州随一の慧眼の持主、45歳のフランクリンはこのことを見抜いていた[14]。

アメリカの成長が目覚ましいことが本国で知られるにつれ、イギリスの植民地経営にも本腰が入るようになる。18世紀に入ろうとする1696年には、植民地担当の役所、貿易局（Board of Trade）も新設された。

13　その一方で、貧富の差も広がったが、全体のかさ上げにより、貧しいクラスですら、親や、その先祖よりも豊かな生活ができていた（Ellis Joseph, *After the Revolution : Profiles of Early American Culture*, Norton, 2002, p.15）。

14　1751年という早くに、彼は、アメリカの成長への揺るぎない確信を抱き、「アメリカの人口が20～25年ごとに倍増し、19世紀中には母国を追い抜くだろう」、と予言していた（Ellis, *ibid*. p.13）。

第2部　生き残るための殺し合いと、文化

　その前にまず、植民地での司法の運営に係る定めがどうなっていたかであるが、マサチューセッツ・コロニーなどのニューイングランドに対する1691年の特許状には、「……300ポンド以上のすべての争訟につき、ロンドンまで上訴できる……」、とされていた。この本国への上訴は、ロンドンの普通法廷でもよかったはずだが、実際には、枢密院（Privy Council）（の特別委員会）の担当とされたのである[15]。

　立法面でも、本国の抑えつけが働いていた。現地の一切の法規が、「承認か否定かのため」（For Approbation or Disallowance）、速やかにロンドンに送られる必要があった。しかし、立法をReview（審議）する当の上院、枢密院はやる気が低く、実際の知識も乏しかった[16]。

　植民地アメリカに対する見方の変化を促したものは、ほかにもある。上述の植民地担当の貿易局が、新たに蓄積しはじめた情報、資料である。人々は、その貿易局資料から、植民地の目覚ましい成長を読み取れていた[17]。以前とは違い、その実状をつかみ、大まかな数字を把握できるようになっていた。

　全世界の植民地で、1つのイギリス法が統一的・共通的に行われるようにするため、上記のように、現地法の内容形成に介入するとともに、アメリカでの最後の苦情・法的問題も、1つの世界共通の手続きにより、訴訟を通して母国枢密院へ持ち込む（める）べきものとしていたイギリス。

　七年戦争により、そのイギリスの財政は逼迫した（国の借金は1764年には、1756年比4倍になったとされる）。いや、問題は、過去の決算面だけで終わらな

15　しかし（遠い、コストが高くつくことのほか、気持ち的な反発もあり）上訴は稀で、一番よく上訴をしたロードアイランドで、年1件程度であった。しかも、当の枢密院は、Common Lawの純血の維持とか、統一性とかよりも、政治問題に首を突っ込むことの方が多かった（Friedman, Lawrence M., *A History of American Law*, Third Ed., Simon & Schuster, 2001, p.16）。

16　大抵のアメリカの法規には、どこか本国との間で不一致点があったが（ある調査では5％超という）、ほとんど問題にされなかった（Friedman, *ibid*）。しかし1770年代に入り、ペンシルバニアの植民州議会が離婚につき一般授権法を立法したところ、枢密院は、法律を無効とした（Friedman, *ibid.* p.142）。

17　18世紀前半の半世紀の間の人口は24万人から120万人へ、1760年の植民地からイギリスへの輸出は、1700年と比べ165％増加、一方、イギリスのアメリカへの輸出は、その倍以上の400％の伸びに近かった（Ellis, *ibid.* p.16）。

かった。1763年早々にははっきりしてきたように、西部へ侵入したがるコロニーの人々が、インディアンとの間でトラブルを起こすのを未然に防ぐためも含め、イギリスは、「北米大陸に常備軍1万を抱えておく必要がある」、との政治判断をしていた[18]。

ここでも、答えは1つ。「お金」であった。イギリス王国内で新たに税目を増やしたりすることが駄目なことは「証明済み」で、明白であった[19]。短命だった前内閣の後を受けて、1763年4月に首相になったジョージ・グレンヴィル（George Grenville）は、そのことを十二分に承知していた。

そこで出てきたのが、「植民地に絡む費用だから、植民地から取り立てよう……」とする考え方である。世に名高い印紙税法（Stamp Act of 1765）と、それに続く一連の植民地向けの立法が、それであった。

そこでの論理は、「これまでもコロニーは民兵法（Militia Acts）を整えることで、相応の負担をしてきたではないか……だから今回も……」、であった。この論理は、新大陸にニューフランスがあり、フランス王国軍がカナダから睨みを利かせていた時代は、説得力があった（各コロニーの議会は、イギリス王国軍の費用分担にも、それなりに協力していた）。

しかし、1760年代に入った今は違う。フランスによる脅威はもう消えていたし、インディアンとの間の武力衝突も、ぐんと減っていた。実は、印紙税法に1年先駆けて、砂糖税法（Sugar Act of 1764）がお目見えしていた。これに対し、コロニーの商人らが示した反応、それが密輸であり、税関吏買収であった。

(c) とにかく、このコロニーは、イギリスにとり「御し難い存在」であった。イギリス憲法上の議論も、持ち出されてきていた。イギリス王の臣民として、人々がイギリス憲法上有する特権を基礎にした法律論（有名なあの「代表なくして課税なし」の議論）である。暴動ではなく、法的争いが、表舞台を占

18　政界に顔の利く1500人もの高級軍人の首を切れないことがあった一方、イギリス人は、町に軍人がゴロゴロするのをとても嫌っていた。
19　前内閣が、新たにサイダー税を考えたところ、猛烈な反対運動が起き、前首相の人形が処刑されていた。

第2部　生き残るための殺し合いと、文化

めるようになっていった[20]。

　イギリスが、海事問題処理の体制作りに本格的に乗り出したのは、1700年代に入ってからで、コロニーの商人が航海法を掻い潜ったり、後には砂糖税法、印紙税法に反して、密輸に励むようになった後のことであった。

　新世界での法律論では、ずっと以前から意見の不一致が起きやすかった[21]。到着する帆船ごとに流入する新手の移民、それも、農夫らだけが移民したのではなかった。

　その中で、イギリスの習俗・イギリス法に対する考え方などとの間での不統一に加え、地元で育ちつつある考え方・ルールなどの違いも、主張され出した。

　1697年になると、イギリス当局は、アメリカでの法的問題・苦情の受け皿として、新たに海事法廷（Admiralty Courts）を創設した。1651年にクロムウェルが初めて政令を発して作った航海法が、その発端であった。

　その後のイギリス国会は、捜索の便宜のため、新たな手続規定を導入していた。密輸などに対して、これらの航海法が実効を挙げられるよう、アメリカの6つの港にいるイギリス税関史に、1760年から「一般捜査令状」（General Writs of Assistance）を出す権限を与えたことが、それである。

　確かに、植民州の商人らには、イギリスの法律を遵守しようとする気持ちなど、はじめからほとんどなかった。ボストンをはじめ北米の港では、Navigation Acts を掻い潜った密輸が日常化していた。そこで、この手続規定を利用して、関税法の実効性を上げ、法的な裁きをつけようとの措置になったのである。

　密輸を除くと、海事法廷の管轄になる海事問題とは、水夫や人夫らへの給

20　この砂糖税法に対し、人々が、イギリス王の臣民として有するイギリス憲法上の特権を基礎にした抗議文と反対声明は、ジョージアとノースカロライナ以外の11の各コロニーからロンドンに送られた。

21　1676年に東ニュージャージーで、Aに与えられた土地の特許状の言葉には"……To A His Heirs or Assigns Forever"となっていたが、遺言による移転を経た後の1690年代に、イギリス式の言葉"To A and His Heirs and Assigns"になっていないからと（and が決定的であると）争われ、陪審は、結局このSir Edward Coke に由来するイギリス式たわごと（Mumbo-Jumbo）に従って判断し、Aが敗訴した（Friedman, *ibid.* p.15）。

150

5. 18世紀の北米大陸—独立へのエネルギー—

金支払、荷物や運賃を巡る問題のような、海事では普通のトラブルである。この種の事件も、ジェームズタウンやプリムス・コロニーの誕生からしばらくして少しずつ発生し、取り扱われ出した。当初は、普通の法廷に頼っていたが、「マサチューセッツ・ベイ・コロニー」では、1674年という早くに、それ用の法廷が設けられていた。

　イギリスによるこの体制整備は、現地の統治代理人（Governor）に授権して、副海事法廷を設ける（副判事〔Vice Admiral〕を任命する）方法によった。それまでは、呼び出されると、イギリス本国に行くか、ノバスコシアまで行かねばならなかったのが、比較的近いところで用件を果たせる。

　この設置権限により海事法廷が設けられたのは、ボストン、ニューヨーク（New York）、フィラデルフィア（Philadelphia）、ボルチモア（Baltimore）、ウィリアムズバーグ（Williamsburg）とチャールストン（Charleston）の6港で[22]、これら6つの植民州の海事法廷の中では、ボストンの海事法廷が、比較的重い役割を果たしていた。

　海外まで召喚されないで、国内で済ませられている点で、植民州の商人らにも文句はないはずであったが、よく知られる通り、この海事法廷の受けはすこぶる悪く、コロニーが革命へと乗り出す更なる原動力となった。

　そのほかでは無論、よくいわれる無陪審制の問題があった。陪審制は、イギリスとは違って、このコロニーでははるかに民主的な、それらしい制度として育ちつつあった[23]。更に、陪審制の要求に加えて、この海事法廷とコモンロー法廷との関係、その管轄、上下関係などを議論する「そもそも論」が、併せて出てきた[24]（加えて、海事法廷〔そこの判事〕の腐敗も問題になった）。

　以上のような海事法廷の、コモンローからかけ離れた非正常さを真先に問題にしたのがボストン人であり、中でも、人権意識の強い弁護士ジェーム

22　Vice Admiralty Court Act of 1768による。それまで北米にはNova ScotiaのHalifax 1ヶ所だった副海事法廷を一挙に増加させた。

23　連邦の修正憲法Ⅴ〜Ⅶは、民事、刑事いずれの手続きでも、陪審権をいわば、不可奪の権利として定めている。

24　その他、地理的管轄の問題として、運河（Creeks）や、入り江（Bay）等での事件はどうか、どの機関の管轄になるか、なども争われた。

151

第2部　生き残るための殺し合いと、文化

ズ・オーティス（James Otis, Jr.）であった。後に第2代大統領になったジョン・アダムス（John Adams）の地元の先輩で、アダムスに大きな影響を与えていた。オーティスが議会（General Court）で行った「海事法廷の手続きは、イギリス人の自然権を侵し無効……」、と断じた演説が、その法的議論のハイライトである[25]。

　その中で、一番議論の的となったのは、密輸取り締まりのためイギリスが頻発していた、前出の一般捜査令状であった。ボストンでの一般捜査令状に対する抗争は、殊に強烈であり、たとえば、ボストンの商人Mは、弁護士オーティスの助言の下で、税関吏が事務所兼自宅へ入ることまでは許したが、令状で特定されてない貯蔵庫内の捜索までは、「……許されない」、と認めなかった。

　このため、捜査はちょっとした騒ぎとなり、折から町の人々が大勢集まってきて、M宅を取り囲んだ（海事法廷の判事や検察官らは、没収品の半分または何割かを、各自が入手できるという例になっていたことも、下地になっていたであろう）。

　(d) フランス・インディアン戦争について記した（5.（ロ））。戦争には、ヴァージニア・コロニーのミリシアなども動員されていたが、1757年には、イギリス王の軍隊が中心となって、全面的にフランス軍と激しく戦っていた。このイギリス人の軍隊は、1755年の戦いでは、今のニューヨーク州都、アルバニ（Albany）の先の辺りなどで、苦盃を舐めていた。

　その後、イギリス王国軍の統率を任せられたのが、ロードーン（Loudoun）の男爵である。彼（John Campbell）は、冬季の奥地での戦闘に備え、ニューヨークやペンシルバニア植民州の知事に、民間が宿舎を提供するよう申出ていた（前任者の時の戦闘で、そうした宿舎がなかったことが、1755年冬の戦いでの敗北

25　「……これらすべての謀みの最たるものが、海事法廷であります。陪審によることなく、たった1人の裁判官、王によって終身制で選任され、その自ら課した没収金の一定の分け前を懐に入れて帰れるという、その人が、事実と法律の双方に跨り判断するとされていることであります……これでは、われらはまるで、本国にいる大臣の召使いより一段と下の、奴隷以下ではないですか……あの偉大なる憲章（マグナ・カルタの陪審条文のこと）も、いっているではありませんか……」（McCullough David, *John Adams*, Simon & Schuster, 2001, p.61）。

5. 18 世紀の北米大陸―独立へのエネルギー―

の一因だったと承知していた)。

しかし知事らは、どれも色よい返事をしなかったところ、ロードーン将軍は、1756 年 6 月 25 日になって強制的に、ニューヨーク・コロニーで民家を接収して、実際に兵士らを宿泊させてしまった。

住民らは、これが「イギリス人としての」、「イギリス王の臣民としての」、不可侵の権利を侵害する行為だと考えた。「自らの家は、城であって、王といえども、勝手に侵入することができない」、というイギリス人権憲章上の権利の侵害にほかならないと考えたのである。

ロードーン司令官自身も、実はこの宿営、借り上げを法的に面倒だと思っていた (本国に向かって、「アルバニの地元の人々は、自分達のベッドと、ベッドルーム以外に、部屋も、寝るところも、碌に持っていないんですよ!」と嘆きつつ、訴えていた)。

こうしたイギリス王国軍の行為が、アルバニの住民に与えた悪印象、怒りは、その後もずっと続いただけではない。悪感情の記憶、語り伝えは、10 年、20 年と続いて、やがて革命戦争で、その捌け口を見出すことになるのである。

革命戦争勃発後で、独立宣言の出される直前の 1776 年 6 月 11 日、第 2 回連合議会 (Second Continental Congress) は、宣言の草案作りに取りかかっていた。その中で、18 項にわたり王の悪行を数え立てていたが、その第 13 項目の一節が、「イギリス王ジョージ III 世が、勝手に民間の住宅を軍の宿舎にした」ことに対する苦情になっている。

この先、アメリカのコロニーでは、いわゆるロイヤリスト (Loyalists) と、この北米の地での独立国を志すパトリオット (Patriots) との区分けが生じてくる。前者は、イギリスを母国と思って大事にし、イギリス王ジョージ III 世に忠誠を誓う一方、後者は、イギリス王から受けた数々の人権蹂躙による負担と苦しみを根に持ち、反感を強めていた。上記の民家の強制借り上げは、このアルバニで、ひいてはマンハッタンや、ボストンなどの町で、住民の多くを、このパトリオットへと駆り立てた、もう 1 つの大きな要因となった。

(二) アルバニでのコロニー会議と、イギリス商品のボイコット

(a) アルバニの住民らが、イギリス王とイギリス国会に対し、深い恨みを抱くに至った民家への強制宿営の前年、1754 年に、実は、あのフランク

153

第 2 部　生き残るための殺し合いと、文化

リンが、このアルバニまでやって来ていた。ペンシルバニア平野のデラウェア河を臨む、当時のアメリカ大陸で No.1 の町フィラデルフィアからである。

　このアルバニは、モホーク族などと毛皮売買をするのに、最接近の便利な地であった。しかし、フィラデルフィアからは何百キロもの行路で、今のニューヨーク市からアルバニまで、200 キロ近い船旅（ハドソン河）である。そこに開闢以来あまり集まったことのない 13 植民州の代表が「集まろう」とやってきた[26]（ヴァージニアとニュージャージーだけが不参加で、代表を送らなかった。更に、同じ北米でイギリス領でも、New Foundland と Nova Scotia は来なかった）。

　ハドソン河べり沿いの、背後の丘までの間があまり奥行きのないアルバニは、今日とは違って、その時、人口 2000 人の村であった。

　なぜ、集合場所がアルバニか？

　フランス・インディアン戦争との関係がある。アルバニのすぐ近くまで、フランス王国軍と手をつないだイロコイ族の中の数部隊が来ていたのだ。植民州の代表が集まったのは、それらに対し共同防衛の意思を確認するためでもあった。

　今まで横の連絡も碌になかったのに、さすがにイギリス王のコロニーである。「1 つの束にまとまって、共同の敵と戦おう」、「フランス・インディアン戦争に当たろう」、ということになった（その後、実際、各植民州のミリシアの混成部隊が 1 つになって戦っている）。

　会議を呼びかけたのも、実はフランクリンであった。そればかりか、彼はマンハッタンに宿泊中に用意したとされるメモ書きを、懐中に入れていた。それが結局は、その時アルバニで決議された。歴史上、アメリカ憲法の最も古い原案ともされる、いわゆるアルバニ・プラン（Albany Plan）の元である。

　この 1754 年のアルバニ・プランは、どちらかというと、ロイヤリストに近かったフランクリンが用意したものであったから、そこには、母国からの独立の発想は全く見られなかった[27]。

26　会議は、「6 月 18 日から」と通知されていたが、その日に間に合ったコロニーはなかった。

だが、そのほかの点では、連邦憲法の一番オリジナルな発想を表わしたものといってよい。しかし、連邦憲法とは根本的に違う点がある。イギリス国王からの独立は全く考えられていない。反対に、13植民州が集まって作った何らかの中央政府的なものが、共同して君主として戴くのは、イギリス国王であった。

その場を借りて、緩やかながら、共同体を作ることで、「まとまりのある、しっかりとした政体を作ろう」、「イギリス国王に対しても、ものがいえるように、しっかりしたものにしよう」、というのが眼目であった。

フランクリンは、それより20年近くも前の1736年に、ペンシルバニア・コロニーを代表してイロコイ族との間で、「インディアン連合条約」を結んでいた（しかも、その条約の英語版を、その頃はまだ珍しかった印刷物にして売り出したところ、飛ぶように売れた）。今回のアルバニ会議には、無論モホーク河辺りの、味方となるイロコイ族の諸部族も呼ばれていた。

アルバニ・プランでは、13のコロニーが緩やかに一本化され、その長は、「王によって任命される軍人」が考えられていた。ただし、この一本化される中央政府の権限たるや、「インディアンとの外交問題と、13のコロニー全体の防衛」、という2点に絞られていた（この防衛問題の中身は、兵士の数と予算とを、人口を基礎として13のコロニーに割り当てるというのが主であった）。

(b) 実は、横の連絡に乗り気でなかったコロニーが、連絡を取り合ったケースは、以前にもあった。しかし、そこでも共通して「外敵（フランスやスペイン、更にはインディアンの部族）に対抗する」ことの必要が、「そうさせていた」といえる。

無礼者が混じったイギリス軍兵士が、我が家に無理やり宿営してくるという経験を舐めさせられたことで、アルバニの地元の人々が強い反イギリス感情を抱いていたことを述べたが、イギリス王国軍を憎んでいた理由は、それに限らない。

---

27 この点は、彼のメモのタイトル中の言葉 "Union of the British on the Continent" からも見ることができる。

第2部　生き残るための殺し合いと、文化

　ほかに、インディアンとの取引を規制したり、介入したりしたことがある。更に加えて、それら宿営したイギリス兵士らが、アルバニの人々をフランス人の末裔だとか、オランダ人の末裔だとかといって、見下していたことがある。

　事実、そこには、うんと古い200年近くも前、フランス人が、まず毛皮取引を求めて入っていた（それが、その後オランダ人に代わっていた）。そんな訳で、多くのアルバニの人が、ここでいう愛国者（Patriots）になっていた。

　フランス・インディアン戦争が終わった後の1763〜1767年の間に、アルバニでは5回の暴動が起こっている。多くが、戦争中に収奪された不動産の（実力による）回復に絡んでいた。しかも、その時期の1765年、イギリス国会は印紙税法を立法して、戦争の費用をコロニーから本格的に取り返そうとしはじめた。

　こうした雰囲気（反英感情）が高まってくると、アルバニ村では、「ロイヤリスト」であるというだけで、犯罪者扱いされるようになる。この村にも、当時のコロニー全体と同じように、自警団のような機関、通信委員会（Committee of Correspondence）や、安全委員会（Committee of Safety）ができていたが、1775〜1781年の間に、それらの機関が、摘発、訊問したロイヤリストの数は、2057人に上った（それらの人は、上記の機関による審問の末、拘束されたり、追放されたり、罰金を払わされたりした）。そうなると、「アメリカに似つかわしくない言葉を発した……」、というだけで、思いがけない災難を招くことになる。

　何しろ、このニューヨーク・コロニー、それも、アルバニから北のシャンプレーン湖の辺りは、セント・ローレンス河流域と一帯となった、それゆえ、カナダのケベックとも一帯となった地方である。今でも複雑なアメリカとカナダとの国境線が、いくつもの河や湖を挟んで、東のメイン州やVermont州から、ニューヨークを経て、西へとつながっているところである。イギリス王国とフランス王国とが、激しく張り合っていたところであった。

　1766年くらいになると、コロニーの経済も、フランス・インディアン戦争（ヨーロッパでの「七年戦争」）後の衰退から、やっと立ち直っていた。そうなると、イギリス王やイギリス王国の人達の意識上で気がかりなことが戻っ

156

5. 18 世紀の北米大陸—独立へのエネルギー—

てきた。いや、かつてなく増大してきた。

それは、コロニーが、コロニーらしさを否定し出してきたことである（そうなると、タバコ、小麦などを安く本国〔イギリス〕だけに輸出し、衣類などの日用品を本国だけから専属的に買い続ける経済循環が断ち切られ、イギリスの目論見に重大な支障を来たす）。

本国も手を打っていた。その1つが、1764 年の通貨法（Currency Act）である。ミドル・コロニーズの経済的優位を生かして、紙幣を多発してきたペンシルバニアとニューヨークを標的に、これを禁止した。コロニーの経済を「彼らの自由にさせない」との意思表示である。途端に、1767～1769 年と、一種の恐慌が、このミドル・コロニーズを、ひいてはコロニー全体を、襲った[28]。

しかもその後 (1772 年)、ロンドンでも独自に金融恐慌が起きると、ロンドンの銀行は、一斉にコロニーの取引先に対して、それまでの勘定を閉め、貸金回収に走った。これが更に、コロニーのタバコ、インディゴ（藍）、米などの耕作者の喉元を締め上げたことはいうまでもない（地元のコロニーの裁判所は、彼ら耕作者の農場、その付従物である奴隷、豚、牛馬、台所用品から家財までの競売事件で手一杯になった）。

(c) この 1770 年代はじめのコロニーの時代的特徴を表わす1つが、今様の言葉でいえば、「不況」ということになる。当時のアメリカ・コロニーの場合、それは、経済の不況に加え、政治的な不満の表れという形を取った。この傾向は、先行していた宗教的運動「大覚醒」によって、一層恐ろしいものになっていた。不満の表出は、1世紀前の「ベーコンの反乱」が、既に先例を拓いていた。

何しろ、個々には平民だけしかいないはずの国。学識においては一端（いっぱし）のものを持ちつつも、平民以上のものは持ち合わせていない。それなのに、「自由」とか「平等」とか、法律の言葉がやたら飛び交う。それがアメリカであ

28　後に第2回連合議会の議長をするボストンのジョン・ハンコック（John Hancock）の弟など、多くの商人が店を閉めざるを得なかったし、フィラデルフィアでも指折りの商家が、軒並み潰れた（Nash, *ibid.* p.92）。

第2部　生き残るための殺し合いと、文化

る。後に第2代大統領になったアダムスは、1765年のBoston Gazetteの署名のないコラムに書いていた。

「この国に来る外国人が、一様に認めざるを得ないこと……それは、こんなに法律家が揃っている若い国は見たことがないという点だ……」と。アダムスは、この国の、そのような政治的成熟（高い識字率、言論の自由）度を、ニューイングランドの公教育制度に帰している。

そればかりか、アダムスはつけ加えていた。「このニューイングランドのピューリタンのご先祖は、絶対君主制の王の家来どもになるところだったが」、「さもあれば、ラクダか驢馬と象との区別がつけられる程度の脳しか発達できなかったろうが……」としつつ、彼が、そこ（Boston Gazette）でボストンの町民らにつき強調しようとしていたのは、「社会の最下層の知的レベルアップこそ、自由の確保に最も肝要なことで、それが、すべての富者の富の価値を合わせたよりも、公共にとって大事な高価値なことである……」、というものであった（前注書 p.95）。

確かに、「18世紀後半に入る頃のアメリカ・コロニーの知的レベルが、大したものだった」、とアダムス以外の人にも思わせたものがあった。それは、ニューイングランドから南のコロニーでは、ボストンでのような公教育制度がほとんど普及していなかったにもかかわらず、一度、人々（仕立て屋、靴屋、床屋など）が政治問題に口を挟むと、いずれも熱弁を振るうことができた点である。

アダムスも、「その辺にいる工員が、イギリス王の枢密院参議のような口を効いて、知事を、将軍を論じ来り、論じ去る……のを、外国人はただ、吃驚して見つめるだけだ」、と書いていた。

当時のコロニーのこんな様子を、イギリス王はどんな気持ちで眺めていたか。再びアダムスを登場させると、こういっている。

「印紙税法は、実は、コロニーから知識を取り上げるため……コロニーに下手な知識をつけさせないようにするため、そこの大学、新聞、年鑑などを、すべて潰してしまうための明確な意図を持って立法された……」。

上記の立法による締めつけ、次いで様々な商売上の締め上げ。母国による

158

こうした措置が続く中で、長年噴出してきていた反英感情。アダムスのいた町、ボストンで表面に出てきたのは、仕立て屋、靴屋、床屋などの職人らであった（そこには、いわゆる「お偉いさん」への尊敬、遠慮、依存心、といったものとは縁のない社会が生まれていた）。彼らが早くから集まって、イギリスの駐留軍兵士らとの間で、ゴタゴタを起こしていた。

それが、1771年中頃、一旦スッと引いてしまった。嵐の中の凪の瞬間のようなそのときのことを、マサチューセッツ・コロニーのイギリス人知事トーマス・ハッチンソン（Thomas Hutchinson）は、こう記録していた。

「この在の人々は、変わった……今やこの町（ボストン）は、2、3のアダムスを別にすると、まるで静かになった……」。

ところが、この町から1000キロ以上南のノースカロライナ・コロニー、ヒルズボロ（Hillsborough）では、もう1人別のイギリス人ウィリアム・トライオン（William Tryon）が知事をしていて、まるで真逆の光景が見られた。

6人の農夫が、大勢の農夫仲間、家族、村人らの見守る中で絞首台上に吊るされていた。そこ（ノースカロライナ）では、コロニーが元々二分されていた。古くから海沿いの肥沃な土地に住みついたイギリス人らの、いわゆるエリートGentry族と、18世紀半ばにかけて、ペンシルバニアなどから、より大きなチャンスと自由を求めてやって来て、内陸の台地（Piedmont）に住みついたドイツ、北欧系の移民ら、いわゆる僻地山林人（Backwoods Farmers）である。

コロニーの議会、役所、町のイギリス国教会などを押さえているのは、前者であった。僻地山林人らの代表の1人、ハーマン・ハズバンド（Herman Husband）も州の議会に選出されていたが、議会から除名処分にされていた。

こんな中で、両方の憎しみと緊張は高まっていた。6人の農夫らが首吊りにされたのも、1770年の9月以来激化していたコロニー内でのこの対立抗争が、その原因である。有力者の側からする、いわば「見せしめ的処罰」であった。

この1771年6月中旬、トライオン知事は、武力で内陸の農民らを押さえつけるために、大砲6門を持ち込んだほか、ニューヨークに駐在しているイ

ギリス軍の一隊の応援も求めていた。しかも、このトライオン知事は、本国での「受け」がよかったのか、何と「ヒルズボロの丘での処刑」の翌日、ノースカロライナから今度は、ニューヨーク・コロニーの知事の職に就くため、そちらへ向かっていた。

(d) コロニーの新開地、辺境地などの所有権を巡る、既存の大地主、海沿い (Seaboard) の商人ら、権力者らと、新たな耕作者らとの間での争いは、何もノースカロライナの専売特許ではなかった。ノースカロライナで起きていたと同じような争いは、海沿いの13コロニーの至るところで起こっていた。

それぞれのコロニーの中で、18世紀はじめまでは、そこにしか人が住んでいなかった海沿いに住む古手の住人らが、内陸に入ってきた新参のコロニストらが耕作している土地に対し、所有権を主張する形の争いである。

それを、ニューイングランドでの例を取ると、グリーン・マウンテンとコネチカット河の西の地域になる。今のニューハンプシャー州に当たる地域で起きていた。ニューヨークの商人らが権利を主張し、ニューヨーク・コロニーの最高裁に行ってまで争っていた[29]。こうした中で、ニューハンプシャーを含む僻地の土地に強い関心を抱いていたイーサン・アレン (Ethan Allen) も、耕作者の側に立って一種の自警団グリーン・マウンテンズ (Green Mountains) を組織して戦った口である。

一言付言すれば、前出ノースカロライナのハズバンドも、ニューヨークのグリーン・マウンテンズ・ボーイズも、イギリスの啓蒙主義者ジョン・ロックの思想（自ら、その本を読んでいなかったにしても、当時のコロニーで広がりつつあった、その思想）に強い影響を受けていた。

すなわち、人間の自然権の思想であり、社会契約としての国の成り立ちを主張する考え方である。神ないし天の摂理の下での、人の平等の思想であっ

---

29 このニューヨーク・コロニーの最高裁の事件の原告となったのは、ニューハンプシャー州の僻地を買い占めていた人々で、1人は大金持ちの裁判長ロバート・リビングストン (Robert Livingston)、もう1人はニューヨークの検事総長であったという (Nash, *ibid.* p.110)。

た。

　ロックやモンテスキュー（Montesquieu）による著書が出るまでは、文字に
なって、印刷されて、人々に働きかけるところまでに到らなかった考え方、
思想である。それが今、文字になり言葉となって、広がっていた。伝播して
いた（他方で、人々はイギリス政府内での腐敗と汚職を知っていた）。

　更にもう１つ付加すれば、注29のような金持ちの裁判長や検事総長は、
自分達のための勝訴判決を得たが、この新世界では悲しいかな、何もかもが
まだ整っていなかった。判決を強制執行すべき執行官も、警察も、またそれ
に代わるミリシアも、当時のコロニーにはなかった（ミリシアはといえば、1773
年のボストンでの茶会〔Tea Party〕事件で召集され、そちらの方に出払っていた）。

　この頃イギリスは、このコロニーを一段と厳しく監視していた。明らかに
１世紀前の政策（4.（ニ）（c）の Salutary Neglect）から変わってきていた。税の徴
収のため、相次ぐ立案を試みるとともに、印紙税法（1765 年）のほかにも、
一連の立法や決議が行われていた。当時、コロニー側の反発の動きを感じた
イギリスは、コロニストらに予告していた。1766 年に American Colonies
Act という名の確認法を出していた。

　「イギリス王国では、何しろ国会が最高権力者であり、その立法には、す
べてのイギリス人が服従しなければならない……」。これが本国側の鉄の原
理であり、「これからは、本国が税の徴収のため、色々立法することがある」、
と確認的に予告していた。その上で、翌年から一連の立法を矢継早に５つ出
してきた。財務相だったチャールズ・タウンゼント（Charles Townshend）に
よる、いわゆるタウンゼント法（Townshend Acts）である。

　一方のコロニー。元来から、「コロニー側の代表が出ていないイギリス国
会の法律による税の徴収は違法だ」と主張していたから、1774 年にイギリ
ス国会が一方的な強制法（Coercive Acts）を制定してくると（6.（イ）（b））、今
度は、13 コロニー間での相互の意思疎通をよくするためとして、「通信委員
会」を設け、11 のコロニーが、これに参加した。

　その委員会で、イギリス製品に対するボイコットも決めた。それより６年
前の 1768 年にも、ボストンの町会からの連絡を受けたコネチカット、ニュー

161

ヘイヴン（New Haven）の町会が、すべてのイギリス製品に対するボイコットを決めていたことがあるが、今回はそのスケールが違っていた。

影響力が飛び抜けて大きいヴァージニア・コロニーでも、1774年に、これら一連の強制法と、それらの下で行われたボストン港の閉鎖措置に抗議するため、上記の通信委員会を設けることを決めていた。

(e) こうして1774年、イギリス製品に対するボイコット運動の火が、コロニー全体に燃え広がった。その時の第1回連合議会が、運動を呼びかけるとともに、各自治体ごとに、そのための委員会を設けるよう呼びかけていた。

その結果、生まれてきたのが、通信委員会、安全委員会、検査委員会（Committee of Inspection）である[30]。13コロニー全体で、7000人という規模である。これは、当時の全白人男子40万人に対し、57人に1人の割合であった。

この検査委員会が注目されるのは、母国による統治制度の外に設けられた、コロニーとしての初めての公的な機関（いわば、「影の内閣」）である点にある。それももはや、各コロニー単独のものではない。共通の制度としてである。

これらの3つの委員会は、ボイコット運動だけではない、この後のコロニーでの共同行動指針の作り手として、独立を宣言するところまで、「すべての何らかの共同行動は、委員会を通してやる」ことへの途をつけた。コロニーが、殊に「対母国イギリス」で、1つにまとまるための共通パターンを立てることとなった。

これらの委員会の動きで、先頭に立ったのは、マサチューセッツ、ロードアイランド、ニューヨークの3つのコロニーであったが、そこでの委員会の動きは、町村レベルにまでも浸透していた。

港町ボストンのもっと北とか、西の内陸の村々でも、イギリス政府の息のかかったものを排除しようという人々の動きが生じていた。ボストンでス

30　これらの委員会の先駆けは、1775年のニューヨーク市の検査委員会で、当初51人委員会（Committee of Fifty-One、次にCommittee of One Hundred）と呼ばれた（他の郡〔County〕も、これに呼応した。このように、抵抗は全くの草の根運動としてはじまった）。なお、検査とは、違反（ボイコット破り）に対する検査の意味である。

5. 18世紀の北米大陸―独立へのエネルギー―

タートした、タウン・ミーティング方式が確立していったのは、そうした
村々においてであった。

ただ、これらの委員会は自治を希求していたが、独立を求めるところまで
は、イギリス王の臣下であることを否定するところまでは、まだ行っていな
かった（その点、より過激な Sons of Liberty とは仲が悪かった）。

とはいえ、これらの共通の公的な機関、委員会が、独立への強力なバネに
なったことは間違いない（内部では、万一の場合のイギリスとの武力衝突のことも、
密かに話し合われていた）[31]。

そうしたタウン・ミーティングを8月14日に開いていた1つが、ボスト
ンから30キロほど北の Salem であった。マサチューセッツ・コロニーへの
代表（選出）を決めるためである。新しい民衆参加型の民主政治である。「お
偉いさん」や金持ちが牛耳っていた世の中からの決別であった。

皮肉な一致で、その時イギリス国会では丁度、マサチューセッツ統治法
（Massachusetts Government Act）を審議していた。内容も、まさに現地の村々
が、そうした代表を選出することを禁じる、そもそもタウン・ミーティング
を開くこと自体からして禁じるものであった。

そのような法案審議の事実が、あらかじめ広く知られていたからこそ、逆
にこのタウン・ミーティングも開催されていた。同法に対し、まさに正面か
ら挑戦しようとしていた。

そこで、イギリス軍のボストン駐屯司令官兼統治代理人ゲイジは、第59
小隊を連れて、タウン・ミーティングの場に急行し、主だった人々を逮捕し
はじめた。すると、近隣の村々の人を含む3000人の農民が、80人の小隊に
襲いかかった。

この1774年夏、この種の抵抗は、これ1つではない。マサチューセッツ
の多くの村で、これに似たことが生じていた。ボストンの町は、10年前の
印紙税法騒動以来、ずっと町民らによる不穏な動きがある状態であったが、

31　イギリス人の知事以下によるコロニーの統治組織が、次第に空洞化する一方で、この
　委員会が後には、税の賦課や徴兵なども行うようになる（en.wikipedia.org）。

163

第２部　生き残るための殺し合いと、文化

今や加えて、これら近隣の村々でも騒動が起きていた。そこでは、商人に代わって農民らも決起してきた。

（f）以上のようなマサチューセッツ・コロニーでの様子の多くは、その南の保守の町、ニューヨーク・プロヴィンス（県）でも起こっていた。そこでも、今まで会合などを牛耳っていた保守派の商人と弁護士らに代わって、強力な団体、機械工組合のような Mechanics Committee が前面に出てきていた（それまで、マンハッタンの下町に立っていた、ジョージⅢ世王の騎馬像を引き倒したのも彼らである）。

1775 年には、それら各地の委員会は、イギリス王の支配下の各地元政府にある程度対抗する力となり、第２の、より実質的な政府となっていた（地元のミリシアをコントロールしていた）。

1776 年に入ると、「プロヴィンス独自の憲法を作ろう」ということになったが、そこでも保守派の言い分は、もはや通らなかった。そうしたところへ、南のヴァージニアから、大陸軍を率いたワシントンが、ボストンへの遠征の途中で、ニューヨークにやってきた。

しかし、大陸軍の通過による政治的不安定の休止も一時的なもので、やがてこの保守の町全体が、革命前夜のような雰囲気になってきた。リビングストン、ジョン・ジェイ、フィリップ・スケーラーなど、今まで少数の貴族的な家族が治めていたニューヨークの町であったが、名もない下級の職人や商人らのグループが、幅を利かせる町に変わってきた（1776 年春、彼らは、ロイヤリストの新聞発行人の工場に押しかけ、印刷機などをぶち壊した）。

ボストン、ニューヨークから更に南へ下ってみよう。ペンシルバニアでは、議会が、相変わらず煮え切らない態度で、独立に対する意見が二分したままであった。それが 1775 年 6 月 8 日には、遂にニューイングランド等、他のコロニーに倣うことになった（第２回連合議会で、独立に投票することを意味した）。

これには、5 月 27 日、ヴァージニアの議会が、同様の決議をしていたことが、最後の決め手となった（ペンシルバニアからの 4 人の代表のうち、1 人だけ〔あの「オリーブの枝の請願」〈Olive Branch Petition〉を起草した John Dickinson〕は、連合議会での決議書にサインすることを拒んだ[32]）。

164

5. 18世紀の北米大陸—独立へのエネルギー—

　新しい体制に沿うためのペンシルバニア・コロニー自身の憲法を創る最初の議会も、1775年6月18日には開かれた。その案文では、歴史が示すように、金持ちの代表になりがちな上院を設けず、二院性を採用しないことも決められた。

　同州の憲法のもう1つの特色、すべての男子（白人）に等しく議員になり得る資格を与えるアイデアは、当時としては先端的だった（それまでは大体、50ポンド〔今日の1万ドル〕以上の金持ちだけが議員になれるというのが、世の慣わしであった）。

　このペンシルバニアから南のヴァージニアでは、どうであったか。そこでは、これまで名前が出てきたような人達、ワシントンにしても、ジェファーソンにしても、マディソンにしても、皆、貴族的なレベルの大農場主であった。

　マサチューセッツの裁判所の扉という扉に、軒並み板木が打ちつけられたと同じように、そのヴァージニアでも1774年6月には、裁判所という裁判所が軒並み閉鎖され、そこでの取り立て訴訟をしていたロンドンの金貸しらへの借金返済が、事実上棚上げ状態にされていた[33]。

　ヴァージニア・コロニーの議会が閉鎖されてから3ヶ月、8月になると、人々が、イギリス政府の何の承認も同意もなしに、代わりの議会をウィリアムズバーグに開いていた（その議員の多くは、それまでと同じGentry、つまり自由で、普通よりマシな耕作者らであった）。

　その「代わりの議会」が、かつてない大変な仕事に直面していた。差し迫ってきた感じのイギリス本国との衝突で、それと戦う軍隊の創設である。これから形成に着手しようという軍隊の構成で、この社会の階層分化が、既

32　オリーブの枝の請願は、イギリス国王に宛てて国王の臣下として出した、1775年7月8日付の平和を懇願した請願であったが、国王はこれを無視し、コロニーの申出を事実上、拒絶していた。

33　この裁判所の閉鎖により、小口の耕作者だけではない、大農場主も、借金返済を免れる組に加わっていた。そうした閉鎖による社会全体としての秩序破壊の動きは、イギリス政府の任命による知事ダンモアが、ヴァージニア・コロニーの議会を閉鎖したことがきっかけとなってスタートした（Nash, *ibid.* p.195）。

165

第2部　生き残るための殺し合いと、文化

に問題になっていた。最大の難問は、どうやって兵士を集めるか、割り当てるかであった（中でも Gentry、つまりマシな耕作者と、一般の小口耕作者のクラス間の割り当て、これが一番の頭痛の種であった）。

　まず、最初に集められたのは、やはりエリートクラスの隊で、全員が自らの装備（制服から武器からすべて）を自弁してきた。その後、集まってきた第2陣は、エリートではなく、青の制服と白のストッキングや、小銃などを、全員が全員、揃えられないまま、バラバラの姿でやってきた。

　しかしこの第2陣は、議会でヘンリーが叫んでいた言葉、「自由か、さもなければ死を！」を叫んでいた。中にはその文字を、てんでの色合いのシャツの上に浮き出させている者もいた。

　折からの社会不安で、正常な市場が機能しなくなって、作物を換金することが一苦労になっていたが、大農場主らは、自らの土地の小口耕作者らに、いつもと同じ地代を取り立て続けようとしていた[34]。これに対し、小口耕作者の方も強かに、ストライキを構えて抵抗していた。ワシントンの甥の Lund Washington がいっていた。

　「彼らは、『裁判所の係りが、競売品の差し押さえにでもやって来てみろ……どんな目に遭うか！』といって、全く脅えてなんかいない」。

　要するに、革命戦争が今まさに勃発しようとしている時のヴァージニアは、社会が真っ二つに割れている状態であった（しかも、その二分化は、軍内部の組織にまで及んでいた）。

　いつの世でも、どこの世界でも同じだが、独立を、革命戦争を一番推していたのは、自営の小口耕作者のグループであった。対照的に、ある程度の規模の耕作者が多い Gentry のクラスは、革命戦争に消極的だった。

34　独立宣言の6ヶ月前の1775年12月、ワシントンの大農場、マウント・バーノンの支配人も、ワシントンにその点で、「……これはいささか酷ですよね……」と訴えていた（Nash, *ibid.* p.197）。

6. 革命戦争への道程

（イ）ボストン茶会事件のニューイングランドから
　　　ペンシルバニアにかけて

（a）なぜボストンか。ボストンを中心とするニューイングランドは特別だ。この新国家の誕生した地とされている。1620 年にメイフラワー号でピューリタンらが移住してきたボストンではまた、アメリカの革命（独立）に至る、いくつかの初期のトラブル、イギリス王国の軍隊と市民との衝突が起こっている。

ボストン大虐殺（Boston Massacre, 1770）、ボストン茶会事件（Boston Tea Party Incident, 1773）、これらの事件の 100 年ほど前、17 世紀中頃から、イギリス王国（当時のジェームズ II 世）も対策に怠りはなかった。

貿易規則や関税法違反を繰り返す「御し難い」この地の人々に対し、取り締まりの手綱を締めるため、コロニーとしての組織変更を定めていた。直接統治化である。

この直接統治化は、その少し前から、前王のチャールズ II 世からはじまった。次の王ジェームズ II 世王の 1686 年には、当初からのコロニー単独の免状を、Dominian of New England としての合同免許に形を変え、統制が強化された（個別コロニーとして与えられていた免許を合体させるとともに、自治権をカットする内容である）。

これに大反発したニューイングランドの人々は、一大キャンペーンを繰り広げた。イギリスでの名誉革命（1688 年）で、ジェームズ II 世王がクロムウェルにより退位させられると、人々は、コロニーにいるイギリス政府の統治者を逮捕し、追放していた。

ニューイングランドの人々が、イギリス王のいうことを聞かず、密輸や関税法に当たるイギリスの航海法（Navigation Acts）違反を繰り返していたことには、それなりの理由があった。

167

第 2 部　生き残るための殺し合いと、文化

その地が昔から 13 コロニーの貿易の中心地として、コスモポリタン的気風があった事実である。ニューイングランドの商人らが、古くからカリブ海など、北米以外にある同じイギリスのコロニーと、更にはヨーロッパ、特にスペイン、オランダなどから、アフリカや中国まで、世界的な貿易取引のネットワークを築いてきていて、自分達をイギリスの出先とは思っていなかった事実である。

そんな中でイギリスは、スペイン、オランダなどによる北米コロニーの貿易の扉を閉ざすため、羊毛、帽子、糖蜜など、各種商品貿易の禁止法をはじめ、航海法を立法していた[1]。

だが、コロニストらは一向に、密輸や関税法違反を辞めようとはしなかった。それどころか彼らは、イギリス政府の取り締まりに対し、密輸、贈賄、関税吏の買収や脅し、などで反抗した。

18 世紀に入ると、本国は更に、コロニーから税金の形で資金を吸い上げようとしはじめた。最初は、砂糖税法（Sugar Act of 1764）という間接税の形、次いで、あの悪名高い印紙税法（Stamp Act of 1765）を試みた。

これに対し、コロニストらはどうしたか。その代表的な反応が、あのボストン茶会事件である。そこに至る話は以下の通りである。

事件は、イギリス本国での「茶法」（Tea Act, 1773）に係り起こった[2]。茶はイギリス人の生活に因縁深い品目であって、このような茶の習慣は、本国でもコロニーでも大変な歴史があり、この立法に対しては、ノース卿（Lord North）の閣僚や前閣僚の中からも、警告や反対の声が挙がっていたが、ノース卿は我関せず実施した。

これら一連の大変な歴史的事件の中心にいたのが、その由緒正しい歴史から、「イギリスで No. 1 の法人」といわれる、例の東インド会社（East India Company：EIC）である。

1　たとえば、1733 年の糖蜜法（Molasses Act）により、コロニーの貿易品目の大きなウェイトを占めていた糖蜜の、他の地域への輸出を禁じていた。
2　コロニーへ輸入される茶 1 ポンドに、3 ペンスの関税を課した同法は、1773 年 5 月 10 日にジョージⅢ世王により承認されていた。

茶が、イギリスを含むヨーロッパ中の人々の嗜好品として普及したのは
17世紀で、各国は国策会社を作って、中国、インドから競って輸入しはじ
めた。イギリスではEICに対し独占権が与えられた一方（1698年）、コロニー
への茶の再輸出は、EICにも禁じられていた。

その後1767年まで、イギリスへの輸入には25％という高率の付加価値税
が課せられていた一方で、オランダは、自国への輸入に対し、何の税金も課
していなかったから、イギリスは、その差額25％の鞘取りを狙った闇取引
のメッカとなっていた[3]。

その間もコロニーでは、主としてオランダ経由の茶の闇取引が横行してい
た。無論、イギリス政府も対策立法を行っている。1つは、EICの輸入する
イギリス国内の消費分の税を大幅に安くすることであり、もう1つは、コロ
ニー向けにEICが茶を輸出するのに、25％の税の還付を認めたことであった。

そんな中、イギリス国会は、初めてコロニーで消費される茶に対し、直接
税をかけることを可能にする法律を制定した[4]。アメリカ人が飲むTeaは、
オランダからの闇取引茶よりその分、更に高くなる。

そうなると、コロニーでイギリスから茶を輸入してそれを扱うのは、イギ
リス国王によって任命された知事の親族の経営する商社くらいで、後は皆、
オランダの茶などを扱う闇業者になってしまう[5]。

ボストン人らが問題にしたのは、この課税分のポンド3ペンスという金額
では全くなかった。彼らが問題にしたのは、あくまで、「代表なくして課税
なし！」（No Representation, No Tax）の原則であり、その違反であった。この
大原則の違反に、ボストニアンは黙っていなかった。

（b） 7隻のEICの船が、1773年の9、10月、茶を摘んでアメリカに向かっ

3　そのためEICは、茶の輸入取引に絡んで、年40万ポンドもの大赤字を毎年積み上げ
　ていた。

4　この税法は、Townshend Revenue Act of 1767のことで、1766年の宣言法（Declaratory
　Act）を受けてすぐ、翌年に立法された法律である。

5　ボストンでも、コロニーの知事トーマス・ハッチンソン（Thomas Hutchinson）と、
　その娘婿などが経営する商社以外は、地元民らは不買同盟を組織し、ボイコットに加わっ
　た。

第 2 部　生き残るための殺し合いと、文化

た（うち 4 隻がボストン港へ）。そのニュースが入るや否や、人々は騒ぎ出した。殊に喧しかったのは、Sons of Liberty とも仇名されていた市民の一団で、8 年前の印紙税税法を潰した連中であり、その時と同じ戦法を取った。

印紙税配布人を脅して、その役から降ろさせたのと同じで、茶の荷受人（Consignee）として名づけられていた業者らに対し、その地位から降りることを要求していた。

ボストンの町の、それら茶の業者荷受人の多くは、普段はオランダからの安い闇茶を扱っていた。（EIC による）イギリスからの茶の輸入は、25％の高値ゆえに、この先、彼らの商売の息の根を止める可能性があった（殊に、EIC による独占が、将来、茶以外の商売にも広げられる恐れが大きく、そうなると更に大問題であった）。

これらの業者に加え、Sons of Liberty など、工員などの一団が、街頭で茶法への反対運動を繰り広げた。

そのボストン港に、4 隻の茶船のうちの 1 隻、Dartmouth 号が 11 月に入港してきた。

ニューヨーク港やフィラデルフィア港では、当局が、地元民らの反対に耳を傾け、茶船に対し積荷を陸揚げさせずに、そのまま出港させていたが、知事ハッチンソンのいるボストンでは、そうはいかなかった（知事は逆に、陸揚げせずに船が港を去ることを止めさせていた）。

ボストンの町には、共和主義者で強力な（反イギリス王の）活動家がいた。後に大統領になったジョン・アダムス（John Adams）の従兄弟に当たるサム・アダムス（Samuel Adams）である。

このハーバード出の実務家は、父のやっていた商社の跡取りとなるが、政治に関心があって、金銭には無頓着であった。という訳で、独立運動の推進者の 1 人となっていた（1768 年には、アメリカ独立運動絡みの古文書の 1 つとされる、Massachusetts Circular Letter の作者となっている）。

11 月 29 日、このサム・アダムスが人々に呼びかけて、町の古い集会所 Faneuil Hall に数千人を集めた。そこで人々は、サム・アダムスの提案通り茶船 Dartmouth 号の船長に対して、退去を要求する決議をしていた。

170

6. 革命戦争への道程

「陸揚げせずに出港させること、その間、監視のため 25 人が見張りにつくこと」、などを決めたものである。

12 月 16 日は、Dartmouth 号が何が何でも港を去らねばならない最終日であった。約 7000 人の市民が、町のもう 1 つの古い集会所 Old South Meeting House に集まってきた。

知事ハッチンソンが、再び Dartmouth 号の出港を拒否したとのニュースが飛び込んでくると、サム・アダムスは、人々に向かって、「これ以上、こちらとしては打つ手がない」旨の発言をした。一部の歴史家は、これが実は合図として決まっていたという。

とにかく、その後も 10〜15 分間、人々は集会所から出なかったが、その後人々は（その一部の数十人はモホーク〔Mohawk〕族の衣装とメークアップをして）、夕刻にかけて桟橋に係留されていた 3 隻の茶船に殺到し、342 の茶箱をすべて海中に投棄していた（今日の価格で、約 100 万米ドルとされる）。これが、アメリカの独立への第一歩を印す、いわゆるボストン茶会事件である。

サム・アダムスが、このボストン茶会事件を企図ないし指示していたか否かは、上記のように争いのあるところであるが、彼が間違いなくしていたことがある。それは、この事件を公けにし、かつ擁護するために立上ったことである。

具体的には、彼がそれを、イギリス憲法上で保護された表現の自由権として擁護したことである。彼の意見では、「イギリス憲法は、人々の同意なしに賦課することを禁じている。茶取引は、まさに、人々の同意なしに茶税を賦課する行為に、当たる」。

このボストン茶会事件を受けて知事のハッチンソンはどうしたか。無論、イギリス政府が「強硬な措置を採るよう」求めていた。ボストンと、ボストン市民に対して、更に Sons of Liberty の面々に対してである（彼が、ニューヨークやペンシルバニア・コロニーの知事と同じように、茶船に「荷降ろししないで、退去するよう」、命じていれば、事件は起きていなかったが）。

342 個の茶箱を海中に投棄した行為を知ったイギリス本国はどうしたか。この先、イギリス人とロンドン市民らは、ボストンとボストン市民を、憎し

第2部　生き残るための殺し合いと、文化

みと蔑みの目を持って見るようになる。

　沸騰する世論を受けたイギリス国会は、それなりの立法措置を決断する。警察権などの生温い措置ではない。武力を用いた措置である。こうして、次々と出されてきたのが、1774年3月28日のBoston Port Act以下のいわゆる強制法（Coercive Acts）5法と称されるものである[6]。

　(c)　一方、コロニーでも局面が変化していた。ある人は、このボストン茶会事件をもって「以後、人々の意識が変わった。イギリス臣民というより、アメリカ国民に変わった」とする（いずれにせよ、これらの強制法5法は、その後のアメリカで反発を込めた、「耐え難い法律」〔Intolerable Acts〕と呼ばれるようになった）。

　強制法5法のはじめの2法からも見られる通り、イギリス当局は、これによってアメリカを分断しようとしていた。ボストンとマサチューセッツだけを、残りの11コロニーから切り離すことである。

　それらが、「異分子扱いされる」、「厄介者扱い」されるようになることを期待していた。だが、そうはならなかった。

　他のコロニーの人々も、ボストンの人の側に立った。理由は、基本的にマサチューセッツの人達と同じである。茶税3ペンスの問題ではない。イギリス憲法違反と基本原理に係る問題であった。その点での一致が、結局、それまでバラバラだった13コロニーを1つにまとめる力を発揮した。かつてなかった、「連合議会を招集しよう」という、次の行動を導いていた（1774年9月）。

　アメリカのコロニーでの反イギリス王国感情の高まりとともに、イギリス製品ボイコット運動が、13のコロニーを通して起こってきたことを記した。これが、後にはボイコットを監視するための団体、「大陸としての団結」（Continental Association）の形成につながってきた。

6　このBoston Port Actにより、港を事実上閉鎖した。他の4法は、次の通りである。（ⅰ）Massachusetts Government Actでは、コロニー内の町会（Town Meeting）を制限し、かつコロニー・レベルでの代表の選出に代え、知事の任命制を取った。（ⅱ）Administration of Justice Actでは、コロニー内のイギリスの役人につき、刑事上の免責を定めた。（ⅲ）Quartering Actでは、イギリス軍兵士の民宿を強制させた（5.（ハ）(d)）。（ⅳ）Quebec Act（5.（ロ）(f)）。

「大陸」などというのは本来、政治的な単位とはほど遠い。別ものである。確かに、この国の歴史でも、「連合議会」など、過渡的な存在を意味する言葉としてだけ用いられてきた。

それはともかく、13コロニー全体の団結を固め、それを文書化する動きは生じてきた。1774年フィラデルフィアでの第1回大陸会議（Continental Congress）である。全く前例もなく、史上初めて13のコロニーが1つに団結し、全体会議を持った。それが、第1回連合議会となり、第2回連合議会へとつながった。

この第1回大陸会議での決議は、いわば「贅沢しません決議」であった（当時、人々はイギリスからの輸入品を日用品として使っていたが、贅沢品だとの認識があった）。上流階級、支配層の夫人（たとえば、アダムスの妻アビゲイル〔Abigail〕など）も、「毛皮のスカーフや手袋を嵌めない……」、などと公言して垂範していた。

(d) そのボストンでは、革命戦争2年前から既に状況は違っていた。いってみれば、イギリス王国との「国境の町」という感じであった。町には、北米司令官トーマス・ゲイジ（Thomas Gage）将軍の率いる王国軍の兵士が駐屯し、そこら中を往来していた。

そのためもあり、ボストンの町そのものよりも、町の北部や、西部の町村での方が、更に燃え上がっていた。そこでの反英運動の方が、ボストンの町そのものの通信委員会の動きなどを上回っていた[7]。

注記の郡では、更に8月27日に、王国軍のゲイジ将軍により任命されていた議員らの辞任を要求する群衆が繰り出し、それら3人の議員らは、群衆の前で脱帽した上、辞任の声明を読み上げる破目に追い込まれていた（そこには、ベンジャミン・フランクリン〔Benjamin Franklin〕の紹介状を持って丁度ロンド

7　この1例として、バークシャー（Berkshire）郡での裁判所閉鎖事件がある（1774年7月）。イギリス国会で審議中の法律（Massachusetts Government Act）の成立を待たず、住民ら1500人が裁判所に押しかけて、1691年の免状以来認められてきた町会を年1回に制限しようとするその法律に反対して、裁判所を閉鎖してしまった（Nash, Gary B., *The Unknown American Revolution*, Penguin, 2005, p.179）。

第2部　生き残るための殺し合いと、文化

ンから到着したばかりの、イギリス人の作家、トーマス・ペイン〔Thomas Paine〕もやって来て、これを取材し、その様子をゲイジ将軍に話して聞かせていた）。

　そのゲイジ将軍も、燃え上がる北部や西部の町村での反英感情に対し、どうしたものか考えあぐねていた。既に本国での立法に沿って、会議を開くことや、そこでイギリス国王や国会に対する敵対的な決議をすることを禁じていたものの、具体的な行動は起こしかねていた。

　そのゲイジ将軍の決意、肝玉をテストするかのようなことが起こった。1774年8月24日、ボストンの北30キロ余りのセイラム（Salem）の町が、町会を開いたばかりか、先のイギリス王による法律「強制法」が出たら「どう対応するか」、を議論しはじめたのである。これは、2点で違法であった（制限されていた町会を開く点と、イギリス王による法律への反対を表明することの2つである）。

　ゲイジ将軍は、第59連隊の2小隊80人を引き連れて、セイラムへ急行し、「町会を開かないよう」要求した。人々が、ゲイジ将軍の言に耳を傾けないと知るや、彼はセイラム通信委員会のメンバーらを逮捕しようとした。そこへ出てきたのが、2小隊に対し、近隣の町村から棍棒などで武装した農民ら3000人であった。

　こうした情勢を受けて、ゲイジ将軍は、8月末には戦略を転換していた。ボストンの町中に留まる方向、町を防衛する方向である（避難してくるロイヤリストの町民などは受け入れていた）。

　「この町の、平時の社会（Civil Society）は崩壊しました……あちこちの法廷は閉鎖され……近く法律のない社会が訪れるでしょう……」。彼は、ロンドンにそう報告していた。

　ゲイジ将軍が報告していたように、1775年に入ると、もうマサチューセッツ・コロニー全体が、完全にイギリス王の指令に従わない外地と化していた。

　(e) 同じ1775年には、ニューヨークでも、これに近いことが起こっていた。何といっても、レキシントン・コンコードでの銃撃戦は、もう既成の事実となっていた。町の人が、皆知っている実話として伝わっていた。更に独立宣言が出される1776年の前年のこの頃からもう、コロニー全体に改革の

174

気運が溢れるようになってきた。

そこでは、商人らや弁護士らの組合に加え、昔から力の強かった「機械工委員会」(Mechanics Committee) が、社会改革の要求を出していた。その様子を回顧して後には、「1789 年のパリ大革命の様子、雰囲気にいささか似たところがあった」、という人もいた。

一方、ペンシルバニアの中心地、フィラデルフィアの町は、どうだったか。そこでは、1774 年 9 月には、合衆国建国へ向けた最初の第一歩となる第 1 回連合議会が、「大工の館」(Carpenters' Hall) で召集されていた。この場所自体が、当時のこの町の運動の中心が商人団体とは別の 66 人からなる「検査委員会」(Committee of Inspection) によって代表される、工員や職人団体によって牛耳られていたことを示す。

ここフィラデルフィアの町では、加えてレキシントン・コンコードでの開戦後に結成された地元のミリシアが勢力を誇っていた。ほとんどの適齢男子を含んでいた。

イギリス王に「べったり」だったペンシルバニア・コロニーの議会とは違って、フィラデルフィアの議会自体、独立への動きで決して遅れてはいなかったが（むしろ先頭に立つ一群であったろうが）、その議会に更に、独立への発破をかけていた団体の 1 つが、地元のミリシアの 1 つ、Philadelphia Associators である[8]。

この Philadelphia Associators が、独自の通信委員会を作り、そこが、他のコロニーなどの外部と連絡するとともに、政治的働きかけを行っていた。普段は社会の下層にいて、軽く見られる人々でも、非常時の認識に支えられ、結構、議会に要求を出し、聞き入れられていた。

そして 1775 年 11 月、前年イギリス王に対する不信を述べてロンドンを飛び出してきたペインが、あの "Common Sense" を書き上げていた。丁度、イギリス国王ジョージⅢ世が、「すべてのアメリカ人を反逆者とする（死刑に

---

8 この Philadelphia Associators は、レキシントン・コンコードの後で、ペンシルバニアとしての第 1 次ミリシアは既に出払ってしまっていたが、更に在郷の適齢男子を探し出し、駆り集めて作ったものであった。

第 2 部　生き残るための殺し合いと、文化

処される）……」と宣言していたその時である。

　ペインの Common Sense は、王の権利を頭から否定し、アメリカ人にイ
ギリス王国からの独立を強く奨めていたが、本として店頭に出てきたのは、
1776 年 1 月 9 日であった。その中で彼は、アメリカ人らに向かって、彼ら
がかつていわれたことのないような調子で、こう問うていた。

　「……こんな大きな国、大陸の諸君が、ちっぽけな島国のいうなりに従っ
ている必要があるのか？　あんな暴君に唯々諾々と従っていていいのか
い？」。

　ボストンのアダムスも、Common Sense を読んでいた。コロニーの独立
を急がせる本の結論には反対していなかったが、ハーバード出の法律家アダ
ムスからすると、小学校出の著者の文法その他が目につき過ぎて、（本自体
の）評価は高くなかった。

　そのアダムスが、もっと苛つきながら見ていたのが、ペンシルバニア・コ
ロニー議会の煮え切らない態度であった。

　一方のペインは、1776 年から 1783 年の戦争の間を通して、更に「アメリ
カの危機」"American Crisis" と題する論文を、各地の雑誌に寄稿していた。
そこでは、アメリカの、独立を求める心には、そしてそのための戦争には、
正義があり、神の加護がある……「だからアメリカ人よ、頑張れ！」といっ
た文が繰り返されていた。

　（f）この 1776 年春、「全コロニーとして、イギリスに対し、どう立ち向か
うのか」。その決断の時、大事な節目を迎えていた。ニューイングランドの
コロニーは皆、イギリス王国からの独立の決意を固くしていた。その 1776
年春になっても、ペンシルバニア・コロニー議会は、前記のフィラデルフィ
アの議会とは対照的に、まだ躊躇っていた。ニューイングランドのコロニー
すべてと、ヴァージニアが、「王からの独立」を決めていた状況の中で、連
合議会のお膝元、肝心要のペンシルバニア・コロニーが、どっちつかずの状
態でいた。

　そのコロニー議会には、古くからの伝統を重んじる、ペンシルバニアの重
鎮居士が集まっていた。ペンシルバニア・コロニー議会が如何に優柔不断で

あったか。苛ついていたのはアダムスだけではなかった。目指す第2回連合議会の決議が見透かせないからである。改革を呼ぶためには、コロニー議会の構成からして入れ替える必要があった。

地元フィラデルフィアの検査委員会もまた、コロニー議会のメンバーの入れ替えを主導するしかないと考えていた。そのためには、検査委員会を構成する前出の Philadelphia Associators を柱とする職人らの組合が、リードを取るべく、求められた。

必要なことは、ペンシルバニア議会の臨時選挙である。それを、どんな非正常な方法によってでも、実施するしかないと考えていた。それにより、ロイヤリスト寄りのペンシルバニアの票を変え、更に連合議会の票を一本化できることである（そのような史実から、ペンシルバニアはその後、別名 "Keystone State" とも呼ばれる）。

ところが、この鍵となるコロニー議会の臨時選挙を経ても、まだ連合議会での全体会議で可決に必要な票数に達しない恐れがあった。というのは、今までのペンシルバニア議会の穏健（反独立）派も、対抗して動きはじめ、戸別訪問など、猛烈な活動を繰り広げたからである。案の定、臨時選挙そのものも、期待外れの結果に終わった。

そこで、改革派は最後のカードを切った。連合議会でアダムスが出していた決議文中の言葉を足がかりに、ペンシルバニア・コロニーの新しい議会の構成を「正当ではない……」と主張したのだ。

そして前出の検査委員会の人々が、町へ出て行って、署名を集め、5月20日には、一大集会を開いた。いわば、巨大タウン・ミーティングである（ニューイングランドの町々では、珍しくないタウン・ミーティングであったが、フィラデルフィアでは、開かれたことがなかった会合である）。

アダムスも、そこに出て行った。議会の構成を「正当ではない」というためである。そのタウン・ミーティングの場で、連合議会が用意した決議文、「王の権威に由来する一切の政府を否定する……」について信を問うたところ、フィラデルフィア議事堂の庭に集まった4000人の群衆は、口々に賛成を叫んだ。万歳三唱の後には帽子が宙を飛び、その場で決議文が可決された。

第2部　生き残るための殺し合いと、文化

　翌年6月、ペンシルバニア・コロニーの議会は、遂にこの5月20日の「人民大会」による直接の意思表示に服する旨を示し、長くかかったKeystone State による連合議会の多数意思への歩み寄りが、ここに実現した。第2回連合議会としての、つまり誕生間近のアメリカ合衆国としての、独立への意思が、法的に確認された。

（ロ）ロイヤリストとパトリオット、その間で揺れたインディアンら

　（a）　新天地に移住して、新しく一国を建てるというのが、如何に難事であるか。母国とともに、つまりイギリス王の軍隊とともに、フランス・インディアン戦争を戦ったコロニーの住民ら。そこで一息つく暇もなく、今度は、母国イギリスからの締めつけが一段と厳しくなったことを、印紙税法（1765年）以来、コロニー向けに矢継早の立法がなされたことなどから、見てきた（5.（ハ）(b)(c)）。

　のみならず、それらの立法の1つ、1774年ケベック法（Quebec Act of 1774）により、誰もがコロニーの領土と考えていたオハイオ河流域にかけての地域までも、カナダにあるイギリス王国のものだとされ、コロニストらに「立ち入り禁止」とされていた。

　どのコロニーにも共通する、新天地での自然環境の厳しさに加え、更に17、8世紀という時代がある。天然痘などの感染力の強い疫病に対する抵抗力は、まだ低かった。インディアンと並んでもう1つ、白人らにとっての脅威は、黒人ら（African-Americans）の存在であった。革命戦争勃発年（1775年）で見ると、13コロニーを通して、奴隷人口は50万人とされる。白人との比率は、ヴァージニアでは1：1（ヴァージニア・コロニーといっても、当時は、後のウェストヴァージニアは勿論、ケンタッキーなどにまで及んでいた）。つまり同数の黒人がいた（サウスカロライナでは、ほぼ1：2とされていた）。ただ総数では、より多くの黒人がアメリカ・コロニー側に立って戦ったとされている。

　黒人らの数が万の域に達してくると、法制が必要である。合衆国憲法では、奴隷制度肯定を前提に、その輸入につき定めるに止めていたが[9]、18世紀

9　合衆国憲法の I , 9(1)では、奴隷の輸入を「1808年までの20年間は、禁じてはならな

6. 革命戦争への道程

早々に各コロニーで、奴隷を不動産の一部とする黒人法典（Black Code）が作られていた（4.（ニ）(c)）。その中で彼らは、一切の武器（になり得るもの）の所持を否定され、3人以上の集会を禁止されるなど、様々な制約を課されていた。

コロニーに対する母国の締めつけがきつくなり、コロニーの人々のイギリスやイギリス国王に対する気持ちが刺々しくなるにつれ、万が一の場合、黒人奴隷らがどう出てくるか、彼らを戦時にどう処遇するかが、すぐ目の前の大きな課題として浮上してきた。

この点で、ヴァージニアの知事（統括代理人）ダンモア公（Lord Dunmore, John Murray）が、1775年11月7日に逸早く発した宣言、「イギリス王のため銃を取って戦うものは、自由の身分だ！」、が史上有名である（これにより、300人の黒人部隊を編成したダンモア公は、それを「エチオピア連隊」と名づけていた）。

革命戦争時、イギリス王国側についてロイヤリスト（Loyalists）になるか、それとも、コロニーのために戦いパトリオット（Patriots）となるか、これは、当のコロニーの白人にとってと同じくらい、黒人らにとっても重大問題であった。

ジョージ・ワシントンは、部下のリー大佐（Henry Lee Ⅲ）に手紙で書いていた。

「このまま双方が戦ったとして、黒人らを、より速く武装させられた側が勝者だよ！」と（彼が懸念していたのは、一度、大陸軍〔Continental Army〕の兵士となった経験のある黒人が、イギリス側に再雇用されることで、それを何とか防ぎたい、と考えていた）。

こうしたことから連合議会も、1776年には、ワシントンの意見に従い、黒人らの大陸軍での再雇用を可能とする決議をしている（ただ、こうした措置が、すんなり受け入れられた訳ではない。兵士としての黒人らに、武器その他を身につけさせることに対しては、南部で、特にサウスカロライナとジョージアで、強固な反対が

い……」とし、更に、これらの定めⅠ、(9)の(1)と(4)につき、その間、憲法改正の手続きを行うこと自体を禁じていた（Ⅴ）。

179

第 2 部　生き残るための殺し合いと、文化

あった）。

　一方の黒人らも、2 つの勢力を見比べ、思い比べていた。一番に惹きつけられたのは、前出のダンモア公の声明文であった。これに対し、コロニーの白人らの態度は割れていた。殊に上記のように、黒人らに武器を持たせることに対する強い抵抗が示されていた南部では、兵士に採用することに踏み切れないでいた。

　一方、マサチューセッツの防衛委員会（Committee of Safety）では、1775 年 5 月にも黒人らを兵士に採用していて、連合議会も、マサチューセッツ・コロニーからの軍を引き継いで大陸軍を編成したことで、それを受け継いでいた。

　実は 7 月に、大陸軍のホレイショ・ゲイツ（Horatio Gates）将軍は、黒人兵を認めない命令を出していた（これは、ワシントンの考えに真っ向から反していた）。戦局が進む中で、連合議会からの各コロニー宛の割り当てを充足できないロードアイランド・コロニーの議会が、1778 年 2 月、黒人らを兵士に採用することを可決した。これによりロードアイランド第 1 連隊は、225 人中 140 弱の黒人兵を含んで結成された。

　戦争中、ほとんどの期間を通してイギリス軍は、その海軍力を生かして、マンハッタンなど、ニューヨークのハドソン河沿いの部分を占領していた。そのため、ダンモア公の声明などを受けて、南部などから多くの黒人らが、ニューヨークに駐屯するイギリス軍の元へと駆け込んできた（イギリス軍が用意した台帳 Book of Negroes には、男 1336 人、女 914 人、子供 750 人などが記帳されている）。

　1783 年の終戦時、その大半が、イギリス軍とともに、ノバスコシア（Nova Scotia）へと出国して行った（200 人ほどは、ロンドンへ向かったという）[10]。

　(b)　イギリス王からの決別を巡って、コロニーとしての意見が二分する中で、黒人らと並んで、コロニストらの目前の脅威は、土着のインディアン

_____

10　ただし、こうしてノバスコシアやロンドンに向かった黒人らも、多くは、現地での差別が酷く、必ずしも幸せな日々を送った訳ではなかった。そのため、そこから更に、西アフリカ、Sierra Leone に新開地 Freetown を用意され、そこへ移送された。

180

らであった。白人らの中には、根っからの「インディアン嫌い」(Indian Haters) がいたことは述べた。しかしイギリス政府は、境界線布告が示したように、インディアンを、彼らの土地利用権を大事にしていた。

土地狂いの多くのコロニストらからすれば、確かにインディアンは、根本的に利害の相反する天敵のような存在に違いなかった。白人らの多く、中でも「建国の父祖ら」とされるワシントン、ジェファーソン、マディソンら。どの人をとっても、皆、土地獲得熱の旺盛な人ばかりではなかったか。

彼らヴァージニアンが、ちょくちょく侵入していたのが、今のケンタッキー州に当たる部分であった。当時のヴァージニア(その後、ウェストヴァージニアに分割する前の巨大な面積である)の一部、中心部のすぐ南西である。そのため、地元のインディアン(主にショーニー〔Shawnee〕族)との間での抗争が絶えなかった。

そんな折も折、1774 年 4 月下旬、ジェファーソンら、ヴァージニア・コロニー議会のメンバーが、ウィリアムズバーグに集まって、イギリス王によるアメリカ向けの強制法の施行と、ボストン港閉鎖への対抗措置として、通信委員会への参加を議論していた。

その時である。インディアン嫌いで、しかも先行した戦いで不満だったダニエル・グレートハウス (Daniel Greathouse) ら武装した一行が、オハイオ河を下っていたインディアンの一行 10 人余り(女 9 人と子供を含む)に襲いかかり、皆殺しにし、インディアン式に頭の皮を剝ぎ、女の胎内の子まで取り出して、竿の先に吊るしてしまうという事件を起こしていた。これも、ショーニー族とヴァージニア・コロニストの間のいざこざの 1 つであった。そうした集積が、次記の 1774 年の「ダンモア公の戦い」(Lord Dunmore's War) につながった。

インディアンの中でもフランス人の血が半分混じった男ローガン (John Logan) は、酋長の息子で、白人らに対して平和主義的な考えで臨んでいて、そのことは、白人らの間でもよく知られていた。それくらいであるから、やや大きなトラブル、Paxton Boys の事件が起こっても、何の仕返しもしなかった[11]。

第2部　生き残るための殺し合いと、文化

　しかし、今回ばかりは、さすがのローガンも、人が変わったかのように復讐心に燃えた。というのは、オハイオ河で皆殺しにされた中に、彼の弟と妹が入っていたからだ。元来がインディアン戦士の血を受けていたローガンは、ヴァージニア・コロニーの1つを襲い、男13人の頭皮を剥ぎ取った。

　上でその名が出てきたダンモア公の戦いも、100%、オハイオ地方を根城にしていた当時のインディアン（ショーニー族）と、ヴァージニア・コロニストらとの間の土地争いであった。対象となった土地の1つが、今のケンタッキー州に当たる地方である。土地狂いのようなヴァージニアのコロニストが、オハイオ河の流域の南の土地を大量に物色していたことは述べた通りである。イロコイ（Iroquoi）族らが、永年、狩りに使っていた土地である。

　フランス・インディアン戦争発端の地ともなった、かつてのニューフランスの一部であったオハイオ河の流域は、1763年のパリ条約で、イギリスの手中に帰していた。更に、インディアンとの関係を決着させたのが、イロコイ族とイギリス王国との間のスタンウィックス砦条約（Treaty of Fort Stanwix）以下の屢次の条約による微調整である。

　この条約で決着させられたのは、しかしインディアンの中のイロコイ族との関係だけであった。そこを狩り使っていた他の部族、特にショーニー族は、この条約の効力を争い、公けに挑戦していた。

　果たして、1773年10月、ショーニー族はヴァージニアのコロニストの一行を襲って、彼らのやり方で、（子供らを含め）虐殺した。実は、半年前の4月、白人らは、河を下っていたインディアンのカヌーを下流の小川まで24キロにわたって追いかけた挙げ句、激しく戦った、ということが起きていた。

　前述のローガンの弟妹らが殺害された事件は、この延長線にあった。このように、厄介なことに、彼らが毛皮を積んで下って行く河の通行権を巡る争いが、周囲の領土を巡る争いとは、また別にあったことがある。

11　Paxton Boys は、ペンシルバニア平原に住みついた白人の中でも新参のスコッツ・アイランド人が作っていた自警団である。それが、1763年にサスケハナ河沿いのインディアンを襲って、虐殺するという事件を起こしていた。これには、フランス・インディアン戦争と、更にポンティアックの反乱（5.（ロ）(e)）への「仕返し」の意味があった。

6. 革命戦争への道程

　これらの積み重なるいざこざ、「戦いと、その復讐」、それらの総括編のようなものが、インディアン、ショーニー族との間の、史上でも有名な、「ダンモア公の戦い」と呼ばれるものである。

　この戦いで、ローガンはまず、使者をヴァージニア・コロニーの知事ダンモアの元へ派遣し、伝言を述べさせた。

　「私は皆さんに訴える。白人が荒野で迷って困っている時、餓えている時、私の住いに迎え入れられ、暖かい肉を与えられなかった人がいたろうか……あの 7 年に及ぶ戦いの時も、私はフランスやインディアンの側に加わらなかった……」。

　こうした訴えを無視して、このダンモア公の戦いは、5 月にはじまったが、コロニー政府が本腰を入れたことで、一方的な優勢となった。1774 年 10 月に和平条約を結んで終結するが、この戦いでインディアンらは、今のケンタッキー州に当たる広大な土地の権利を、白人らに与えることになる。

　つまり、このダンモア公の戦いは、ヴァージニア・コロニーにとって土地獲得のための絶好の口実、イギリス王が布告していた禁止線 Proclamation Line of 1763 を越えて獲得する、それもインディアンから直接、大っぴらに土地を獲得するチャンスとなった（その点で、その名前〔イギリス王国の代理人〕とは真逆に、コロニー側にメリットがあった）。

　(c) このヴァージニア・コロニーの例で見るように、コロニーの人達のインディアンの一部部族との間の戦いは、イギリス王国（その施策方針）に対する反逆と複雑に絡み合っていた。

　それが見られるもう 1 つの例が、ジョージア・コロニーである。そこでは、ジョージアの辺境（フロンティア）の白人らは、ほぼ全員がインディアン嫌い、かつパトリオットで反イギリス王国の立場であったのに対し、海沿いの既成勢力は、知事以下、大体ロイヤリストが多く、かつ親インディアンの方針を取っていた（中でもジェームズ・ライト知事〔James Wright〕は、自らインディアンと大きな商売ルートを持っていた）[12]。

　すなわち、この点で辺境の白人の利害は、コロニーの独立を志しはじめたパトリオットらと完全に一致していた一方、イギリス王国に近い Gentry（エ

183

第2部　生き残るための殺し合いと、文化

リート層）は、インディアンらの肩を持つという図式があった。

　それがヴァージニア・コロニーになると、また違っていた。自立心が強く、独立を声高に叫んでいた Gentry らは皆、オハイオ・カンパニーのサポーターであると同時に、自らもオハイオ・フォークなどへの投資家でもあった。ジョージ・メイソンにしても、また独立宣言の採択を提議したヘンリー・リー（Richard Henry Lee）にしても、皆、コロニーの拡張を第1に掲げていた。

　それゆえ、王の境界線布告やケベック法（1774年）により、（ミシシッピ・カンパニーの形を通して）次に計画していた投資 250 エーカーの夢が破られた、として怒っていた口であった。

　こうしたコロニストらにとり、イギリス王国による宣言や指図は、邪魔だったが、問題は、北米大陸の土地についてだけではなかった。上に触れたケベック法は、土地の帰属についての指図とともに、フランス人が多いカナダの白人らに、カトリック信仰の自由を与え、保障していたが、これは、アメリカの新教徒らへの当てつけと受け取られていた（このためコロニストらは、このケベック法を、彼らが頭に来ている同年の強制法中の他の4法と1つに括って、「耐え難い法律」と呼んでいた）。

　反対に、インディアンらの方から見ると、イギリス王国の北米大陸での土地政策、土地立法は、コロニストらによる侵害を抑制してくれる点で、「ありがたかった」。辺境の白人らが越境してきて、自分達の地所を占奪するのを防いでくれる結果を意味していたからである。戦火が勃発して以後に生じたチェロキー戦争（Cherokee War of 1776）が示している通り、多くのインディアン族（Creekee 族を含む）が、イギリス王国の側に立って、コロニストと戦ったのが事実である。

　(d)　大航海時代にコロンブスらが北米大陸を発見した。その 15 世紀末（1497年）、白人らが初めて出会ったインディアンらは、貝殻を美しく研磨し、形を円形やビーズ状にしたものを、貴重品（Wampum）として身につけてい

12　このような構図から、ジョージア・コロニーの場合、革命戦争は、「コロニー対イギリス王国」という形以上に、「辺境の白人ら対インディアン」（その後ろ楯に、イギリス王国を代理する知事らがいた）という形として捉えられるとする（Nash, *ibid*. p.171）。

184

6. 革命戦争への道程

た（たとえば「フィリップ王の戦い」で出てきたインディアンの王は、豪華なそれを腰帯として巻いていた）。

物々交換経済を原則とするインディアンらは、そもそも通貨を用いなかった。ヨーロッパ人が北米大陸に定住しはじめた 17 世紀はじめ、ヨーロッパ人らも、そこでは通貨を造るということをしなかった（スペインの硬貨などが多少出回っていたほかは、物々交換などに頼っていた）。

17 世紀後半に入り、大西洋岸でイギリス系のコロニーが誕生した頃には、ヨーロッパの硬貨（Specie）のほか、タバコ、ビーバーの毛皮、それに、インディアンの用いていた Wampum を通貨代わりに使っていた。単位の呼称も、ポンド、シリング、ペンスなど、1 つではなかった（更に同じ呼び名でも、それらの単位の価値が、コロニーによって異なっていた）。

コロニー政府が、初めて紙幣（Bills of Credit）を刷りはじめたのは、マサチューセッツで 1690 年だとされている。他のコロニーも真似をして、次々に紙幣を発行し出した。これらは、いわゆる兌換券ではない（Fiat Money である）。それだと、どうしてもインフレ（通貨価値の下落）が生じる[13]。

コロニーから借金を取り立てる側のイギリス王国としては、無論、通貨価値の下落を嫌った。そこで 1751 年に、まずニューイングランドでの紙幣発行を制限する法律 Currency Act を制定した（その後の 1764 年の同名の法律 Currency Act は、この制限をニューイングランドから更に南の各コロニーにも広げたものとなる）。

コロニー時代の特記事項の 1 つとして、人々が、インディアンらのやり方に近づけて、タバコや Wampum なども通貨として利用していたことを記したが、もう 1 つ、インディアンらの仕来り、風習に倣ったものとして、人の頭皮（Scalp）剝ぎがあった（その最も遅い実例は、南北戦争時に見られた。ある南部連合〔Confederate〕の軍人は、自分の馬の鞍に敵の頭皮をぶら下げて戦っていたとされ

13　この価値の下落は、インディアンなどの戦争が多かったニューイングランドや南部のコロニーで激しかった。対照的に、土地を担保とする通貨を発行していたミドル・コロニーズのペンシルバニアでは、1723 年から革命戦争までの間、金に対する価値の下落はなかったという。

第2部　生き残るための殺し合いと、文化

る）。

　コロニー時代のヨーロッパ人も、インディアンとの間の（主として土地を巡る）抗争で、この頭皮剥ぎ（Scalping）の風習を多用し出した（コロニー政府などが、頭皮1つにつき何ポンドかの下賜金〔Bounty〕を出すなどして、奨励することをはじめた）。

　その結果、女子供の頭皮剥ぎも少なからず行われる有様に、次第に反省と見直しの気運が生じてきた。たとえばニューヨーク・コロニーでは、1747年に頭皮に対して下賜金を出すと決めていたのを、1752年には知事のエドワード・コーンウォリス（Edward Cornwallis）がストップする宣言をしている。

　この時代、つまり大航海から大発見の時代には、史上初めて異民族同士が、大規模なスケールで遭遇した。

　しかも、「この土地を自らのものとする……」、双方ともが、そんな不退転の決意と衝動に駆り立てられた民族同士である。その結果が、前例を見ないような殺戮となって、かつ雑多な文化的衝動となって現れた。その中には、顔を背けたくなるような事実もある。

　インディアンと白人らが、平時の世の中から見ると、とても残酷で、身の毛もよだつような形で殺し合い、下賜金が下されるほど、政府によって奨励されていた。それが、少なくとも一時の秩序であった。

　(e) 一部の分子だけではなく、多くのコロニストらが、本国の植民地政策に立腹し出していた1774年7月11日、イロコイ族の会議が開かれていた。場所は、上ニューヨーク（今のニューヨーク州の奥地）にあったイギリス政府のインディアン問題管理主任（Superintendent）、ウィリアム・ジョンソン（William Johnson, 一説では、子供が100人近くいたという）の屋敷である[14]。

　このジョンソンは、まだ60を過ぎたばかりであったが、その時、もう体

14　ジョンソンは、叔父のピーター・ウォレン（Peter Warren）海軍提督が取得していた、上ニューヨーク、モホーク族らの地元の広大な土地の管理を依頼されて、現地に住んでいた。大勢いた妻の1人のインディアンの弟に、バイリンガルで育ち、学校も、イギリスとインディアン系の両方を出た、英語名を持つジョセフ・ブラント（Joseph Brant）がいた。

6. 革命戦争への道程

がボロボロであった。何人かいる妻の1人がインディアンで、彼自身もインディアン語を使い、インディアンダンスを楽しみ、半分インディアンのように暮らしていたが、直きに亡くなってしまう。死の直前にはじまっていたヴァージニア・コロニーとショーニー族との間の戦いである「ダンモア公の戦い」について、「同じインディアンであるからといって、助っ人として、ショーニー族側に加わらないよう……」イロコイ族らに対し、頼んでいた。

そんなジョンソンは、インディアンとの直接取引で極意に達していたから、アルバニ村のインディアン専門の白人商人らの仲介を不要にしてしまい、自ら直接、取引に乗り出した。

中でも、イロコイ6族の中で一番東に住んでいるモホーク族と密接な関係を築いていた（そのためもあり、彼はイギリス政府からイロコイ族問題の管理主任に任命されていた）。このモホーク族が、アメリカの革命戦争ではイギリス王国側に立つことにつながった。

折からのヨーロッパでの「七年戦争」のアメリカ大陸版である「フランス・インディアン戦争」では、イロコイ族は中立を貫いた。彼らの居住地域からすると、戦争相手はイギリスではなくフランスになったろうが、この英仏間の戦争でもイロコイ族は、1701年に結ばれた協定（Grand Settlement of 1701）を楯に、それまで同様、固く中立を守ってきた[15]。

七年戦争の北米版であるフランス・インディアン戦争のはじまりは、1744年の戦争（King George's War）にまで遡れる。その時から既に、イロコイ族をイギリス側に引き込む試みはなされていたが、イロコイ族は動かなかった。そのためジョンソンは、イロコイ6族の中の1つ、モホーク族に働きかけ、その加勢を得た。

更に1755年に、フランス・インディアン戦争が本格化すると、ジョンソンは、イギリス政府の命により、その任務を帯びてアメリカに来た、エドワード・ブラドック（Edward Braddock）少将の部隊の一部に加えられた（た

---

15 Grand Settlement of 1701 は、ニューフランスと、インディアンの40部族との和平条約（部族からは1300人の代表が参加した）。その後16年間、和平が保たれた。

187

第 2 部　生き残るための殺し合いと、文化

だし、ジョンソンの部隊への支払は、イギリス政府ではなく、コロニーから受けることになっていた）。

　ジョンソンは、彼の中隊を率いて、1758 年から 1759 年にかけ、セント・ローレンス河口のフランスの城砦ルイスブルグ（Louisburg）から、更にナイアガラ城砦（Fort Niagara）までを攻略し、名を轟かせた。

　その際、彼はモホーク族の兵士のすべてとされた 1000 人のインディアンを引き連れていたとされるほか、更に、ジョージ湖（Lake George）の周辺でも、フランス軍と戦った（フランス軍は、この戦いで最終的に敗れる）。

　この後彼は、イギリス軍の北米大陸総司令官ジェフリー・アマースト（Jeffery Amherst）将軍に従って、1760 年のモントリオール攻略戦に参加した。この戦局の終盤でも、彼とインディアンとの余人の及ばないほどの強い関係が、彼の役割をサポートした。

　中でも、反英的なインディアンの部族からイギリス軍への反旗を降ろさせる工作を行うことになったが、そこでも、モントリオールからデトロイトを往復するなどの強行軍をすることにより、任務を遂行した。

　こうした経過を経て、今やジョンソンは、以前のようなヴァージニア・コロニーから任命されるのではなく、イギリス政府直任によるインディアンの監督者ないし管理主任となっていた。その第 1 の任務は、インディアンとの外交、中でもアメリカの東部を支配するイロコイ族との関係をうまく処理することであった。まさに彼の得意とする分野であり、今まで人生を懸けてきたことでもあった。

　以上のような、インディアンら（イギリスの場合、イロコイ族が主であったが）と、イギリス王国や、コロニーのイギリス人らとの間のやりとりを見ると、インディアンらが、白人（ヨーロッパ人）らとの関係を（互いの間の約束事をベースに）すべて、条約をベースに形成していたことが判る[16]。

16　オハイオ河南部の地方についても、イロコイ族などの Northern Indians は、3 つもの合意をしていて、その土地をイギリス人らに売ったり、権利を認めたりしている。（ⅰ）Treaty of Lancaster, 1744、（ⅱ）Treaty of Logstown, 1752、（ⅲ）Treaty of Fort Stanwix, 1768 である。しかし、他のインディアン部族で、オハイオ地方に入会権を持つ

6. 革命戦争への道程

　逆に白人も、北米の現地に来る前までどんな認識でいたかは別にしても、インディアンを対等の外国人として扱っていたことが判る。はじめから白人より下の、自分達に隷属する民族として扱っていた訳ではなかった。

　もう１ついえること、それが、ヨーロッパ全体、中でもニューヨークに居を構えたオランダ、次いでイギリスやフランス（奥地）。いずれの国の現地当局も、インディアンとの、特に地元、アメリカの北東部にいたイロコイ族との、つながりを大切にしていた点である。

　それも毛皮売買のためだけではない。何といっても、イロコイ族らは、この地の先住民であり、先輩であった。彼ら先輩の言葉を理解し、彼らのやり方に沿って行動することが、ヨーロッパ人にとっても、農業をはじめ、生きるための有効かつ最も自然なコースであった。

　1677 年から丁度１世紀後の 1777 年までの間、ニューヨーク・コロニーのイギリス人らは、インディアンとの間で、アルバニで定期的な年次会談を開いていた（ヨーロッパ人らは、自らの記録は文字によりちゃんと残しているが、文字で文書を作る習慣のないインディアンらの方式は、グループ同士で絶えず互いに会談を開いて、何回でも意思を確認し合うやり方であった）。

　繰り返し会って意思（従前の合意）を確認し合う、この習慣。このことからイロコイ族らは、「合意の鎖」（Covenant Chain）という用語を編み出していた（白人との接触が多くなった 1677 年頃から使われ出した）[17]。

　(f)　イロコイ族は、17、8 世紀を通して、ニューヨークの白人との結びつきを次第に強めていった。ニューヨークのイギリス人らとの関係を重視した（ニューヨークのイギリス人の売るものの価格は、フランスよりも安かった）。それは、中西部にいるフランス人に対する、またフランスから文明の利器を入手している別のインディアン部族による攻撃に対する備えでもあった。

ていた連中（Shawnee, Delaware, Seneca など）は、それらの合意を認めていなかった。自分達の「狩猟権を守る……」と公言していた。

17　その前のオランダ人との交渉では、彼らはこの用語を使っていない。1659 年のモホーク族とオランダ人との交渉では、1643 年合意（Treaty）に言及し、それを「鉄の鎖」（Iron Chain）と呼んだという（syracuseuniversitypress.syr.edu）。

189

第2部　生き残るための殺し合いと、文化

　彼らは、銃、弾薬、その他のヨーロッパ製品の入手にはじまり、時にはそうした他のインディアンの部族との抗争のためのサポートまでも、イギリス人らに依頼し、依存し出した。

　その絡みでイロコイ族は、ニューヨーク・コロニーが、他のコロニーとの間で（同じヨーロッパ人とはいいながら）競合・競争関係にあることもよく承知していた。それを自己の、イロコイ族の、利益のために使おうとしていた。

　だが、このような関係も、18世紀も半ばに近づくと、イギリス人らによるイロコイ族その他のインディアンの部族の土地への侵犯の度合いが高まり、維持することが困難な状況になった。

　ヴァージニア・コロニーとショーニー族との間で武力衝突が起こった「ダンモア公の戦い」の時も、賢明に巻き込まれるのを避けていたイロコイ族。それが、1775年にかけては少々事情が違っていた。大体、トラブルの規模が違って見えた。

　片や、ジョージⅢ世イギリス国王が怒りに体を震わせていた。イロコイ族の立場からすると、これまでも無視できなかったイギリス王国である。もう一方の相手たるや、眼前のヴァージニアとか、ニューヨークといった、1つ2つのコロニーではない。13コロニー全部、この大陸にある白人国全体である。

　強欲で時にインチキもする土地狂いの白人ら。今や、その白人国全体と母国との関係が、猛烈にきな臭くなってきた。その規模の大きさ、スケールからいって、到底イロコイ族も、いや、どのインディアンの部族も、その「蚊帳の外で安全に……」、ということは不可能である。

　イロコイ族が思案に暮れていたその時（1775年7月13日）、コロニーの連合議会からの連名の書簡が届いた。そこでは、今やイギリスとの絆が切れたこと等を述べた上で、「イギリスから誘いが来ているかも知れないが、どうか、それに乗らないで、こちらの味方でいてくれ……」、更に、「オハイオ・フォークの7つの民族らにも、よろしく伝えてくれ……」と懇願していた。

　そんな中で、13コロニーにとってチェロキー戦争以上に手強かったのが、イギリスのインディアン管理官ジョンソンが手なずけていたイロコイ6族の

1つ、モホーク族である。その酋長が率いる戦士らは、1778年と1780年に、ニューヨークとペンシルバニアのコロニー開拓地を襲って、かなりのダメージを与えている。

イギリス王国との間の空気が、戦争模様を強めてくるにつれ、コロニーの議会の内外で、人々は問うていた。

「このコロニーに軍隊はあるのか」と（言外に、「イギリス王国軍は、世界でも有数だ……」といっていた）。確かに、それまでなかった「大陸軍」の設立が、第2回連合議会で認可された（1775年6月14日）が、それも、ボストン郊外で戦端が開かれた2ヶ月後になってからである。

ほかに、大陸軍の補充として、各コロニーのミリシア、つまり民兵隊もあるが、無論、「訓練された兵隊」などからは、ほど遠い。それも、インディアンに対抗する銃火器を作れる程度で、兵器産業などはまだどこにも育っていなかった。海軍力はゼロに近い。

加えて、一部のエリートは、逆の面も心配していた。

「何の抑えも利かない中で、不満を持った、そんなにも多くの人が、改革、改革と叫んでいる……」（それが、武器を手にして戦争のやり方を習得している）。

こんな声をアダムスも、挙げていた。

勿論、全体からいえば、パトリオットの改革派、革命派が多数を占めていたが、それでも少数ながら、ロイヤリストがいた。彼らは当然、母国のイギリス王国に歯向かうことに強く反対していた。

一方のパトリオットらの多くは、共和制（Republican）を支持していた。今このコロニーにいる、王の代理人の役人の首を挿げ替えて、コロニーのためになる人間の選出を考えていた。更にただ今の状況、イギリス式の階級制の厳しい世の中を変えたいと考えていた。

誰もが、改めて1から問うことのなかった、この独立・共和の意味。1月に本屋に並んだペインのCommon Sense が、それを教えてくれていた。

コロニーの独立・共和を、言葉の上だけでなく、現実のものにするための、その第一歩となる手続きを踏み、連合議会に「独立決議」を現に出してきたのが、リーであった（1776年6月7日）[18]。

第2部　生き残るための殺し合いと、文化

　連合議会は、このリーの決議をまず2日間、喧々諤々議論し続けた。ジョン・ディッキンソン（John Dickinson）のような強固な反対論を抑えて、決議に至ったのは、7月に入ってからである。

　貿易からいっても、何からいっても、コロニーにとって、母国のイギリス王国を捨てるのは、「生半可なことではない」。議員らも判っていた。戦争に勝たないまでも、何とかうまく終わらせるには、フランスなどの軍事・外交上の助けが必要だという認識がある一方で、フランスも、ヨーロッパの国々も、「コロニーが本当に母国を捨てられるのか」、と疑うだろう。誰もがそう考え、話し合っていた。

　連合議会は、その前の1775年に、コロニーの対外関係として最大、かつすべての面で最も深い関係がある、インディアン問題処理の役所の再編成をした[19]。

　彼ら部族とのすべての条約を整備し、来るべきイギリスとの戦争で、イギリス側につかないで中立を守ってくれるよう頼む、その折衝をさせるためである。

　一方、フランス・インディアン戦争の敗者フランスは、コロニーがイギリス王国から独立することを、つとに半ば予感し、半ば期待していた（コロニーのイギリス王国に対する勝利が、フランスの利益、イギリスの不利に働くと読んでいた）。

　1775年4月、実際に戦争が勃発すると、フランス外相ヴェルジャンヌ侯爵（Charles Gravier）は、直ちにコロニーを側面から秘密裡に助けることの具体的な計画を立てている（スペインと組んで、武器や補給品を供与することである）。ただし、それ以上に踏み込むことは、アメリカ軍が実戦でどの程度戦えるかを検証してから、と決めていた。

18　その第1項のたった3行余りの、だがしかし、この上なく力強い、その文である。
　　Resolved, That these United Colonies are, and of right ought to be, free and independent States, that they are absolved from all allegiance to the British Crown, and that all political connection between them and the State of Great Britain is, and ought to be, totally dissolved.
19　北、中央、南のインディアン部を設ける中で、最初の委員として、2人はすぐに決まった──フランクリンとヘンリー（Patrick Henry）である。

（ハ）革命戦争の勃発と、独立の宣言

（a）1775年4月19日の未明、ボストン郊外レキシントンとコンコードの2つの部落で起こった農民兵らとイギリス兵との撃ち合い。これが革命戦争の火ぶたを、形の上でも切って落としたとされる。

この時、フィラデルフィアでの第1回連合議会から一旦帰郷していたアダムスは、徹夜で馬を走らせ、イギリス軍の近くまで戦火の様子を見に行っている。

ボストン大虐殺事件を経て、13コロニーのイギリス総督（しばらく前に更送され、北米司令官ゲイジ将軍が兼任していた）は、王室の名において、次の命令を出していた。

「すべての植民州の代表は、今この瞬間武器を捨て、王室への忠誠の誓を新たにすれば、今までの反逆罪は許され、死刑を免れる。ただし、サム・アダムスとジョン・ハンコックのみは例外である」。

実際、ゲイジ将軍は、本国からその（2人を捕獲する）ための出動命令を受けていた。

2人は、その少し前、フィラデルフィアの連合議会へ向かうべく、かつボストンでの難を避けて、マサチューセッツ植民州議会（事実ハンコックは、その議長であった）が行われたコンコードに近いケンブリッジに留まっていた。この4月19日には、ハンコックの子供時代の家であるコンコードの民家にいた。

2人を捕獲して絞首刑にすべく、700人のイギリス軍は極秘裡に作戦を進めた。前日から4月19日未明にかけコンコード村に奇襲をかけた。だが奇襲情報は、ボランティア、町の銀細工師のポール・リビア（Paul Revere）に洩れていた。彼が使者となり、前夜に早馬を飛ばして逸早く地元の民兵組織に伝えていた。

2人を捕獲できないまま、イギリス軍は、地元の火薬庫を破壊した。その未明、レキシントン村の共有牧草地に集まっていた70人ばかりの民兵と、イギリス軍との間で初めての戦火が交されたのは、その時である。民兵側は死者8人、負傷者10人を出したが、イギリス軍側も20人余りの死傷者を出

第2部　生き残るための殺し合いと、文化

した。

　イギリス軍は、更にコンコード村の武器庫を襲って破壊した上で、ボストンに向かう帰途に着いた。しかし街道沿いには、コロニーの民兵組織が続々と集まってきて、時間とともに数がうなぎ登りに増え、昼前後には4000人に達した。ボストンへと約20キロの退却を開始した本国軍の死傷者250人という大損害は、この長い退却路で起きた。

　以上のような軍事的衝突は、その未明のことであったが、新大陸コロニーの住人らのイギリス（王）に対する穏やかでない気持ちは、見てきた通り、少なくとも10年、20年続いてきた[20]。

　イギリス王が印紙税法を制定したことは、住人らの心を強く傷つけていた。元はといえば、フランス王国やインディアンなどから北米大陸のコロニーを守るためにイギリス軍を駐留させていたことの費用を、植民地に負担させようとしたものである。

　1754年のアルバニ会議以来、ほとんど横の連絡もなしに来た13州であったが、この印紙税法に反対して1765年10月、マサチューセッツのリードにより、ニューヨークに集まった。革命10年前のこの印紙税法会議が、横の連絡はじめの、画期的な出来事となる。

　レキシントン・コンコードの衝突が、イギリスとの撃ち合いだけで終わる問題ではないこと、革命であることは、歴史が証言した。13コロニーの各政府が（今までのイギリス王の統治代理人から、植民州民により選ばれた人に）すべて入れ替わったこと、それらの選出された代表が集まって、第2回連合議会を作ったこと、その連合議会が采配して、大陸軍を編成し、ワシントンを司令官として任命したことが、それを語る。

　これらのいずれも、イギリスに対する反逆以下の何物でもない。その先、13コロニーが一体となって戦争を遂行したことによって、これらのことが

20　後に第2代大統領になったアダムスは、いっている。革命戦争は、「昨日や今日のことではない。人々の鬱積した気持ちから生じたものだ……」。また別のソースも、この革命戦争を「アメリカの政治革命の最高点」（Culmination of the Political American Revolution）と呼んでいる。

客観的に裏づけられ、歴史となって実証されている。そして翌 1776 年 7 月、彼らは、正式に独立宣言に踏み切れていた。

　彼ら 13 コロニー代表の多数派は、共和制国家としての独立を強く望み、求めていた。それには、国際社会から国家として認知される必要があった。こうしてアメリカは、18 世紀世界での新しい国家としての承認をヨーロッパの国々に対し求め、やがて認められたのである。

　かねてからイギリスと対抗していたヨーロッパの国々、フランス、スペインも、1778 年からは独立を認め助けて、この新しい独立国の側に立って、手を貸してくれた。これには、1777 年 10 月のサラトガ（Saratoga）会戦での大陸軍の快勝のニュースも働いていた。

　(b) それでは、この「物語」の「さわり」となる、その独立宣言が誕生するまでの筋道、ルーツを辿ってみよう。

　ボストン郊外で撃ち合いがはじまり、バンカーヒル（Bunker Hill）の戦いやら、タイコンデロガ（Ticonderoga）城砦に対する急襲が行われて、既にもう 1 年以上になるというのに、1776 年 5 月にフィラデルフィアに集まった第 2 回連合議会の面々の独立宣言への意見は、13 コロニー内で割れていた。

　前出のように、連合議会は前年（第 1 回）の会議で、イギリス商品のボイコットを決めた一方、イギリス王と国会に対し、1775 年秋にも第 2 回目の懇願書を出していた。ボストン茶会に対する懲らしめとして、イギリスが立法した強制法 5 法を廃止するよう願ったものである。

　ところが、「この国に背く奴らは、格闘によって思い知らせてやらねば！」と述べて、王がドイツ内のいくつかの領国と傭兵契約を結んだ、とのニュースが入ってくると、更にペインの Common Sense により対立的な世論が沸き立ってくると、連合議会の雰囲気も半年、1 年前とは大分変わってきた（この 4〜7 月の間に、90 以上の独立に向けた決議が 13 コロニー内の町村議会を通して出されてきた）。

　それでも、ニューヨーク、ニュージャージー、メリーランド、ペンシルバニア、デラウェアのミドル・コロニーズを中心に、まだまだ「尻込み」するコロニーは多かった。

195

第2部　生き残るための殺し合いと、文化

　コロニーの代表（2〜7人）への決議のための授権方法は、コロニーごとに
まちまちである。コロニー議会からの正式授権書が出されているコロニー
（ノースカロライナ）もあれば、町村議会ないし集会の決議による授権という
だけのコロニーもあった。

　そのうち5月4日と、2番目に早く正式に決議に賛成を表明したのは、
ロードアイランドである（ペンシルバニアは、前記のように議会選挙をやり直しても
駄目で、新しく別の機関、Conference を設けた上で、何とか賛成授権ができていた）。

　独立宣言は、本文と、"May 15 Preamble" として知られる「前文」（アダ
ムスによる）の2つからなる。本文には、イギリス王ジョージⅢ世に対する
18項目に及ぶ苦情、いわば罪状を並べているが、前文では、人類普遍の原
理としての基本的人権とともに、その人権を担保するための政治形態、すな
わち社会契約説に基づいた国家観を打ち出していた。

　その上でコロニストらは、度々それらの抑制と独裁ぶりを止めるよう、へ
り下って度々懇願してきたが、王の独裁ぶりに変化が見られなかった上、同
胞であるイギリス人らにも呼びかけて、彼らの国会による圧政を糾弾するよ
う促したが、彼らも、王と同じく、「耳を貸そうとしなかった」として、次
のように述べている。

　「そこで、コロニストらの代表であるこの連合議会は、後は全世界に向
かって、その総意を訴えるしかないと決断した。それが、この独立宣言であ
る。なぜなら、独立国になって初めて、国際社会にも受け入れられ、他国と
の同盟も結ぶことができ、イギリスと離れて、独自に行動することができる
ようになる（独立国でなければ、ことはイギリス王国の国内問題に留まり、他国が干渉
できる余地がない）。そのための独立を、今ここに天の摂理のご加護を祈りつつ、
決断する」。

　そして独立に、こうした宣言を行うことに慎重だった代表らが唱えていた
のも、この国際社会での応援をまず得ることであった。「それなしに立上る
ことは、あまりにもリスクが大きい」、というものであった。しかし、国際
社会に受け入れられるためには、先に独立国になれていることが必要であり、
その点で議論は「堂々巡り」をしていた。その意味でも、この独立宣言は不

可欠といえた。

　前記のリーによる「速やかに独立宣言を出そう！」との決議に対する反対は、先述のように、ミドル・コロニーズを中心に、かなりあったため、連合議会は7月はじめまで、3週間の冷却期間を置くこととした。

　6月後半になって、非公式な肚の探り合いの中で、まだ独立に賛成できていないのはニューヨークとメリーランドのみとなったが、そのメリーランドも、アナポリスでのコロニー議会が6月28日に賛成の意向に変わった。

　一方、6月8日にコロニー議会から「待て！」との訓令が出ていたニューヨークは、6月30日、マンハッタンにイギリス軍が近づいたとの警報で、コロニー議会自体が疎開してしまったため、7月10日前の決定は不可能なことが明らかとなった。

　次いで6月11日、連合議会は、アダムス（マサチューセッツ）、ジェファーソン（ジョージア）、フランクリン（ペンシルバニア）、ロバート・リビングストン（ニューヨーク）、ロジャー・シャーマン（コネチカット）からなる「5人委員会」を設けて、独立宣言本体の文言を固めることを委ねた。

　6月28日、委員会は、その原案を連合議会に提出してきた。連合議会は全体会議により、原案を約5分の4の長さにカットし、それが7月1日（月）に、全体会議の席上に提出された。

　丸1日かけて、その審議がなされた上、採決は7月2日に行うこととした。そして、翌日ニューヨークのみが棄権する中で、12コロニーが最終的に賛成票を投じた（ペンシルバニアは、4人の代表のうち2人が、棄権していた。デラウェア代表も、1対1で分かれていたが、3人目の代表が後から駆けつけ、賛成となり、また以前は反対していたサウスカロライナも、賛成に変わっていた）。

　各代表らがサインにかかったのは、7月4日である。レキシントン・コンコード事件から1年3ヶ月近く経っていた。

　(c) 革命戦争の意味は、途方もなく大きかった。何といっても、それが、革命戦争として最後まで遂行されたからこそ、独立宣言に息を吹き込むことができたのだ。宣言前文中の言葉の通り、既存の「政治的束縛」（Political Bands）を断ち切ることができたのだ（同じく前文中の「この地上の勢力」の中には、

197

イギリス王と国会等の勢力が入っていることのほか、その汚職が入っていて、それを断ち切る意味も含まれていよう)[21]。それだからこそ、「この地上の勢力の中で、独立した平等な地位に就く」ことができたのだ。それにより、「自然法（Laws of Nature）と自然の神（Nature's God）の恵みに浴すことができるようになった……」、といえたのだ。それらを通して、人々の多くが、間接的ながらもジョン・ロック（John Locke）の影響を強く受けていたことが垣間見える。

それだからこそ、もはやコロニーではない……王の一臣民でもない。「1人ひとりが政治的に自らを律する人」になったのだ。「その結果、コロニーは自らが、政治的に参画する政体、参加する州（State）に変換したのだ」。

それによって、何がどう変わったか。ミリシア（民兵としての兵役義務）の問題にしても違ってきた。コロニーにもミリシアはあったが、今は、それに加えて連邦の（大陸軍の）兵士がある[22]。

さて、コロニー側もイギリス王国軍も、革命戦争初期に、特に力を入れていた戦線がある。北のカナダ、セント・ローレンス河から南下してきて、シャンプレーン湖、ジョージ湖と来て、ハドソン河畔まで近い、このルートである（イロコイ6族の1つ、モホーク族が昔から住むAkwesasne地区がある。セント・ローレンスの河口からシャンプレーン湖へと連なる水路は、イロコイ族にとっても大事な商売ルートであり、イギリスの城砦タイコンデロガは、その商売ルートを守ってくれる役割をも果たしていた）。

港町ニューヨークは、イギリスにとって一番占領したかったし、また「占領しやすい地」であった。イギリスには、2世紀近く前（1588年）にスペインのアルマーダを破って世界一となった海軍がある。

ニューヨークの港町を、海から押さえることは、戦略的にも奨められていた。陸上で銃器などを運ぶ手間は多少あるが、大半は水上（つまり、当時の一

21　連邦憲法には、反逆罪（Treason）と並んで買収（Bribery）が、大統領以下の政府役人の失格事由としての重犯罪（High Crimes）に挙がっている（Ⅱ, 4）。更に、予算（法案）は、必ず下院が先議しなければならないという「先議の原則」（Ⅰ, 7(1)）も、より民衆に近い下院による監視を強調したものとの見方もある。

22　このほかに、以前からある州ごとのミリシアも、各州が割り当てられていた小隊数に応じて兵士を集めた——マサチューセッツ・コロニーでは、26小隊などである。

6. 革命戦争への道程

番効率のよい運搬手段であった船を使って）の移動で、イギリス王国軍が一番重視していた、この港町ニューヨークに達することができる。

更に、もう1つの利点があった。それは、イギリス海軍により、ニューヨークを占拠すれば、セント・ローレンス河から下ってくる上記の縦の線と結んで、コロニーの北東部（ニューイングランドなど）と、残りの部分とを2つに分断できることだ。

そうすれば、パトリオットの多いボストンなどのニューイングランドと、ロイヤリストも多くいる南部とを切り離すことができる、との計算である。1777年10月のサラトガ会戦は、それを狙ってウィリアム・ハウ（William Howe）北米軍司令官が決めていた。

北のカナダ、セント・ローレンス河から南下してくるイギリスによる攻撃を封じるため、先手を打って、シャンプレーン湖方面の作戦を考えていた男らが、革命戦争の今、コロニー側にもいた。彼らは、レキシントン・コンコードでの銃声から20日しか経っていない1775年5月10日から11日にかけて、シャンプレーン湖の南岸にあるイギリスの城砦タイコンデロガを急襲していた。

第2回連合議会の命令もなく、その了解すらもなく、野武士のような隊を指揮していたのは、イーサン・アレン（Ethan Allen）と、後にイギリス軍へ寝返るベネディクト・アーノルド（Benedict Arnold）であった。

1775年4月19日未明のレキシントン・コンコードに戻ると、その銃声は、「瞬く間に世界を駆け巡った……」。この句が、この歴史上の出来事を受ける、「下の句」になっている。それほど、世界史上でも大きな出来事であった。イロコイやモホークの部族ら、現地からそんなに遠くないところのシャンプレーン湖辺りを根城にしていたインディアンらは、イーサンらによる急襲で、どうしたか。

それでなくとも、イロコイ族らは迫り来る暗雲（イギリス王国と、コロニーの白人らの間の不和が今にも爆発しそうなこと）を、心配げに見守っていた（自分達の身の振り方次第では、子孫を保存できないかも、と懸念していた）。こうしたことから、タイコンデロガ城砦への急襲に対するインディアンらの心配と困惑は、一段

199

第2部　生き残るための殺し合いと、文化

と大きかった。

一方の連合議会の方は、当初は先走った行動（功績の貪り）だとして、非難の声も挙げていたが、後には、イーサンらが、そこの城砦で分捕ったイギリス軍の大砲などの重器が、コロニーのための有力な武器になり得ることで、感謝に転じた（実際、これらの大砲などは、大陸軍が、ボストンを占拠していたイギリス軍を攻撃するのに大いに役立った）。

ただし、そこでの成功を受けて連合議会が、更にイーサンによるカナダ、ケベック攻撃を了承したのは、結果としてはまずかった。カナダ攻撃に再び登場したイーサン隊は、カナダでは惨敗を喫していたからである。イーサンも、イギリス軍の捕虜となって、イギリスで裁きを受けることになる。

（d）さて、ニューイングランドのマサチューセッツに行くと、民兵らは、ミリシアではなく、「ミニットマン」（Minuteman）と呼ばれた。名称の違いは別として、イギリスからこのコロニーへと、連綿として引き継がれてきたのが、この市民兵士となる義務、その風習、仕来りである。一朝ことあるごとに銃を取り、終わったら再び鋤や鍬を持つ手に戻る。まさに、古代ローマのシンシナトス（Cincinnatus）、今日のワシントンの姿である。

このような兵役観は、前述のように革命戦争の初期の頃はともかく、後半にはまさに「神話になりかかっていた」といってよかった。

ワシントンの下の大陸軍のほとんどの兵役は、はじめこそ Gentry が進んで担っていたが、終わりに行けば行くほど、平民一般からの徴兵（Enlist）の率が高くなっていた（16 歳から 60 歳の男子）。

しかし革命戦争に勝つためには、当初から 38 連隊、8000 人の正規兵が必要であった。ワシントンら将軍は勿論、連合議会も、そのことは承知していた。

現実はどうか。大半の兵士が、つい最近アイルランドかドイツから移民してきたばかりの貧民層だった（さもなければ、服役していたとか、町のならず者とかであった[23]）。

事情は、ミドル・コロニーズのニューヨークでも同じであった。1777 年、イギリスの将軍が率いる軍隊が、カナダからシャンプレーン湖を渡って攻め

200

6. 革命戦争への道程

込もうとすると、その辺りの土地持ち、投票権持ちのニューヨークの Gentry らが一斉に立上った。

しかしその後は、年を追うごとにそうした例は減り、徴兵に依存するようになった（貧しい、素性のはっきりしないグループが代わって出てきた）。そんな中で、唯一、熱情を持って呼びかけに答えたのが、黒人兵であった。大陸軍が、時とともに依存する度合いが高まっていったのは、黒人兵らを含め、前出のようなコロニーの下層階級、貧困層であった。彼らが期待していたのは、給与のほか、支給品（3度の食事に、衣服や薬）であった。

それが意味したもう1つの現象。それは、支給品が配られなかったり、少なかったりすると、脱走兵がドンと増えることであった（1776 年4月にも、ワシントンの部下の将軍は、まさにそうした支給品の不満を理由とする大量脱走の憂き目に遭っていた）。

レキシントン・コンコードの革命戦争の勃発の場にも、1人の黒人兵 Lemuel Haynes がいた（母は白人）。生後5ヶ月の彼は、母に捨てられ、Granville 村の農夫で、集会派教会の助祭に引き取られて育った。

1774 年に地元のミリシアに加わった少年は、その後、隊とともに、タイコンデロガ城砦攻略や、「バンカーヒルの戦い」で戦っていた[24]。

これは、ほんの1例に過ぎない。こうして革命戦争でパトリオットとして戦った黒人（自由人）は、何万人といた。自由人ばかりか、後には、奴隷の黒人も多く採用されるように方針が変換されたことは、前述した。奴隷の彼らが、主人との「自由」（解放）の約束を頼りに戦ったとしても、ごく自然のことで、理解しやすい。

（e）ミドル・コロニーズの南、13 コロニー中の雄であるヴァージニアではどうであったか（当時のヴァージニアは、西はウェストヴァージニアまで、また南

23　フランス・インディアン戦争で、多くのボランティアを出した栄光のマサチューセッツであったが、コンコードで銃声が鳴った頃は様子が違っていた。そこの債務者の牢獄の中で銃声を聞いていた男（Ezekiel Brown）は、すぐに手を上げて採用された（Nash, *ibid.* p.218）。

24　1776 年10月に除隊した後の彼は、その後自らも助祭となり、その後白人の女性と結婚、ニューイングランド初の黒人司祭となった。

201

第2部　生き残るための殺し合いと、文化

西方向、今のケンタッキー州へと広がっていた）。

　母国とコロニーとの間の雲行きが怪しくなるのを見たダンモア公は、地元のミリシアに武器が渡らないようにすることをまず考えた。レキシントン・コンコード事件から7ヶ月近く経ち、戦いが広がるのを見た1775年11月7日には、今度は黒人（奴隷）らを、王国軍側に立って戦わせようと考えた。その日に、例の公的声明（Dunmore's Proclamation）を発していた。

　イギリス王国の代理人、ダンモア公が出した公的声明は、それなりのインパクトが予想されたし、事実、インパクトがあった（この戦争の期間を通して、8万ないし10万人の黒人奴隷が、南部のプランテーションを脱走して、イギリス軍の下に走ったとされる）。

　このダンモア公、とにかくやることが早かった。レキシントン・コンコード直後の4月21日には、コロニーの弾薬庫を押さえた。これは、コロニーの民衆を怒らせている。

　この地元民らの反ロイヤリスト感情の高まりを見たダンモア公は、6月8日には公邸を脱出して、ヨークタウンの水辺に泊まっていたイギリス軍艦に避難している。コロニーの議会が、これをもって「知事の座を辞した」と認定したので、その上で、上述の1775年11月7日の公的声明を発したのである。

　声明の中で彼は、「軍法」つまり戒厳令を宣言するとともに、「すべての革命戦士は王への反逆者だ！」、と宣言した（黒人奴隷らへの呼びかけも、革命戦士の下で働いている黒人に向けてなされていた）。

　ニューヨークやボストン駐留のイギリス軍と距離的に切り離されていた彼としては、今やコロニーの部隊、300人そこそこが唯一の頼りであった。

　確かにダンモア公によるこの公的声明は、コロニーの大農場主などに恐怖を与えた。声明で黒人らが鼓舞され、大農場主などに反乱して立上るきっかけになることの恐れである。

　他方、コロニーの議会も、これに対抗して、黒人がダンモア公の甘言に「釣られないよう」、死刑をもって警告する声明を出した（12月14日）。地元の新聞は早速、この全文を掲載していた（Virginia Gazette）。この間の12月4

202

日の第2回連合議会は、コロニーの議会に対し、「ダンモア公の画策に対し、できるだけ抵抗するよう……」求めていた。

（二）訪れた勝利の朝と、降伏式

（a）アメリカ軍が、今回もケベックを標的にしたことの1つには、フランス・インディアン戦争の時と同じ理由があった。イギリスの支配下に入って12年の、そこに住む多数派のフランス人を、味方に引き入れられることの淡い希望である。引き込めないまでも、中立を保って貰うためである。世論にプラスして貰うことだってある。

これには、連合議会がケベックの人々に向けて作成したチラシも活用された。自由、解放を謳った呼びかけ文などである。その絡みでは、カナダにいるインディアン対策、彼らがイギリス軍に加わらないように制止することもあった（しかし、地元インディアンに対する勧誘では、ケベックのイギリス当局も力を入れていた）。

以上のような理由から、イーサンとアーノルドらのパトリオットらのボランティア軍がケベックを攻撃するのを、黙認するに留まっていた第2回連合議会も、レキシントン・コンコードから5ヶ月後の9月に入ると、ケベック攻撃を自ら正式に決議し、北部方面指令のフィリップ・スケーラー（Philip Schuyler）少将にそれを命じていた（スケーラー少将の下のモンゴメリ准将が軍を実際に率いていた）。

寄り合い所帯の連合議会は、例によって決定までの時間がかかり過ぎていた。この地方の原野の厳しい冬期の条件を考えると、この遅れは決定的なマイナスとなった。

ケベック攻撃は、そこへの遠征路からして、大変な苦難を意味した。迎え撃つカナダ側は、ガイ・カールトン（Guy Carleton）将軍が、モントリオールから全体を指揮していた。彼は、地元で数百人のミリシアを集めていたが、それをあまり信用していなかった（イギリス王国や軍による、地元の人々に対する信頼は低かった）[25]。

さて、遠征する側にとって、当時のニューヨークの奥地から、山川を越え原野を抜けての行軍は厳しかった（当初の1100人の兵力が500人に落ちていた。

203

第2部　生き残るための殺し合いと、文化

しかも落伍兵らは、予備の食料を持って行ってしまった）。

　このような脱走兵の増加、高緯度での晩秋から翌年1月、2月などの真冬の寒気。更に、カールトンが、伝染病による死者などを、ケベック市内からアメリカ軍の近くまで運んでいたことによる、疫病の蔓延などがある。

　攻めるコロニーの側のモンゴメリ准将以下が、大きなマイナスを抱えていたのに対し、ケベックを守るカールトン以下のイギリス軍は、1776年6月まで食料など、十分なものを用意していた。

　それでもカナダの地元民の中には、イギリス王国軍ではなく、独立のため戦うアメリカのコロニーの側に、密かに味方する人々がいた。その人々が集まって作ったミリシアなどもできていて、それが、アメリカ軍に思わぬ力を貸してくれた。

　中には、地元で鉄工所をやっているフランス系の男がいた。モンゴメリ准将との面会を求めて、敵であるアメリカ軍の陣地にまでやってきた。1776年5月、アメリカ軍が撤退するまで、イギリス軍に隠れて弾丸の供給などをやってくれていたのは、そのフランス人である（アメリカ軍の撤退時に、彼もフランスに行ってしまった）。

　ケベックに対するアメリカ軍の少人数による攻撃は、モンゴメリの指揮で、12月30日の吹雪の夜中から、翌31日朝にかけて決行されたが、多勢に無勢など、色々とハンディキャップが重なった。それでも敵将が深追いしなかったのには、カールトンの頭に1759年と1760年でのフランス・インディアン戦争での教訓が、刻み込まれていたからだとされる。

　（b）以上、もっぱら北部（モントリオールとケベック）戦線について寸描してきた。しかし、アメリカの13コロニーによる、イギリス王国からの独立のためのこの革命戦争は、大きく分けて、北部戦線と南部戦線とがあり、更にミドル・コロニーズでの攻防も多彩であった。その他イギリスは、その海軍力にものをいわせて、大陸沿岸にある要衝を海から砲撃する戦法も取ってい

25　カールトンも、ケベックの町人らすべてに対し「成年男子で五体満足な者で、イギリスのために武器を取って立上がらない者は、すべてスパイないし反逆者とみなす……」と布告を出していた（en.wikipedia.org）。

た。

イギリスは、南部にはロイヤリストも多いと踏んでいたから、1778 年 12 月から彼らは兵士のリクルートも兼ねて、ジョージアのサヴァンナ（Savannah）港と、（現在の）サウスカロライナのチャールストン（Charleston）港などに侵攻した上、内陸のあちこちに城砦を築いて、その旗の下にロイヤリストが集まってくるのを待った（1780 年）。だが、予想に反して人は集まらず、コーンウォリス旗下の部隊は、地元のミリシアとのゲリラ戦に悩まされながら、ニューヨークの本隊に近いヴァージニアに向かった。

その前のニューヨークでは、1776 年 8 月にロングアイランドでの会戦があったが、そこでは、作戦に長けたイギリスのハウ将軍による挟み撃ちに遭って、ワシントンの大陸軍は大敗北を喫し、イーストリバーを辛うじて渡河し、マンハッタン島の北へと逃げることができた。

その後ワシントンは、挽回を試み、9 月にマンハッタン、更に 10 月末には、その北のホワイトプレーンズ（White Plains）で一戦を交えたものの、いずれも敗退した。その後、今のニュージャージー州の北部でも、両軍の攻防があった[26]。

ロングアイランドからの退却後、コロニーとイギリスとの間で 2 回、和平の試みがなされたが、当のイギリス王国軍の代表に対し本国から、アメリカの独立を認める権限が与えられておらず、妥結に至れなかった。その間、今のニュージャージー州の Trenton と Princeton では、ワシントンによる奇襲攻撃も行われた。

何しろコロニーには、それ自体の（職業としての）軍隊は、「ない」といってよかった（ワシントンの下での大陸軍が、連合議会の決議を元に設けられたのも、前記のように開戦から 2 ヶ月後の 1775 年 6 月 14 日である）。

ましてや海軍力などは、イギリスとの比較ではゼロといってもよかった。更に資金面でも、また人的、物的資源でも、イギリス王国にはるかに劣った

26　ハドソン河の渡しがある、当時としての戦略的ポイントの Stony Point では、1779 年 5 月から 7 月 16 日まで、イギリス軍とワシントンの軍とが、攻防を繰り広げた。

第2部　生き残るための殺し合いと、文化

コロニー。どの戦場でも、イギリス軍と正面からまともに対決することは無理だった。

こうした状況下で、事実上はじまってしまっていた革命戦争。イギリス海軍は、13コロニーの主だった港を封鎖したほか、パトリオットの多い沿岸の町を選んで海上から攻撃していたが、コロニー側はなす術もなかった。

もっとも、いわゆる私略船団（Privateers）と呼ばれる、17世紀当時流行った一種の国家公認の海賊船がある。それが、1777年にはイギリス本国の領海内で、イギリスの商船を拿捕していた（これを、当時のルールに従って、フランスやスペインの港まで曳航したなどの事実はなかった。この両国とも、まだコロニーと独立国としての同盟を結んでいなく、イギリスに対しても開戦しておらず、中立国といえたが）。

（ｃ）フランスがコロニーを、やがてイギリスから独立した国になると踏んで、一人前の新国家として承認し、これと条約や攻守同盟条約を結んだのは、サラトガ会戦でコロニーが勝利した1777年10月から後の1778年2月であった。更にイギリスに対し宣戦を布告したのは、同年6月17日であった。

このような状況の中で1778年2月以降、イギリス王国の海軍は、その戦力の多くを北米から引き揚げて、ドーバー海峡などの防衛に振り向けざるを得なかった（1779年には、フランスとスペインの連合艦隊によるイギリス侵攻作戦も計画されていた）。

一方のフランスは、13コロニーの連合議会と同盟条約を結んだ1778年にも、海軍を西半球へ派遣し、主にカリブ海の西インド諸島での対英作戦に従事させた（ニューヨークとロードアイランドのNewportへの上陸作戦も試みたが、そこでのイギリス海軍との対決は、悪天候により生じなかった）。

更に1779年にもフランス海軍が、サヴァンナの奪還作戦で新生アメリカを助けた。フランスが次に大きく行動を起こしたのが1780年である。6000人の陸戦隊と海軍とで、ロードアイランドのNewport上陸を敢行した（しかし、陸上ではイギリス軍に阻まれて、あまり進めなかった）。

1780年は、イギリスにとり悪運の年であった。国内では1698年のカトリック教徒に対する抑圧法を緩める法律（1778年）が出されたが、これに対

206

6. 革命戦争への道程

し抗議した、一部の過激なプロテスタントらが 6 月、国会やイングランド銀行を襲う暴動が起きていた (Gordon Riots)。これに対しイギリス軍が出動して、285 人の死者を出している。

　一方アメリカでは 1781 年早々に、大陸軍のワシントンと、フランスのロシャンボウ (Rochambeau) 将軍とが、作戦で合意したところに従い、ミドル・コロニーズのチェザピーク湾地方に移動しつつあった (西インド諸島に展開していたフランス海軍も、これに合流した)。

　この合意形成に至るプロセスは、こうである。1781 年夏、大陸軍のワシントンとロシャンボウ公爵の率いるフランス陸軍とは、ニューヨークのホワイトプレーンズ方面に集結していた。

　2 人は今後の作戦について協議した。カリブ海で作戦中だったデ・グラース公爵旗下のフランス海軍の応援も得て、ニューヨーク (マンハッタン) のイギリス軍を攻めるか (ワシントンの腹案)、南部ヴァージニアに展開しているイギリス軍を攻めるか (ロシャンボウの腹案)、の選択である[27]。

　ロシャンボウ公爵から話を聞いたデ・グラース公爵は、南部のチェザピーク湾に向かって進む旨の通信をしてきた。そこで、ワシントンの率いるアメリカ軍も、ロシャンボウ公爵旗下のフランス陸軍とともに、南下してヴァージニアへ向かっているという訳である。

　一方、この 1781 年、ヴァージニアに展開していたイギリス王国軍には、元はコロニーのために戦っていたアーノルド准将がいた (イギリス王国軍から大金でつられ、母国を裏切って、その地位に就いていた)。1500 の兵を率いて、リッチモンドのミリシアらを攻めた後、1 月にチェザピーク湾口のすぐ南の Portsmouth へ一旦退いていた。

　そのアーノルドは、2300 の兵を引き連れたウィリアム・フィリップス (William Phillips) 少将の軍に合流されてから、3 月、ヴァージニア内のタバコ倉庫などを攻撃して焼き払っていた。更に 5 月、南部に転戦していたコーン

27　ワシントンは、マンハッタンのイギリス軍を攻めることを考えていたが、ロシャンボウ公爵だけでなく、彼の部下までが、反対に両軍でヴァージニアを攻めることを強く進言した。

207

第 2 部 　生き残るための殺し合いと、文化

ウォリス将軍も、1500 の兵を率いてヴァージニアに到着していた。

このコーンウォリスの軍は、3 月にノースカロライナ内での戦いで多くの犠牲者を出していて、イギリス王国軍の総司令官ヘンリー・クリントン (Henry Clinton) の了解を得ないまま、戦線を離れていた (ヴァージニアなら「イギリスのシンパも多く、戦いやすいだろう」、と考えてこちらに来ていた)。

これで 7200 の兵力に膨れ上がったイギリス王国軍に対し、コロニーの側は、元々ヴァージニアで作戦していたのが、フランス人のボランティア、ラファイエット (Lafayette) 侯爵率いる 3000 の兵力であったが、5 月 24 日には、僚軍と合流して 4500 人の兵力になっていた。

そこへ向かって、ヴァージニアでの作戦に合意したワシントンの率いるコロニーの軍 3000 と、フランス軍 4000 とが、上述のようにホワイトプレーンズと Newport から、8 月 19 日にそれぞれ出発していた。

コロニーの軍 3000 と、フランス軍 4000 は、9 月はじめにかけて漸くペンシルバニアからメリーランド辺りを通過していた (マンハッタンから 40 キロ北のホワイトプレーンズを出る時、ワシントンは、コロニー軍が「コーンウォリス攻め」に向かうのではなく、「マンハッタン攻略のために移動を開始した」、とイギリス軍に思わせるよう、工作を施していた)。

両軍がメリーランドを通過する頃は、丁度兵士らの給料日に当たったが、ワシントンは、今までの大陸紙幣 (Continental Paper) ではなく、ロシャムボウ公爵から借りたスペイン銀貨 (ペソ) で払っていた (そのスペイン銀貨は、それまでカリブ海にいたフランス海軍のデ・グラース公爵が用意していた)。

(d) 以上の経過で、このヴァージニアの地に、両軍の兵力が集中してきた (そこは、この時期〔1781 年の早い時期〕まで、イギリス海軍の砲撃以外、全く戦渦に巻き込まれることのなかった地であった)。イギリス軍のコーンウォリスに対し、ヴァージニアのヨークタウンで、深い入り江つきの城砦を築くよう命じたのは、ニューヨークにいるクリントン総司令官である。

ロシャムボウ公爵に返信してヴァージニア作戦を提案していたデ・グラース公爵は、8 月 15 日にカリブ沖のハイチにいたが、そこから 3200 の兵を載せた船団と全艦隊 28 隻を率いて、わざと迂回行路を取りながら、8 月 30 日

208

にチェザピーク湾入り口に着いて、兵員らを陸に降ろしていた[28]。デ・グラース公爵の艦隊がチェザピーク湾口に着いた8月30日、ワシントンは、まだ南下の行軍中で、そのことを知ったのは9月5日であった。

デ・グラース公爵の艦隊の動きを追っていたカリブ海のイギリス海軍司令官も、その後、フランス艦隊の行方が気になったので、部下（副司令）に命じて14隻の艦隊で行方を追わせた。

その艦隊は、8月25日にチェザピーク湾辺りを通ったが、敵艦隊の影も形も見られなかったことから、そのままニューヨーク港へと向かい、そこでイギリス海軍の艦隊司令以下と合流している。

上に覗見したように、当時の戦いは、互いに己の術を物理的に秘匿して行った。相手に知られない間に不意打ちを食らわせられれば、戦いを優位に運ぶことができ、勝利につながった。

フランス艦隊が、背後にヴァージニアやメリーランドを抱えたチェザピーク湾にいることを知ったイギリス海軍も、その後、ニューヨーク港から急ぎそちらへ向かった。やがてチェザピーク湾口での海戦となる。9月5日のことである。

この海戦は、まさか28隻もの大艦隊が来ているとは思わなかったイギリス側の敗北に終わった。双方のパトロール船が互いに敵艦隊を見つけたのが午前9時半であった。両艦隊は、6時間かけて湾口に向かってほぼ平行に並んで進行する形になったところで、午後4時頃、イギリス側からまず発砲した。互いの砲撃は日没まで続いたが、その間に船の狙いどころを集約していたフランス側の戦果が上回っていた。

その後は、両方のラインとも、船首を南東に向け分かれて行った。手痛い損害を被ったイギリス艦隊がニューヨーク港に戻ってくると、ロイヤリストの多い港町の商人らは茫然自失した。ニュースはまたロンドンにも届いた。ジョージⅢ世王が、「我が帝国を失ったに近い……」と嘆いたのもこの時で

28　この時、チェザピーク湾内に2隻のイギリス船がいたが、湾口に来たデ・グラース公爵の艦隊のため、そのことを、ニューヨークのクリントン総司令官に通報することができなかった。

第2部　生き残るための殺し合いと、文化

ある。

　一方のフランス艦隊は、この後、ワシントンの軍とロシャムボウの軍を
チェザピーク湾口のエルク・ポイント（Elk Point）から、ヨークタウンに渡
す役目を果たした。

　他方のクリントン総司令官は、クリントンの命に従ってヨークタウンに砦
を築いて立て籠ったイギリス軍のコーンウォリスからの密使により、フラン
ス艦隊が全体で 36 隻もの艦船からなっていたことを、9 月 23 日に初めて知
らされていた。

　大砲、城砦攻撃用具、それに大部隊そのものと、コロニー軍とフランス軍
が、チェザピーク湾口から、大輸送兵団をヨークタウン側に渡し終えたのが、
9 月 26 日である。9 月 28 日早朝、ワシントンの前に整列していたのは、フ
ランス兵 7800、ミリシア 3100、正規の大陸軍 8000 の、約 1 万 9000 人の兵
員であった。

　北東のヨーク河を背に築かれたイギリス軍の要塞。それは 7 つの砲台と、
それを結ぶ塹壕である。そこにコーンウォリスの本隊 7000 を含む 9000 の兵
士らが配置されていた（更に、ニューヨークからクリントンが 7000 の兵を応援に送
ると約束し、そちらに向かっていた）。

　損害を被った艦船の補修を終えたイギリス海軍は、10 月 19 日、25 隻の艦
隊を組んで、再びニューヨークからチェザピーク湾口に向かった。7000 人
の兵員の船団とともに、籠城中のコーンウォリスを助け出すためである。

　だが、2 日後に現地に到着した応援隊は、コーンウォリスが既に 2 日前に
降伏していたことを知らされた。

　(e) さて、攻撃態勢を整えたワシントンは（フランス軍は要塞に向かって左、
アメリカ軍は右に陣取っていた）、敵陣をつぶさに偵察した上で、味方の砲撃力
の範囲内で潰せると踏んでいた。翌 29 日、ワシントンが兵を前の塹壕まで
進ませると、イギリス軍が撃ってきた。だが大砲による味方の被害は少な
かった。

　コーンウォリスは外陣から兵を引き上げていたので、残る東側の第 9 と第
10 砲台と、西側の狙撃隊陣地とが、味方がまず叩くべきポイントである。9

210

月 30 日、フランス隊が狙撃隊陣地を攻撃、2 時間余り交戦して、一旦退いた。

　10 月 1 日にかけても、主として土木工事と木材を用いたアメリカ側の攻撃準備が続けられた（いわゆる第 1 と第 2 の Parallel と呼ばれる陣形造りの準備のためである）。そこへ大砲を据えつけようとする間、イギリス側の攻撃が最高潮に達した。

　この第 1 Parallel は、嵐模様の 10 月 6 日の夜、掘られた。この間、双方の軍とも、脱走兵が敵側に味方の様子を密告していた。10 月 7 日には、イギリス軍が、いよいよこちらの大砲の種類と数などをはっきり知り出した中で、10 月 9 日までには、味方の大砲はすべて据えつけられていた。その日の午後 3 時と 5 時に、フランス軍とアメリカ軍の大砲が、それぞれ砲撃を開始、ワシントンは、その日の夜なか中、撃ち続けるよう命じていた。

　10 月 11 日の夜、ワシントンは更に第 2 Parallel を掘削するよう命じた。今までより 400 ヤード（370 メートル）敵陣に近い。12 日の朝には、味方の兵をこの第 2 Parallel に入れていた。更に 10 月 14 日には Parallel から伸びる塹壕の掘り進みが、イギリスの第 9、第 10 砲台の 140 メートルのところにまで達した。

　ワシントンは、その日の夜、第 9、第 10 砲台を目がけて味方の大砲による一斉射撃を命じていた。その上で、月のないその日の夜を利用して、第 9 と第 10 砲台へ集中しての奇襲攻撃を行わせた。

　この第 9 と第 10 砲台を占領したことにより、今やワシントンは、ヨークタウンの町全体を、その射程に収めて攻撃できるようになった。一方のイギリス軍のコーンウォリスは、10 月 15 日に 350 人のイギリス兵に命じて、アメリカ軍とフランス軍の大砲の爆破工作を命じていたが、これは撃退されていた。

　10 月 16 日の朝には、味方の大砲は更に増強されて、火勢がますます盛り上ったため、コーンウォリスはこの段階で、包囲網を脱出する唯一の途、砦の背後のヨーク河を渡った向こう岸のグロースター・ポイント（Gloucester Point）への逃亡を試みた。そこからヴァージニアを経て、陸路ニューヨークまで辿り着く心積もりであった。

211

第2部　生き残るための殺し合いと、文化

　しかし、ボートの第1陣だけが渡ったところで、物凄いスコールとなり、続行は無理だった。幕僚らと相談したコーンウォリスは、10月17日、もはやワシントンの下に降伏するしかないことで一致していた。

　（f）そこで、場面は史上有名な10月17日朝以降の降伏式へと移る。まずイギリス軍陣地から現れたのは、白いハンカチを振る士官と、彼に従う1人の軍鼓叩きであった。士官は、アメリカ軍によって目隠しされ、陣内へと引き入れられた。翌10月18日、両軍の副官クラスの上級士官4人が、ちょっとしたダムと粉挽き水車のある500エーカーの農地内の白亜の館（Moore House）に参集した。こちら側は、アメリカ軍からとフランス軍から各1人が出席した（ワシントンは、すべての交渉事で、フランスの立場を十分に立てようとしていた）。

　降伏文書の調印は、更にその翌日の10月19日に行われた。こちら側は、ワシントン、ロシャムボウの両司令官、フランス海軍のバラス伯、イギリス側はコーンウォリスと、やはり海軍将官の5人によって行われた。

　その日の午後2時に、フランス軍とアメリカ軍は、左右に分かれてイギリス側の陣地に入った。イギリス側は、降伏式での寛容な扱いを望んでいた（たとえば、兵士らは軍旗を掲げ、銃剣をつけたまま、という希望である）。しかし、前年のチャールストンでの逆のケースで、イギリス軍がこれらを拒んでいたことから、ワシントンもこれを許さなかった。コーンウォリスは、この降伏式を「風邪」、と称して出て来ず、チャールズ・オハラ准将（Charles O'Hara）に代行させていた。降伏式の場面は、色々な絵画に描かれ、また現地には、その後1884年になって、記念碑が建てられている。

　このヨークタウン戦こそ、革命戦争を実質的に終結させた（アメリカの独立を導いた）最後の会戦となった。

　こうして革命戦争は終わったが、イギリス王国は敗れたとは考えたくなかった（考えなかった）。その流れが、周知のような「1812年戦争」である。その絡みの1つが、インディアン族らに対する、この時（1783年パリ条約の下での、オハイオからウィスコンシンまでの「東中西部」〔Eastern Midwest〕と呼ばれる部分の領土割譲）に当たってのイギリス王国の処理であった。

212

6. 革命戦争への道程

　イギリス側は、インディアン族らによる衛星国家を残したいとの筋書きに従って、そこに以前からの築いていた城砦を、そのまま保持し続けた。パリ条約違反であり、これも、新生国家アメリカ合衆国にとっての、不信、不満の種となり、1812 年戦争の原因の 1 つとなった。

和 文 索 引

ア 行

アーノルド，ベネディクト（准将） 199,
203, 207
アウグスブルグ和平 41-2
赤い薔薇 46
アダムス，サム 170-1, 193
アダムス，ジョン 152, 158-9, 170, 173,
176-7, 191, 193-4, 196-7
アビゲイル 173
アビニョン 35
アマースト，ジェフリー（少将） 139,
141-2, 188
アメリカ合衆国 178, 213
アメリカの危機 176
アメリカの啓蒙時代 119
アラゴン 39
アルゴンクィン語 92
アルゴンクィン語族 90
アルバニ会議 194
アルバニ・プラン 154
アルマーダ 28, 61
アレクサンダーⅥ世（法王） 38, 40, 122
アレン，イーサン 160, 199-200, 203
安全委員会 156, 162
アンティエタム会戦 102
イギリス王国 206, 208
イギリス憲法 171-2
イギリス国教 5-7, 10-1, 27, 31, 33, 44,
57, 66, 69-71, 73, 80, 86-7,
94-5, 97-8, 101, 118-20
イギリス国教会 5, 59, 117
イギリス市民戦争 67, 86, 121
イギリス製品ボイコット運動 172
イザベラⅠ世女王 39
イスラム教徒 36
一般捜査令状 150, 152
一般法（法典） 75
一般立法廷 76

イヤードリィ，ジョージ 115
イロコイ語 92
イロコイ（語）族 90, 133-4, 141, 154,
182, 187-90, 199
印紙税法（会議） 91, 149-50, 158, 161,
168, 170, 178, 194
インディアン嫌い 131, 181, 183
インディアン問題管理主任 186, 188, 190
インディアン連合条約 155
ヴァージニア・カンパニー 78, 104-5,
110, 115, 129
ヴァージニア・カンパニー・オブ・ロン
ドン 97, 104
ヴァージニア・コロニー 109, 112,
114-6, 122-3, 130, 136-7, 145-6, 152,
162, 165, 181, 183-4, 187-8, 190
ヴァージニア・コロニスト 182
ウィクリフ，ジョン 24, 43-4, 54-5
ヴェルジャンヌ侯爵 192
ウォルムズ議会 40
ウルバヌスⅡ世（法王） 36
エドワードⅠ世王 37
エドワードⅥ世（王） 10, 45, 52-3, 57
エリザベスⅠ世（女王） 10, 28-30,
45, 58, 84
エリザベス女王 9, 11, 59, 61
王権神授説 30
オーティス，ジェームズ 151
丘の上の（都市）国 69, 78-80, 105
オスマン・トルコ 58
オックスフォード 24
オハイオ・インディアン 133, 143
オハイオ・カンパニー 134, 184
オハイオ・フォーク 134-7, 141, 143-6,
184, 190
オハラ，チャールズ准将 212
オランダ総督 91
オランダ西インド会社 132
オリーブの枝の請願 164

恩寵の確約	81	クレメントV世	35

カ　行

カールトン，ガイ将軍	203-4
海犬	62
戒厳令	202
海事法廷	150-2
副――	151
革命戦争	98, 101-2, 117, 119-21, 125,
	128, 146, 166, 173, 178-9, 184,
	194, 197-201, 204, 206
カスティーユ	39
学校教育法	85
合衆国憲法	95, 124, 178
カノン法	25, 50
カラベル型帆船	39
カルバート男爵	100-1
カルビニズム	44
カルビン	6, 22-4, 26
カルビン派	26-7, 29, 31, 41, 89
感謝祭	103
関税法（違反）	167-8
カンタベリー大司教クランマー	47-8
カンタベリー大司教座	30
飢餓	110
機械工委員会	175
飢餓の時	104
祈禱書事変	53
基本的人権	196
境界線布告	143, 184
強制法	161-2, 172, 174, 181
共通祈禱書	9, 53, 72, 87
共同体総会	71
居留地	110
キリスト者の慈愛のモデル	79
金鉱の探査	98
グーテンベルク，ヨハネス	54
クェーカー教	89, 95, 118
クェーカー教徒	82, 92-4
クリフトン，リチャード	64
クリントン，ヘンリー	208, 210
グレートハウス，ダニエル	181
グレゴリーIX世（法王）	43

クレメントV世	35
クレメントVII世（ローマ法王）	11, 46
クレルモン宗教会議	36
グレンヴィル，ジョージ	149
クローガン，ジョージ	134
クロムウェル，トーマス	11, 28, 48-9,
	51, 67, 86, 100, 114, 167
軍法	115
ゲイジ，トーマス（将軍）	144, 163,
	173-4, 193
ゲイツ，ホレイショ	180
ケベック攻撃	203
ケベック法	178, 184
建国の父祖ら	181
検査委員会	162, 175, 177
ケンブリッジ大学	6, 12, 44, 54
権利章典	85
合意の鎖	189
「航海王子」ヘンリー	39
航海法	86, 146, 150, 167
公的声明	202
公民権運動	120
コーンウォリス，エドワード	186, 205,
	207-8, 210-2
黒人（奴隷）	92, 202
黒人教会	120
黒人の自由人	95
黒人兵	201
黒人法典	122-3, 179
黒人労働	105
51人委員会	162
古代ローマ帝国	22
コネチカット・コロニー（コネチカット自治体）	85
好ましからざる人	81
コロンブス	62
――の第1航海	38
コンスタンティヌス帝	22

サ　行

再洗礼派（アナバプティスト）	79, 89
サスケハンノック族	92
砂糖税法	149-50, 168

和文索引

サラトガ会戦	195, 206
産業革命	113
三十年戦争	23, 41, 43, 138
三部会	37
ジェイ，ジョン	164
ジェームズⅠ世（王）	3, 10-11, 27-34,
	54, 65, 78, 89, 97, 104, 110, 115
ジェームズⅡ世	93, 132, 167
ジェームズⅤ世王	52
ジェームズⅥ世	31
ジェームズ王	14, 19
ジェームズ王版聖書	56
ジェームズタウン	19, 78, 97, 103-7,
	109-11, 114-6, 123, 129, 151
ジェファーソン	124, 141, 143,
	165, 181, 197
シエラレオネ	39
支給品	201
自警団グリーン・マウンテンズ	160
地所没収措置	45
自然法	120, 198
七年戦争	137, 139, 156, 187
シャーマン，ロジャー	197
社会契約説	196
シャルルⅤ世	39, 58
シャンプレーン湖	140, 198-200
集会派	5, 201
宗教裁判	33
州権主義	126
自由権法	85
十字軍	34-5
修道院（ブーム）	45
12年間の休戦協定	15
重犯罪	198
州民投票	102
守護	52
ジュネーヴ版聖書	30, 55
シュマルカルディック	41
ジョージⅢ世（王）	120-1, 140, 143,
	153, 164, 168, 175, 190, 196, 209
植民許可	15
ジョンソン，ウィリアム	186-8
私略船（団）	60-1, 123, 206

白い薔薇	46
信仰の95ヶ条	22, 25
シンシナトス	200
神聖ローマ帝国	40-4, 58
枢密院	148, 158
スケーラー，フィリップ	164, 203
スコッツ・アイルランド	89, 119, 182
スコットランド王朝	34, 97
スタンウィックス砦条約	182
スチュアート（王）朝	3, 97, 100
スチュアート，メアリー	28
スミス，ジョン（船長）	78, 104
制憲会議	126
1787年——	95
聖地エルサレム	36
セネカ	135
1536年の10ヶ条	45
1571年の39ヶ条	45
1701年の大合意	133
1744年の戦争	187
1764年の通貨法	157
1766年の宣言法	169
1812年戦争	212-3
占有引渡しの儀式	93
洗礼派（バプティスト）	41, 79, 118
1674年のウェストミンスター条約	91
1647年法	85
僧院	8, 11, 43, 49-51
僧院剥奪	51
僧院巡り	50
僧侶	10

タ　行	
第1回大陸会議	173
大覚醒	119-21, 128, 157
代議会	37
大工の館	175
タイコンデロガ城砦	195, 198-9, 201
第3次英蘭戦争	91
大司教館	8, 64
大司教財団管理地	8
第2次英蘭戦争	91, 132
第2ブルラン戦	103

大発見の時代	38, 40
代表なくして課税なし	169
大陸軍	92, 101, 164, 179-80,
	191, 194, 200-1, 205, 207
タウンゼント，チャールズ	161
タウンゼント法	161
タウン・ミーティング（町会）	83,
	115-6, 163, 177
耐え難い法律	172
タバコ	111
ダンモア公	143-4, 179-80, 183, 202-3
ダンモア公の戦い	181, 183, 187
チェザピーク	105-6
チェザピーク・コロニー	105, 110
チェザピーク湾（岸）	106, 209-10
チェロキー戦争	184, 190
チャールズ I 世（王）	14, 28, 66, 86-8,
	98, 100, 110-1
チャールズ II 世（王）	69, 86, 92-4, 99,
	100-1, 114, 132, 167
チャールズ V 世（皇帝）	40-2, 44, 46
茶法	168, 170
チューダー（王）朝	3, 10, 28, 45, 56
長老	71
長老主義	83
長老派	71, 85, 89
——の反乱	121
長老派協会	31
長老派プロテスタント	29
勅令	34
通信委員会	156, 162, 173-5, 181
ディッキンソン，ジョン	192
ティンディル，ウィリアム	30, 44, 54-7
ティンディル聖書	55-6
デ・グラース公爵	207-9
デラウェア族	94
頭皮	185
糖蜜法	168
独立運動	170
独立宣言	116, 120-1, 166, 184, 195-7
独立の館	95
トライオン，ウィリアム	159-60
奴隷解放宣言	92

奴隷解放宣言（1863 年 1 月 1 日）	102-3
奴隷所有者	102
奴隷制度	102, 121, 124-5, 178
奴隷法制	122-3, 126
奴隷労働	126
ドレーク，フランシス	28, 60-2

ナ　行

ナラガンセット族	64, 75, 77, 83
南部連合	102, 185
南北戦争	102, 124
ニューイングランド・コロニー連合	75
ニューオーリンズ	139
入植の免許	19
ニューフランス	115
ニューポート，クリストファー	103
年季奉公（制度）	106, 108, 114
年季奉公者	105, 111, 113-4, 121
ノース卿	168
ノックス，ジョン（ノックス師）	27,
	29, 31
ノルマン王朝	37

ハ　行

ハーバード	84
ハーバード大学	79, 87
買収	198
陪審（制）	151-2
ハウ，ウィリアム（将軍）	199, 205
博覧会	96
ハズバンド，ハーマン	159
働くことの確約	81
ハッチンソン，トーマス	159, 169-71
パトリオット	153, 179, 183, 191, 199, 206
ハプスブルグ家	42-3, 58, 138
バラス伯	212
薔薇戦争	46
パリ（平和）条約	101, 140, 144, 213
バレンシア	38
バンカーヒルの戦い	195, 201
反逆罪	198
ハンコック，ジョン	157, 193
パンと赤葡萄酒の儀式（拝領）	25, 56

和 文 索 引

東インド会社	168
東ローマ帝国	36
秘密警察	60
秘密集会	8, 11
百年戦争	46
表現の自由権	171
ピルグリム・ファーザーズ	69, 73
ファクター会社	117
フィラデルフィア	95-6
フィリップⅡ世（王）	14, 28, 58-60
フィリップⅣ世（フランス王）	34, 36-7
フィリップ王	12, 77
フィリップ王の戦い	77, 106, 185
フィリップス，ウィリアム	207
フェルデナンドⅡ世（皇帝）	39, 42
福音伝道派	119
布告していた禁止線	183
フス，ヤン	24, 44, 55
ブラドック，エドワード	136-7, 187
フランクリン，ベンジャミン	128, 147,
	153-5, 173, 192, 197
フランシスⅠ世	44
フランス・インディアン戦争	139,
	144-6, 152, 154, 156, 178,
	182, 187, 192, 201, 203-4
プリムス・カンパニー	104
プリムス共同体	66
プリムス・コロニー	55, 66, 70, 73-8,
	103, 115, 151
プリムス・コンパクト	103
プリムス植民地	20-1
ブルボン王朝	138
分離派	5-6, 8-9, 12, 28, 66
ペイン，トーマス	174, 176, 191, 195
ベーコン，ナサニエル	114
ベーコンの反乱	111, 113
ペコー戦争	75-7, 106
ペコー族	74-5
ペン，ウィリアム	89, 92-4
ヘンリーⅣ世	84
ヘンリーⅥ世（王）	44, 46
ヘンリーⅦ世	10, 28, 45-6
ヘンリーⅧ世	8, 11, 27, 30, 33-4,
	44-53, 55, 57, 59
ヘンリー，パトリック	141, 143, 166, 192
防衛委員会	180
貿易規則	167
貿易局	147
法王選挙人団	35
ホーキンス，ジョン	61-2
ポーハタン族	106-10
ボールドウィン，サミュエル	130
北軍	102
——の司令官	102
ボストン大虐殺（事件）	167, 193
ボストン茶会（事件）	161, 167-8, 171, 195
ボニファティスⅧ世（教皇）	34, 36-7
ボヘミアのアン王女	43
ボルジア	38
ポンティアックの反乱	141, 145, 182

マ 行

マグナ・カルタ	152
マサソワト（フィリップ王）	64, 76-7
マサチューセッツ・コロニー	148, 159,
	163-4, 174, 180
マサチューセッツ植民州議会	193
マサチューセッツ統治法	163
マサチューセッツ・ベイ・カンパニー	
	67-71, 73, 78, 84, 116
マサチューセッツ・ベイ・コロニー（社	
会）	74, 76, 79, 81-5, 87, 99, 151
マゼラン	40
マディソン	165, 181
ミドル・コロニーズ	88-9, 95
ミニットマン	200
ミラノ公	58
民兵法	149
無効宣言	46
鞭打ち台	83
メアリーⅠ世（女王）	29, 33, 45, 57
メアリー女王	3, 10-1, 29
メイソン，ジョージ	143, 184
メイフラワー協約	65, 75
メイフラワー号	69
メノナイト（アーミッシュ）	89, 94, 96

219

モア，トーマス	45
モホーク族	187, 191, 198-9
モリス，ルイス	130
モンゴメリ准将	203-4
モンテスキュー	161
モントリオール攻略戦	188

ヤ　行

ユグノー	22, 31, 94
ヨーク公	93, 132
ヨーク大司教	47
世継ぎ法	48

ラ　行

ライデン	2-3, 5-7, 14, 16, 18
ラファイエット	208
リー大佐	179
リー，ヘンリー	184, 191-2, 197
リチャードII世王	43
リビア，ポール	193
リビングストン，ロバート	160, 164, 197
リンカーン公爵夫人	67
リンカーン大統領	65, 102-3, 124
ルイXV世（王）	115, 137
ルーズベルト，フランクリン	73
ルター派（ルター主義）	26-7, 41, 89, 94
ルター，マルティン	6, 22-6, 33, 40-1, 44, 54-5
レオX世（教皇）	33-4

レキシントン・コンコード	174-5, 193-4, 197, 199, 201-3
レコンキスタ	38
レナペ族	92, 94
連合議会	101, 172-3, 177, 179-80, 190-5, 197, 200, 206
第1回——	162, 173, 175, 193
第2回——	95, 153, 173, 178, 195, 199, 203
連邦憲法	155, 198
連邦主義	126
ロイヤリスト	126, 153-4, 156, 179, 183, 191, 199, 205, 209
ローガン，ジョン	181-2
ロードーン（将軍）	152-3
ローマ教皇	24
ローマ法王	33-5, 47-8, 50-1, 57, 59, 138
ローマ法王庁	122, 124
ローリー，ウォルター（ローリー卿）	16
ロシャムボウ（将軍）	207-8, 210, 212
ロック，ジョン	20, 160-1, 198
ロルフ，ジョン（冒険家）	107-8, 123

ワ　行

ワシントン，ジョージ	101, 117, 124, 136, 141, 143, 145, 165-6, 179, 181, 194, 200, 205, 207-12
綿繰機	125

欧 文 索 引

A

A Description of New England	78
Abigail	173
Act Against Puritans, 1593	30
Act in Restraint of Appeals	48, 57
Act of Settlement, 1701	29
Act of Succession	48
Act of Suppression	49
Act of Supremacy	10, 48, 57
Act of Supremacy of 1534	52
Act of Supremacy of 1559	59
Adams, John	152, 170
Adams, Samuel	170
Administration of Justice Act	172
Admiralty Courts	150
Adventurers	109
Age of Discovery	38
Albany Plan	154
Alexander Ⅵ	38
Algonquian	92
Algonquin 族	21
Allen, Ethan	160, 199
American Colonies Act	161
American Crisis	176
American Enlightenment	119
Amherst, Jeffery	139, 188
Anabaptism	41
Anabaptist	25, 79, 89
Anglican Church	59
Anglicanism	44
Annulment	44, 46
Arabella	79–80, 84
Arabella 夫妻	67
Aragon	39
Armada	28
Arnold, Benedict	199
Augusburg Interim of 1548	42
Avignon	35

B

Bacon, Nathaniel	114
Bacon's Rebellion	111
Baldwin, Samuel	130
Baptist	79
Battle of Antietam, 1862 年 9 月 17 日	102
Bennett, Philip	78, 99
Berkeley, William 公	99, 111
Bible Commonwealth	85
Bills of Credit	185
Black Code	122, 179
Bloody Mary	45, 59
Board of Trade	147
Body of Liberties	76
Boleyn, Anne	28, 46–9, 80–2
Boleyn, Mary	46
Bonifatius Ⅷ	34
Book of Common Prayer	9, 53, 72
Book of Negroes	180
Borgia	38
Boston Common	83
Boston Magna Carta	71
Boston Massacre, 1770	167
Boston Port Act	172
Boston Tea Party Incident, 1773	167
Braddock, Edward	136, 186
Bradford, William	3–4, 6, 8, 13–5, 20, 55, 63–4, 66
Brewster, Sir William	2, 8, 12–4, 18–20, 64, 73
Bribery	198
Browne, Robert	73
Bull	34
Bunker Hill	195
Byzantine Empire	36

C

Cabot, John	21

Calvert, Cecilius	100	Continental Association	172
Calvert, George	100	Continental Congress	173
Calvin, John	22, 26	Continental Paper	208
Calvinism	41	Cornwallis, Edward	186
Cambridge Agreement	84	Cotton Gin	125
Cambridge University	6	Cotton, John	80-1, 83
Canon Law	25	Council of Clermont	36
Canterbury	5	Covenant Chain	189
Cape Cod	3-4, 19, 21, 63	Covenant of Grace	81
Caravel	39	Covenant of Works	81
Carleton, Guy	203	Cranmer, Thomas	47
Carpenters' Hall	175	Creekee 族	184
Carver, John	20, 64	Cromwell, Oliver	88
Castile	39	Cromwell, Thomas	11, 48
Catherine	44, 46-8, 50, 57	Crusade	34
Centennial Exhibition	96	Currency Act	157, 185
Charles V	39		

D

Cherokee	106		
Cherokee War of 1776	184	Dartmouth	170-1
Chesapeake Colony	105	Declaratory Act	169
Church of England	27, 69	Delano, Philip	74
Cincinnatus	200	Delfshaven	15, 18
City Built on A Hill (City on Top of the		Dickinson, John	164, 192
Hill)	69, 79	Dieskau	140
Clement V	35	Diet of Worms	40
Clement Ⅶ	11	Dinwiddie, Robert	136
Clinton, Henry	208	Dissolution of Monasteries	53
Clyfton, Richard	8, 12, 64	Dominian of New England	167
Coercive Acts	161, 172	Drake, Francis	28
Coke, Sir Edward	150	Dudley, Thomas	67, 79, 84-5
Committee of Correspondence	156	Duke of Aquitaine	37
Committee of Fifty-One	162	Duke of York	93
Committee of Inspection	162, 175	Dummer, Jeremiah	119
Committee of One Houndred	162	Duquesne	135, 137

E

Committee of Safety	156, 180		
Common Sense	175-6, 191, 195		
Conclave	35	Eastern Massachusetts	20
Confederate	185	Edward Ⅵ	29
Confiscation Acts, 1861〜1862	124	EIC : East India Company	168-9
Congregation	117	Elizabeth Ⅰ	3
Congregationists	5	Elizabethan Settlement	9
Constitutional Convention	95	Emancipate	125
Continental Army	92, 179	Emancipation Proclamation	102

欧 文 索 引

(English) civil war	67, 100, 121
Episcopal Church	95
Estate General	37
Evangelicals	119

F

Factors	116-7
Faneuil Hall	82, 170
Federalism	126
Ferdinand Ⅱ	39
Fiat Money	185
First Encounter の渓	20
Fitzroy, Henry	46
Flota de Indies	62
Fort Niagara	188
Founding Fathers of Virginia	124
Franklin, Benjamin	128, 173
French-Indian War	139
Friars	49
Friary	49
Fugitive Slave Clause	126
Fundamental Orders of Connecticut	
	85-6, 119

G

Gage, Thomas	144, 173
Gates, Horatio	180
General Court	76, 152
General Fundamentals	75-6
General Sickness	21
General Writs of Assistance	150
Geneva Bible	30, 65
Gentry	115, 118, 132, 159, 166, 183-4, 200
George Ⅲ	140
Gordon Riots	207
Grammar School	79
Grand Settlement	133
Grand Settlement of 1701	187
Gravier, Charles	192
Gray's Inn	66, 79
Great Awakening	119
Greathouse, Daniel	181
Green Mountains	160

Grenville, George	149
Grey, Jane	58
Gunpower Plot of 1605	31

H

Hancock, John	157
Harvard Rules & Precepts	87
Harvard School	79
Hawkins, John	61
Hawthorne, Nathaniel	80
Haynes, Lemuel	201
Headright (System)	106-8, 111-3
Henry Ⅷ	3, 27
Henry the Navigator	39
Henry, Patrick	192
High Crimes	198
Hooker, Thomas	85
House of Burgesses	115
Howe, William	199
Huguenot	22
Hus, Jan	24
Husband, Herman	159
Hussites War	24
Hutchinson, Thomas	159, 169
Hutchinson, William	80

I

Indentured Servants	105
Indentured Servitude	108
Independence Hall	95
Indian Haters	131, 181
Inquisition	33
Interregnum	39
Intolerable Acts	172
Iroquoi	133, 182
Iroquoian	92
Isabella Ⅰ	39
Ivy League	119

J

Jamestown	97
Jerusalem	36
Johannes Gutenberg	54

223

Johnson, William	140, 186
Joint Stock Company	17

K

Keystone State	177-8
King George's War	187
King James Bible (Version)	11, 30, 55-6, 65
King Philip	76-7
King Philip's War	76, 106
King's College	44
Knox, John	27

L

Lafayette	208
Lake Champlain	140
Lancaster 家	46
Laws of Nature	120, 198
Lee, Henry Ⅲ	179
Lee, Richard Henry	184
Lee, Robert 将軍	102-3
Leiden	2
Lenape	92
Livery of Seisin	93
Livingston, Robert	160
Locke, John	20, 198
Logan, John	181
Lord Dunmore, Murray, John	92, 143, 179
Lord Dunmore's War	181
Lord North	168
Lord Protector (of the Realm)	52-3
Loudoun, Campbell, John	152
Loyalists	126, 153, 179
Luther, Martin	22
Lutheranism	22, 41

M

Maine 州	21
Major General	139
Manila Galleons	62
Manumission	125
Manumit	125
Maria, Henrietta	32, 100
Martial Law	115

Mary (I)	29, 48, 57-9
Maryland Toleration Act of 1649	100-1
Mason-Dixon Line	124
Massachusetts Bay Commonwealth	85
Massachusetts Body of Liberty	71, 76, 85
Massachusetts Education Laws	71, 85
Massachusetts Government Act	163, 172-3
Massasoit	64
May 15 Preamble	196
Mayflower Compact	9, 19-20, 65
McClellan, George B.	102
Mechanics Committee	164, 175
Mennonites (Amish)	89, 94
Merchant Adventurers	5, 17, 65, 73-4
Middle Colonies	88
Militia Acts	149
Minuteman	200
Model of Christian Charity	79
Mohawk	171
Molasses Act	168
Monasteries, Religious Houses	8, 43
Monastic Enthusiasm	45
Montesquieu	161
More, Thomas	45
Morris, Lewis	130
Mt. Vernon	92
Muslim, Saracen	36

N

Narragansett	64
Nature's God	198
Navigation Acts	86, 114, 146, 167
Navigation Ordinance, 1651	114
New France	115, 139
New Haven	86
New Orleans	139
Newport, Christopher	103
Newtowne	84-5
No Representation, No Tax	169
Nonconformist	28, 73

O

O'Hara, Charles	212

欧 文 索 引

Ohio Land Company	134
Old Deluder Satan Act	85
Old North Church	82
Old South Meeting House	171
Old State House	82
Olive Branch Petition	164
Opechancanough	99, 108-9
Otis, James Jr.	152

P

Paine, Thomas	174
Patriots	153, 156, 179
Paxton Boys（の事件）	181-2
Peace of Augusburg	41
Penal Law, 1673	32
Penn, William	89
Pequots	74
Pequot War	75
Persona Non Grata	81
Philadelphia Associators	175, 177
Philip Ⅱ	28
Phillips, William	207
Pilgrimage of Grace	11, 50
Plantagenet 家	46
Plymouth Rock	20, 63
Pocahontas	108
Pokanoket 族	64-5
Pontiac's Rebellion	141
Powhatan	106
Prayer Book Rebellion, 1549	53
Presbyterian	71
Presbyterian Church System	31
Presbyterian Rebellion Against Bishop	121
Presbyterianism	117
Presbyters	71
Privateer(s)	60, 123, 206
Privy Council	148
Proclamation Line, 1763	140, 183
Provincetown Bay	63
Provincetown Harbor	4, 19
Public Whipping Post	83

Q

Quartering Act	172
Quebec Act	172
Quebec Act of 1774	143, 178

R

RAC：Royal African Company	124-5
Raleigh, Sir Walter	16
Reconquista	38
Revere, Paul	193
Roanoke	16
Robinson, John	6-8, 12-5, 18, 72
Rochambeau	207
Rolfe, John	107
Royal License	50

S

Salem	66
Salutary Neglect	122, 161
Saratoga	195
Scalp(ing)	185-6
Schmalkaldic War	41
Schuyler, Philip	203
Sea Dog	62
Second Battle of Bull Run	103
Second Continental Congress	153
Secret Service	60
Seneca	135
Separatists	5, 28, 66
Seymour, Jane	52
Shawnee, Delaware, Seneca	189
Shawnee, Mingo, Delaware	133, 143
Shawnee 族	144, 181
Sierra Leone	39
Smith, John	78, 104
Somerset v. Stewart, 98 ER 499	122
Sons of Liberty	163, 170-1
Southampton	5, 18, 80
Specie	185
Stamp Act of 1765	92, 149, 168
Starving Time	4
State House	95

225

States' Rights Doctrine	126
Strangers	5, 17-9, 63, 65-6, 72
Stuyvesant	91
Sugar Act of 1764	149, 168
Superintendent	186
Suppression of Religious Houses Act	49
Susquehannock	92

T

Tea Act, 1773	168
Tea Party	161
Ten Articles	45
Thanksgiving（Day）	65, 103
Thirty-nine Articles	45
Thorpe, George	107
Ticonderoga	195
Tocqueville, Alexis	88
Toleration Act	101
Town Meeting	83, 172
Townshend Acts	161
Townshend, Charles	161
Townshend Revenue Act of 1767	169
Treason	198
Treaty of Fort Stanwix	182
Treaty of Greenwich	52
Treaty of Paris	140
Tryon, William	159
Tyndale Bible	55
Tyndale, William	30

U

Unam Sanctam 勅令	34
Union of the British on the Continent	155
United Colonies of New England, 1643	75
Urbanus Ⅱ	36

V

Valencia	38
Valois 家	46
Via Media	59
Vice Admiral	151
Vice Admiralty Court Act of 1768	151
Virginia Company of London	16, 78, 97
Volta de Mar	39

W

Wall Street	90
Wampanoag 族	20, 64, 77
Wampum	184-5
Warren, Peter	186
Wars of Roses	46
Washington, George	136
Washington, Lund	166
West Indies Fleet	62
Weston Thomas	17
White Horse Inn	44
Williams, Roger	80, 82-3
Wimbledon 男爵	49
Winslow, Edward	73
Winthrop, John	7, 66-7, 69, 78-81, 84-6, 99, 105
Wolsey, Thomas	47
Wright, James	183
Wycliffe, John	24

Y

Yale 大学	119
Yeardley, George	115
York 家	46

Z

Zwingli, Huldrych	25

著 者 紹 介

國生　一彦（こくしょう　かずひこ）

1954 年	東京大学卒業
1982 年	アメリカ、ワシントン大学ロースクール修士号
2004〜2007 年	東洋大学法科大学院教授
現在	弁護士、國生法律事務所

【主要著書】

『アメリカの不動産取引法』（商事法務研究会、1987 年）

『国際金融法務読本』（東京布井出版、1988 年）

『判例にみるアメリカの不動産トラブル』（商事法務研究会、1989 年）

『現代イギリス不動産法』（商事法務研究会、1990 年）

『アメリカのパートナーシップの法律』（商事法務研究会、1991 年）

『e-の法律―サイバー世界の法秩序―』（共著、東京布井出版、2000 年）

『改正米国動産担保法―e-commerce 時代のグローバルな制度―』（商事法務研究会、2001 年）

『米国の電子情報取引法―UCITA の解説―』（商事法務研究会、2002 年）

『アメリカの誕生と英雄達の生涯』（碧天舎、2004 年）

『インターネットの法的論点と実務対応』（共著、ぎょうせい、2005 年）

『国際取引法―その実務法・比較法・統一法的考察―』（有斐閣、2005 年）

『国際取引紛争に備える―アメリカ、EU、イギリスでのトラブル予防から訴訟まで―』（八千代出版、2006 年）

『コモンローによる最新国際金融法務読本』（商事法務、2011 年）

『アメリカの法廷で闘うとしたら―日本とどれほど違うか―』（八千代出版、2013 年）

『アメリカの憲法成立史―法令索引、判例索引、事項索引による小辞典的憲政史―』（八千代出版、2015 年）

アメリカの本当のはじまり

2019 年 4 月 24 日　第 1 版 1 刷発行

著　者──國　生　一　彦
発行者──森　口　恵　美　子
印刷所──壮　光　舎　印　刷
製本所──渡　邉　製　本
発行所──八千代出版株式会社
　　　　〒101-0061　東京都千代田区神田三崎町 2-2-13
　　　　TEL　03-3262-0420
　　　　FAX　03-3237-0723
　　　　振替　00190-4-168060
＊定価はカバーに表記してあります。
＊落丁・乱丁本はお取替えいたします。

ISBN 978-4-8429-1746-7　　©Kazuhiko Kokusho 2019